山川
歴史モノグラフ
㉝

カトリシズムと戦後西ドイツの社会政策

1950年代におけるキリスト教民主同盟の住宅政策

芦部 彰
Ashibe Akira

山川出版社

Catholicism and Social Policy in Postwar West Germany:
Housing Policy of the Christian Democratic Union in the 1950s
by
ASHIBE Akira
Yamakawa-Shuppansha Ltd 2016

カトリシズムと戦後西ドイツの社会政策　目次

カトリシズムと戦後西ドイツの社会政策

一九五〇年代におけるキリスト教民主同盟の住宅政策

序章　キリスト教民主同盟の社会問題への取り組み

一九五〇年代の西ドイツとカトリシズム

第二次世界大戦後、一九四九年のドイツ連邦共和国（旧西ドイツ）の建国とともに政権を担ったキリスト教民主同盟（Christlich-Demokratische Union　CDU）は、戦後の困難な社会状況のなかで、さまざまな社会問題に取り組み、旧西ドイツの社会政策の制度的な基盤を形作った。このCDUの取り組みの多くは、戦後復興を進めるうえで、現実の要請に従って進められたものであったが、そのなかには、よりCDUの特徴があらわれたものもあった。本書は、こうしたCDUの社会問題への取り組みが、どのような理念に支えられ、CDUが、どのような人間像を理想とし、どのような社会を形成しようとしていたのかに迫りたい。

CDUは、第二次世界大戦後、ヴァイマル共和国の破綻の一因となった政党分立への反省を背景に、カトリック、プロテスタントの両宗派を包摂しようとする超宗派政党として設立され、保守派、旧・カトリック中央党、自由主義派という幅広い勢力の集合体であった。[1] こうした党内の多様性から、CDUの社会問題への取り組みを支える独自の理念といったことを論じにくい側面がある。しかし、党内には有力な社会カトリシズムのグループが存在し、CDUの社会改革の方向性に対して、カトリック社会教義が大きな影響を与えていたこと、[2] また、とくに一九五〇年代には、カトリシズムが政治や社会のさまざまな分野で大きな影響力を有していたことが指摘されている。[3]

こうしたカトリシズムとの関連についての指摘は、一般的な傾向の指摘にとどまっており、個別の取り組みや政策に即してカトリシズムがどう関連したのかが明確にされているわけではない。これに対し、本書は、一九五〇年代のCDUの住宅政策を考察することを通じて、カトリシズムとCDUの社会的取り組みとの関連を具体的に明らかにする。住宅政策は社会政策の多くの政策領域の一つにすぎないが、本書が住宅政策を取り上げるのは以下の理由による。まず、労働や就業の場が舞台となることが多い社会政策のなかで、住宅政策は、より私的な空間、人びとの暮らしや家庭のありようと密接に結び付いた居住空間を対象とする政策である。さらに、住宅政策の立案者は、そうした居住空間を明確な狙いをもって形作ることで、住宅のあり方のなかに旧西ドイツ社会の市民にとって規範となるべき人間像や家族像を盛り込み、提示することができる。こうした住宅政策の機能を通じてCDUの住宅政策の立案者が提示しようとした理念を分析することで、CDUの社会的取り組みを支えた理念が明らかになるからである。

一九五〇年代の住宅政策を考察するうえで、本書は、つぎの二つの観点を重視する。第一点は、住宅政策の課題が、第二次世界大戦の結果としての目前の住宅不足の改善から、将来に向けたヴィジョンや理想の提示へと変化していったことである。そして、第二点は、理想の住宅について議論された際、そうした住宅をめぐる議論にはすでに大きな蓄積があり、五〇年代の議論は十九世紀末以来の議論の連続性のなかでおこなわれたということである。

まず、第一の観点について説明しよう。第二次世界大戦終結時のドイツを覆っていたのは、廃墟と瓦礫、圧倒的な住宅不足であった。そのため、住宅政策の立案者にとってまず重要であったのは、目前の住宅難を改善することであった。こうした住宅不足を解決するために、一九五〇年の第一次住宅建設法によって公的に助成された社会的住宅建設が開始された。そして、社会的住宅建設の初期においては、より速くより多くの住居を市民に供給することが最優先された。

しかし、その後、住宅難がいくぶんか緩和し住宅政策の立案者に選択と行動の余地が生まれると、どのような住宅が建設されるべきかという理想や将来に向けたヴィジョンを提示することが浮上した。さらに、この課題は、冷戦の東西対立と体制間競争という同時代の時代状況によって、より大きな意味をもつことになった。すなわち、冷戦の対抗関係のもとでは、何らかのかたちの住居を市民に供給するだけでは不十分であり、東側陣営に対抗して、旧西ドイツが理想とする人間像や世界観を体現する住宅を提示し、そのことによって東側との違いと、東側に対する優越性を示すことが求められたのである。

そのためのＣＤＵのヴィジョンの鍵となったのが「持ち家」であった。住宅難の緩和とともに、社会的住宅建設の枠組みのなかで優先的に助成されるべき住宅の形態が議論されるようになると、ドイツ社会民主党(Sozialdemokratische Partei Deutschlands ＳＰＤ)が賃貸住宅建設を主張したのに対し、ＣＤＵは持ち家建設の優先を主張し、一九五六年に制定された第二次住宅建設法でこの主張を貫徹した。

それでは、ＣＤＵは、なぜ持ち家を重視したのであろうか。ここで注目するのが、カトリシズムとの関連である。すでに、ＣＤＵ内に社会カトリシズムのグループが存在し、一九五〇年代にはとくにその影響力が強かったことは述べたが、五〇年代の住宅をめぐる議論において、一九五六年の第二次住宅建設法に向けたＣＤＵ法案を作成したのが、カトリックの政治家を中心とするグループであり、ＣＤＵの要求を貫徹するうえでも大きな役割をはたすことになった。これらの点を踏まえて、ＣＤＵは持ち家という住宅のあり方を通じてどのような理念を提示しようとしたのか、そして、その理念にカトリシズムがどのような影響を与えたのかを考察したい。

つぎに、第二の観点、すなわち、一九五〇年代の議論と十九世紀末以来の住宅改革の諸構想との関係について説明しよう。まず、五〇年代に理想の住宅のヴィジョンについて議論がおこなわれた時点で、住宅改革の構想には大きな蓄積があった。すなわち、世紀転換期には労働者住宅問題というかたちで住宅問題の重要性が認識され、自治体による都市社会政策や都市計画のなかで問題の解決がはかられた。さらに、第一次世界大戦をへてヴァイマル期になると、住宅政策は本格的に国家の政策課題とみなされるようになり、多様な住宅改革運動が、それぞれの住宅改革構想を準備し提言していた。こうした住宅改革の諸潮流は、戦後もその構想を継承し、五〇年代の議論においてCDUの住宅政策と対抗することで、あるいはCDUの住宅政策と結び付くことで、構想の実現を試みたと考えられる。本書は、この住宅改革の諸構想のなかにCDUの住宅政策を位置付け、これらの構想とCDUの住宅政策との関係を考察することで、CDUの住宅政策が提示しようとした理念の特徴をさぐりたい。

こうした観点に基づいて、本書は以下の三点を軸に考察を進める。第一に、CDUが主張した社会的住宅建設における持ち家建設の優先とはどのような政策であったのか、CDUの住宅政策の内容とその特徴を把握する。そのうえで、第二に、なぜCDUは持ち家を重視したのかを明らかにするため、カトリシズムとの関連を考察する。これによって、CDUが理想とする人間像や社会像の背景にあるものとしてカトリシズムの影響を明らかにする。そして、第三に、十九世紀末以来の住宅改革の構想とCDUの住宅政策が提示した理念との対抗関係や親和性についても検討する。

これまでの研究

それでは、一九五〇年代の住宅や住宅政策の歴史はこれまでどのように研究されてきたのか、整理しておきたい。日本におけるCDUの社会政策に関する研究は、第二帝政期やヴァイマル期などそれ以前の時代についての研究と比べると決して多くない。これは住宅に関してもあてはまり、第二次世界大戦以前の住宅については、十九世紀についても戦間期についてもすでに多くの研究が著されているが、戦後期の住宅については、なかなか歴史学の研究対象とならなかった感がある。[4] こうした状況のなか、戦後期の住宅政策を研究するうえでまず参照すべき基本文献といえるのが、住宅政策の通史である。ここでは、十九世紀後半から一九八〇年頃までに展開された住宅政策の歩みを振り返るなかで、戦後の住宅政策の展開が整理された。[5] さらに、最新の動向として、二十世紀の都市を考察することを通じ、同時代の国家と社会の姿を照らし出そうとする共同研究の成果が論文集として公刊された。[6] そのなかで、戦後西ドイツの住宅も考察の対象となり、第二次世界大戦直後の時期から一九九〇年のドイツ再統一までの時期について、都市計画や都市空間の変化を中心としながら、各時期における住宅と住宅政策の特徴が整理された[7]。

つぎに、歴史学と隣接する研究分野の動向をみると、政治学ではすでに第二次世界大戦後の時期に焦点をあてた研究が多く著されているが、一九五〇年代の社会政策が取り上げられる場合は、労使関係と社会保険制度が中心となり、住宅政策に対する関心は薄い[8]。

こうしたなか、結党から二〇〇九年までのCDUを通史的に検討した比較政治学による研究によって、住宅政策に関する論点ではないものの、本書の分析視角と関わる論点が提出されている[9]。一つは、CDUの性格規定に関するものである。ここで、CDUは「中道」の「国民政党」と規定され、「中道」をめざすなかで確固たるイデオロギーをもたずに党の路線を決定する動態性の高い政党であるとされる。もっとも、本書が考察する時期を含む第二次世界大戦後二〇年ほどの期間、すなわちアデナウアー政権期については、イデオロギーに関して、キリスト教的価値を重視する政党として理解することも可能であることが指摘される[10]。

いま一つは、CDUの超宗派性に関する論点である。アデナウアー期のCDUは、カトリック優位の党員構成から出発し、カトリックだけでなくプロテスタントをも包摂することで、「国民政党」へ向けて前進したことが重視される。これは、政党研究としてのCDU研究の成果を踏まえたものであり、結党期についての党の路線決定が考察された後に[11]、党の組織と運営に焦点をあてた研究がおこなわれ、プロテスタントの包摂を通じて、主として北部の「保守的」勢力を結集していく過程が明らかにされた[12]。

この二つの論点にそって、カトリシズムに注目する本書の研究視角とCDUの特徴との関係を整理しておこう。まず、一つ目は、すでに住宅政策を考察する観点として述べたことがあてはまる。すなわち、第二次世界大戦後の厳しい経済社会情勢のもとで、プラグマティックな政治運営が必要であったことはたしかであろう。しかし、ナチ体制による破局後、かつ、冷戦の体制間競争のなかで新国家の建設を進めなければならないという一九五〇年代の時代状況のもとでは、政権を担うCDUにとって、立脚する理念や価値あるいは正当性を提示することが重要な課題であったと考える。二つ目は、本書もまた、カトリックのみならずプロテスタントをも包摂しようとするCDUの超宗派性と、CDU内部の多様な勢力の併存という特徴を否定するものではない。しかし、プロテスタントとの融和や支持獲得の努力がおこなわれ、その包摂が進展したものの、同時代の社会においてカトリシズムが根強い影響力を保っており、こうした状況のもとでは、超宗派政党をめざすコンセンサスからカトリシズムの強調に配慮がはらわれたとしても、実際には個別の政策のなかにその理念が反映されることがあったと考えられる。この点は、党組織と党運営の考察だけではみえてこない論点であり、政策の内容に踏み込んだ考察が不可欠である。

以上の点を踏まえて、本書は、一九五〇年代においては、カトリシズムに注目することではじめてCDUの社会問題への取り組みを支える理念に迫ることができるという視点にたち、CDUの社会的取り組みとカトリシズムとの関係をより具体的に明らかにすることを試みる。

もっとも、こうした視角に立つことで、時代の変化にあわせてCDUの性格を動態的に理解しようとする視点までも否定するものではない。カトリシズムの社会における影響力も、CDUの内部における影響力も、旧西ドイツ社会のあり方とともに変化するものである。さらに、冷戦下の体制間競争のような大きな時代状況にも変化がある。しかし、こうした点についても、本書は一九五〇年代の住宅政策についての実証研究からえられた知見を起点として、連続と変化を展望する。

つぎにドイツにおける住宅についての研究をみてみたい。まず住宅の歴史研究全体の傾向について概観したうえで、本書の考察の対象となる一九五〇年代の住宅政策についての研究を整理する[13]。

ドイツにおける近現代史研究において住宅は長く周縁的なテーマであった。そのなかで、住宅をテーマとした歴史研究に対する関心を喚起したのが、一九七〇年代後半のニートハマーの研究である。第二帝政期の労働者の住宅をテーマとした論文では、労働者の住宅事情とその生活環境の詳細が明らかにされるとともに、都市化や工業化といった、より大きな歴史的文脈との関連のなかに住宅を位置付けることが試みられ、住宅問題が労働者問題を考察するうえで重要な構成要素として認識される契機となった。[14]さらに、彼の編による論文集は、市民社会の日常のなかでの住まいの変化を考察した。[15]前者の対象が帝政期の労働者の住宅問題に限定されていたのに対し、後者では、より長いタイムスパンで市民層も含めた考察がおこなわれた。考察のテーマも、住宅事情や生活環境だけでなく、住宅経済、住宅改革、住宅政策といった領域にまで広がり、住宅に関する歴史研究は、多様なアプローチが可能な研究テーマであることが示された。

この後、一九八〇年代と九〇年代を通じて住宅というテーマの複合性が認識され、多様なアプローチがなされた。ここでは重要なものとして三点をあげておきたい。一つ目が、トイテベルクの社会史的あるいは日常史的な研究である。この研究で、一八五〇年から一九一四年における近代化、とくに都市化のなかで住まいの日常がどう変化したのかがあとづけられた。[16]また、彼の編による論文集では、「住むことの社会史」を主題として開催された学術会議の結果をもとに、学際的なアプローチの手法をとることで「心理的・主観的な経験価値」をともなう「社会的行為領域としての住むこと」の解明が提言された。[17]二つ目が、ザルデルンの労働者住宅についての研究である。[18]それまでの研究の集大成として、第二帝政期から現代までの都市の労働者住宅の歴史を概観した研究が刊行された。[19]ここでは、帝政期の都市化、ヴァイマル期の団地建設、ナチ体制下の人種主義的秩序、第二次世界大戦後の社会的住宅建設と都市の発展といった、さまざまな時代状況における労働者住宅のあり方が考察された。三つ目が、住宅政策に関するものである。歴史家のほかに、経済学者や社会学者、都市計画家や建築家も参加して開催された学際的な学術会議の結果をもとにした論文集が刊行され、第一次世界大戦以降、本格的に国家の政策課題の一つとなった住宅政策の拡大について、自治体の住宅政策、民間の家計や借家人団体の反応、ほかのヨーロッパ諸国との比較という観点から考察された。[20]

　ここまで、住宅に関する歴史研究の一般的な展開をみてきたが、ここからは本書が考察する対象についての研究状況を整理したい。一九五〇年代の住宅政策を主題とする研究は、九〇年代の半ばにあらわれた。一九九四年のシュルツの研究によって、五〇年代の連邦レベルでの住宅政策の展開が整理され、一九五〇年と五六年の二つの住宅建設法を軸にしながら、とくに、住宅建設の資金調達制度と公的助成制度の発展が明らかにされた。[21] このシュルツの研究が、その後の五〇年代の住宅政策についての研究の基盤となる。シュルツの研究が連邦レベルの制度を整理したのに対し、住宅政策の具体的な実行は州やさらにその下位に位置する自治体の課題であったため、この後は州や自治体レベルの個別研究が充実することになった。[22] こうした個別研究のなかでもとくに特徴的なものをあげると、ザルデルンの編による論文集は、ニーダーザクセンに限定されたものだが、その問題領域は広い範囲におよび、政治史、経済史、社会史、文化史といった領域が住宅の歴史研究において重要であることを示した。[23] また、シルトは、ハンブルクの第二次世界大戦後初の高層住宅団地を取り上げ、その住民についての社会史的な研究を著した。[24] しかし、九〇年代以降の研究の多くは、住宅経済や公益的住宅建設企業の役割など経済史や経営史的関心が強く、政策に関しては制度の発展の整理に力点がおかれている。その一方で、住宅改革の担い手となった団体の研究は本格的には着手されていない。[25]

　一九五〇年代の住宅政策は、モノグラフ以外にも、概説や論文集のなかでも論じられている。まず、五〇年代の住宅は、第二次世界大戦後の都市建設についての概説や、戦後の住宅の発展を住環境、日常への視点を重視しつつ概観した論文集など、戦後の住宅についての概説のなかでも扱われており、とくに後者の概説のなかでは住宅政策も取り上げられている。[26] また、すでに述べたように、ザルデルンの第二帝政期から現代までの労働者住宅の歴史でも、そのひとこまとして五〇年代の住宅政策がふれられていた。[27] そのほかには、ヴァイマル期、ナチ期、東西ドイツの社会国家的な発展を比較する論文集において、考察対象の一つとして住宅政策が取り上げられ、そのなかで五〇年代の旧西ドイツの住宅政策も言及されている。[28]

しかし、こうした長いタイムスパンの概説や論文集では、政治史や社会史の分析的研究の関心は都市や労働者住宅に対して向けられることが多い。その一方で、持ち家住宅や、農村や都市の郊外など田園地域での戸建て住宅については、叙述的な紹介にとどまるか、建築史や調度について美術史的関心が向けられた研究のなかで扱われるだけであった。[29] この背景としては、住宅の歴史研究が労働者の社会史研究として開始され、労働者の住む都市が考察の対象となったことを指摘できる。このことは、研究の関心が市民層にも拡大し、研究の方向性も社会史的研究にとどまらず多様化したあとも変わらず、都市化のなかでの住まいのあり方が研究の焦点でありつづけた。[30] さらに、住宅の歴史研究が、しばしば都市計画家や建築家によって担われていたことも、背景として指摘することができる。

こうした研究状況のなかで、一九五〇年代のCDUの住宅政策を考察したものとして重要なのは、シュルツの研究である。また、シュルツは、第一次世界大戦以降の時期における持ち家住宅と賃貸住宅の対抗を扱った論文集のなかでもCDUの住宅政策を考察している。[31] これらのなかで、シュルツは、一九五六年の第二次住宅建設法で実現されたCDUの持ち家政策とカトリシズムとの関連を指摘する。[32] しかし、これは、CDU法案がカトリックの政治家を中心に立案されたことから、そうした指摘がなされたものであり、カトリシズムの理念とCDUの住宅政策の内容について、それぞれ、個々の論点が具体的にどういう関連にあるのかが示されたわけではなかった。

もともと、シュルツの研究は、住宅建設の資金調達制度と公的助成制度の発展を明らかにする制度史的な、また一面では経営史的な性格の強いもので、住宅政策を考察する際には、「加算的な妥協」[33] あるいは「潜在的な大連立」[34] という概念で合意形成を説明することに力点がおかれている。これは、持ち家か賃貸住宅かという対立軸に加え、住宅政策に対して社会政策的視点にたつか経済政策的視点にたつかという対立軸で考察するもので、SPDは社会政策的視点に、自由民主党(Freie Demokratische Partei FDP)は経済政策的視点に立つのに対し、CDUには両者、すなわち、社会的平衡の要求と経済性の要求が併存していたとする。そして、この結果、CDUの経済政策派とFDPのあいだの合意とならんで、CDUの社会政策派とSPDとのあいだでも妥協が成立したと説明する。[35]

これは、党内に異なる路線が併存しているというCDUの特徴を活かした説明といえるが、合意形成の説明を重視したために、CDUは第二次住宅建設法において持ち家建設に向けて「多くの路線を転換した」[36]と位置付けながら、CDUが主張した持ち家政策の意義が曖昧になった印象は否めない。持ち家建設を推進したCDUのグループは、持ち家にどのような意味を見出していたのか、そして、政策の内容とその背景にある理念は具体的にどう対応していたのか、こうした点の分析が十分に深められなかった。

シュルツの研究以外では、州や自治体レベルでの個別研究のなかで、カトリシズムを扱った研究があるが、これらは教会史的な枠組みのなかで研究がおこなわれ、当該地域における教会の活動を明らかにすることを主眼とし、本書の主題にとっては狭いものにとどまっている。[37]

こうした研究状況に対して、本書は、CDUの住宅政策のどの点が、カトリシズムの理念のどの点と関連しているのか、個別の論点にまで踏み込んでその関連を具体的に示す。そのために、今まで分析的に扱われていなかった、カトリック社会教義の特徴と内容を整理し、そのうえで、第二次住宅建設法の制定に際してCDU法案を立案し、その後も主導的役割をはたしたCDUの政治家とその周囲のカトリックの知識人と実践家の住宅政策の構想を、このカトリック社会教義の諸原則に照らして分析する。

ところで、カトリシズムについて考察する際には、教会とその教義は新たな社会状況に直面するなかで自己変革をとげていくこと、また、世俗の主体や運動は教会と必ずしも同一ではなく、自立した動きをみせることがあることに注意する必要があると指摘されている。[38]こうした指摘を踏まえて、本書では、カトリック社会教義の特徴と内容について、それがどのような歴史的状況のなかで形成されたものなのかを検討しつつ整理する。さらに、具体的な政策や実践にその原則が反映される際には、個別の状況に応じて、また、各主体の関心に即して、独自の解釈が加えられることが考えられる。本書は、カトリック社会教義の諸原則との照応を分析する際に、こうした側面にも注意して考察を進める。

さらに、CDUの住宅政策を支える理念とカトリシズムとの関係といった場合、それは、CDUのカトリックの政治家、その周囲のカトリックの知識人、実践家との関係だけにとどまらない。CDUの住宅政策と結び付くことで自らの構想を実現しようとした住宅改革の潮流とカトリシズムとの関係という次元でも、その関係を考察する。これまでの研究では、CDUの住宅政策とカトリシズムの関係を具体的なレベルにまで立ち入って考察していなかったために、そこから進んで、こうした次元にまで踏み込むことはできていなかった。これに対し、本書は、こうした次元の関係にも踏み込んで考察をおこなう。こうすることで、他の住宅改革の構想との関係を検討することを通じ、カトリシズムの理念の特徴を明確にすることができるであろう。

議論の進め方

つぎに、具体的にどのように議論を進めていくのか、本書の構成を紹介したい。

第一章は、一九五〇年代のドイツ連邦共和国の住宅政策を概観する。そのなかで重要なのが、一九五〇年の第一次住宅建設法によって開始された、公的に助成された社会的住宅建設という制度である。ここでは、次章以降の議論の前提として、社会的住宅建設とそれを補完する制度の概略と特徴を整理する。

第二章と第三章では、CDUの住宅政策の内容とその特徴を把握する。

まず第二章で、第二次住宅建設法を通してCDUの住宅政策の内容を整理する。ここでは、CDUが提出した法案の内容、CDU案に対する対案と第二次住宅建設法制定にいたる過程での議論、そして、成立した第二次住宅建設法に反映されたCDUの要求を整理する。

つづく第三章では、CDUの要求についての住宅に関わるさまざまな団体の議論をみることで、CDUの住宅政策の特徴を明らかにする。住宅に関連する団体は多岐にわたり、その議論を整理するのは容易ではないが、本章は、ドイツ国民家産住宅協会という団体を軸にして諸団体の議論を分析する。この協会じたいはCDUの住宅政策を支持した団体だが、CDUの住宅政策に反対した団体も加盟しており、両者の混在している団体を軸に議論を整理することで、CDUの住宅政策の特徴を明確にしたい。

第四章と第五章では、前章までで把握したCDUの住宅政策の内容を踏まえて、CDUの住宅政策とカトリシズムとの関連を考察する。

まず第四章では、CDU法案を立案し、その後もCDUの要求の貫徹を主導した政治家リュッケを中心に、その住宅政策の構想とカトリック社会教義との関連を考察する。カトリック社会教義の内容を整理したうえで、その基本的な原則に照らして、リュッケの住宅政策の構想と、リュッケを支えたカトリック知識人と実践家の議論を分析し、CDUの住宅政策の理念がカトリック社会教義の諸原則にどのように支えられているのかを明らかにする。また、カトリック社会教義を育んできた教会が主導する住宅建設支援事業を取り上げ、その実践の理念についても検討する。

つぎの第五章では、前章で検討したカトリック社会教義の諸原則との関係を、カトリック・ミリューのなかで一般信徒が主導した住宅建設の実践を取り上げて考察する。ここでミリューは、共有された価値観と生活文化に基づいて形成され、社会生活の多様な領域を網羅する独自の団体組織のネットワークによって支えられた、社会的・文化的な規範をともなう生活圏を意味する。こうしたミリューは、ドイツ社会のなかで複数形成されたが、そのうちのカトリックのミリューにおいては、カトリックの宗教的信念や世界観に基づく価値観と生活文化が、人びとを結び付け、また、その生活を規定する核となった[39]。このように形成されたカトリック・ミリューには、教会と聖職者、カトリックの政治家、知識人、実践家、さらに、一般信徒やカトリックの諸団体、といったさまざまな集団やカテゴリーが包括される。

第四章が扱う政治家、知識人、実践家の言説と、教会の活動は、それぞれに一定の社会的な結び付きのなかにあるものの、上述した包括的な広がりまではなく、ミリュー概念を用いなくともそれぞれの考察が可能であるため、この概念は原則的にここでは用いない。これに対し、第五章が扱う住宅建設の実践は、本論で述べるように、一般のカトリック信徒が会員となり主導する協会を舞台に、司教などの聖職者との人的結び付きや、教会の事業や世俗のカトリック社会団体の支援のもとでおこなわれ、カトリックの政治家、知識人、指導的実践家の構想や言説との関連が考察される。こうした広がりを前提とするため、ここではミリュー概念を用いて議論を進める。

本書は、政策の理念を立案者の側から考察するもので、実践についての包括的な研究や社会史的な研究を試みるものではない。しかし、住宅政策の背景や理念の考察に資する限りでは、政治家や知識人の言説にとどまらず、より社会的な広がりのある実践も検討の対象とする。そこで第五章が注目するのが、カトリックの住宅建設の実践家エーレンである。エーレンは、リュッケに大きな影響を与えた人物で、CDU法案の立案に参加するなど政策に関与するとともに住宅建設の実践活動をおこない、その実践はカトリック・ミリューのなかでモデルとして広く認知されていた。このエーレンの実践を取り上げて、そこで理想とされた家の姿や住宅建設の進め方が、CDUの住宅政策やカトリック社会教義の理念とどういう関連にあるのかを考察する。

議論の対象

本書は、CDUの住宅政策の内容を明らかにするため、一九五六年の第二次住宅建設法について詳しく検討する。法令や法案、本会議の議事録については刊行された史料集を利用し、刊行史料のない委員会の審議については連邦議会文書館の史料を用いる。[40] 連邦省庁については、コブレンツの連邦文書館の連邦住宅建設省と連邦家族省についての史料を利用する。[41]

CDUの住宅政策をめぐる諸団体の議論の考察には、ノルトライン・ヴェストファーレン州の州立文書館に残されているドイツ国民家産住宅協会の史料を中心とし、協会の出版物も利用する。その他の団体については、同州立文書館、バイエルン州中央文書館、ベルリン州立文書館、エーベルト財団文書館に残されたそれぞれの史料と各団体の刊行物を利用する。

ＣＤＵの住宅政策の理念の考察には、アデナウアー財団文書館に所蔵されているリュッケの個人文書を中心としつつ、ケルン大司教座付属文書館の史料も利用する。また、ＣＤＵの住宅政策とカトリック・ミリューの住宅建設の実践の双方に関わったエーレンの言説と実践活動については、ノルトライン・ヴェストファーレン州の州立文書館に所蔵されているエーレンの個人文書と、エーレンが定期的に発行していた小雑誌を用いる[42]。

また、上記に限らず本書の考察全体を通じて、同時代人が残した文献と、団体の記念刊行物を多く利用する。さらに、ここで特記しておきたいのは、一九四九年から五九年まで連邦住宅建設省の次官を務めたヴァンダースレーブが五九年に編纂した事典である[43]。この事典の個別の記事は、連邦省庁の官僚や住宅に関係する団体で中心的な役割をはたした人物によって執筆されており、同時代の当事者による解説としての性格もあることから、これを有効に活用したい。

ここまで本書が扱う対象について述べてきたが、あわせて本書では扱わない問題についても二点説明しておきたい。

一つ目はナチズムとの関係についてである。本書では、ナチ期との関連の考察は十分におこなうことができない。これは以下の理由による。まず、ひとくちにナチ期の住宅政策といっても、恐慌期からの連続性の強い政権初期、その後の第二次世界大戦開始までの時期、そして、大戦開始後の時期と異なる局面があり、大戦期のなかでも戦況に応じた変化がある[44]。さらにナチズムについて、統一されたイデオロギーではなく、ありとあらゆる、時には相互に矛盾するような要素が混合していることが、その特徴として指摘されている[45]。これらを総括したうえで戦後期との関連を考察するには、いまだ史料および研究が十分には整備されておらず、さらに本書の枠内では扱いきれない問題の広がりと大きさがある。そのため、本書では、行論のうえで必要な点についてのみ本文ないし註で言及することとし、残る問題については今後の課題としたい。

二つ目が国際比較に関する問題である。本書はカトリシズムに注目するが、いうまでもなくカトリシズムはドイツあるいは旧西ドイツという枠組みを越えた広がりをもつ。さらに、キリスト教民主主義についても、第二次世界大戦後の西ヨーロッパで重要な役割をはたした。なかでも、同じドイツ語圏であるオーストリアのキリスト教民主主義勢力はカトリックに支持基盤があり、旧西ドイツにおけるキリスト教民主同盟の住宅政策との共通性と差異を明らかにすることは重要な問題といえよう。しかし、これまでの比較研究は、キリスト教民主主義を一つの単位として、西ヨーロッパ各国の個別事情を明らかにすることを狙いとしたもので、本書が取り上げる住宅政策という具体的な対象に即したキリスト教民主主義の比較については十分な蓄積がない[46]。そのため本書では、国際比較については十分には取り上げることができず、この点も今後の課題としたい。

最後に、本書で用いる訳語について若干の説明をしておきたい。ここまで「持ち家」という語を何度も用いてきた。本書では、Eigenheim という語に「持ち家」という訳をあて、居住者に所有された戸建て低層住宅の意味で用いる。居住者に所有されるという点では、集合住宅のなかの一戸が居住者に所有されているケースも存在する。現代の日本においては分譲マンションがこれに相当し、区分所有住宅といった語も用いられている。こういう住宅をあらわすものとしてEigentumswohnung という概念があり、本書はこれに「住居所有権住宅」という訳語をあて、持ち家とは区別して用いる。これらに対して、「賃貸住宅」は Mietwohnung の訳語である。賃貸された戸建て住宅という形態もありうるが、本書が考察する時期における重要性に鑑み、賃貸住宅という語を用いる場合には、賃貸のために建設された集合住宅、あるいは、そうした集合住宅のなかで賃貸されている個別の住居の意味で用いる。

また、持ち家と密接な関係にある住宅の形式として Kleinsiedlung がある。本書は、これを「小規模住宅」と訳す[47]。

小規模住宅は、家屋に加えて、一定の自給を可能にするほどの菜園および小規模家畜の飼育のための土地が付属したものである。庭が付属することが多いが家屋に重点がある持ち家と比べて、小規模住宅では自給の可能性がより重視される。[48] しかし、両者には多くの共通点があるため、統計などでは、持ち家のなかに小規模住宅も含まれることが多い。[49] 本書でとくに限定を設けずに持ち家政策や持ち家建設という表現を用いる場合には、持ち家と小規模住宅の両方を含む。

この小規模住宅には、Siedlungという語が含まれている。Siedlungは、もともとは、定住あるいは定住させること(Sesshaftmachung)、すなわち、所有権または地上権による長期の土地との結び付きとして理解されていた。しかし、この概念は拡大されて用いられるようになり、土地との結び付きを欠いた集合住宅も指すようになった。[50] この後者の意味については、「住宅団地」という訳語をあてる。他方で、後者と区別され、前者の意味を伝える語として、Siedlerstelleという語があり、[51] 入植地あるいは文脈によっては開拓農地といった訳語をあてることができる。[52] こうしたことから、本書では、前者の意味におけるSiedlungには、基本的に「入植」あるいは「入植地」という訳語をあてる。

また、ここで訳語を示した言葉について、法令で特別に定義が与えられたり、人物や団体により独自の意味をこめて用いられる場合には、その都度、意味を確認することとする。

第一章　一九五〇年代の住宅政策の枠組み

一九五〇年代のドイツ連邦共和国の住宅政策にとってまず課題となったのは、目前に広がる第二次世界大戦後の深刻な住宅不足への対処であった。理想の住宅というヴィジョンの提示が前面にでるのは、こうした問題がいくぶん緩和したあとのことである。この目前の住宅難への対処という点で大きな役割をはたしたのが、一九五〇年の第一次住宅建設法と、同法によって開始された、社会的住宅建設とよばれる公的に助成された住宅建設の制度であった。この社会的住宅建設は大きな成果をあげ、戦後の住宅難の緩和と克服に大きく貢献することになる。そして、これ以降の時期の住宅政策は、この社会的住宅建設という制度を前提として進められる。

ここでは、第一次住宅建設法で確立された社会的住宅建設制度の内容とその特徴を概観し、一九五〇年代初頭の住宅政策が、どのような状況に直面し、どのような対応を求められていたのかを明らかにする。つぎに、社会的住宅建設を補完するものとして、負担調整法や被追放民の定住に関連する法令と、建設用地の調達に関する法令を取り上げて、その制度の内容を整理したい。

1　第一次住宅建設法と「社会的住宅建設」の開始

画期としての第一次住宅建設法

一九四九年に成立したドイツ連邦共和国がまず直面したのは、未曾有の住宅不足であった。第二次世界大戦による住宅の破壊と被追放民の流入により、五〇年時点での住宅不足は約四八〇万戸に達していた。[1] すでに占領期に布告された四六年三月八日の連合国管理理事会法第一八号によって住宅不足への対処が試みられていたが、同法は、住宅局による残存する居住空間の強制管理と分配、そして、損傷した建物の修復による居住空間の拡大を指示するのみで、住宅の新築には何ら言及していなかった。[2] この後、州の施政権が徐々に回復する四八年に入ってから、同法を補完する施行規則が、各州政府の労働、復興、衛生担当の省庁から公布された。管理理事会法の布告から州政府による施行規則の公布まで約二年が経過しているにもかかわらず、この間に住宅をめぐる状況に本質的な変化はなく、深刻な住宅不足が継続していた。[3]

こうした第二次世界大戦終結直後の厳しい住宅不足のなかでは、数百万の人びとが、収容施設やバラック、仮設の住居で生活しなければならないか、居住空間を強制的に管理されて見知らぬ他人の住まいに同居させられ、狭苦しい空間に詰め込まれて暮らさなければならなかった。この時期に、ほとんどの家族が、一時的にせよ、家族以外の者と住居を共有することを強いられ、私的な生活空間を破壊される経験をしたことにより、この後に始まる住宅建設にともなう生活の再建に際しては、個々人のための生活空間の確保が求められることになった。[4]

こうした状況のなかで、一九四九年七月の第一回連邦議会選挙をへて最初の連邦議会が招集されると、五〇年四月二十四日に第一次住宅建設法が制定された。[5] この第一次住宅建設法こそが、住宅不足の解決に本格的に取り組んだ最初の法令であり、同法によって開始された「社会的住宅建設」と呼ばれる制度が、一九五〇年代の住宅政策の前提的な枠組みとなった。この後一九五〇年から五七年の八年間に合計で約四〇九万戸の住宅が建設されることになるが、このうちの約五八％、二三七万戸が社会的住宅建設の制度によって建設されたもので、この制度は住宅難の克服に大きく貢献することになる。[6]

第一次住宅建設法の立法過程をみると、一九五〇年二月二十四日に連邦政府が提出した法案の審議が開始されたのち、わずか四週間で審議を終了し、同年三月二十八日の連邦議会本会議で、五人の共産党議員の棄権を除き、ほぼ全会一致で可決された。法案の審議が急ピッチで進み、幅広い会派の合意によって同法が成立した背景には、非常に深刻な住宅不足と、それを解決するための資本も資材も不足しているという厳しい現状があった。この現実の圧力が、各政党に妥協を強い、迅速な合意を形成するよう作用したのである。[7]

それでは、この後の住宅政策の前提となり、住宅不足の克服に大きく貢献することになる社会的住宅建設とはどのような制度なのだろうか。以下では、第一次住宅建設法の規定に基づいてその内容を概観する。社会的住宅建設は、正式には、「公的に助成された社会的住宅建設」という。その名称があらわす通り、公的な助成をおこなって住宅建設を進める制度であり、第一次住宅建設法は、その公的助成の方法として、住宅建設のために無利子ないし低利の貸付金というかたちで助成金を提供するほか、担保の引き受け、土地税や所得税に関する税制上の優遇措置をおこなうことを定めた。[8]さらに、税制上の優遇措置については、一九五〇年代の税制改革によって、住宅建設と住宅取得の際の土地取得税や不動産税等に対する優遇措置も導入された。[9]

これらの公的助成手段を体系的に投入するため、同法は、住宅建設全体を、公的に助成された社会的住宅建設、税優遇措置だけを受ける住宅建設、非助成住宅建設という三つのカテゴリーに分類し、それぞれのカテゴリーで建設される住宅について、住宅の面積、入居者の資格、賃貸住宅が建設される場合にはその家賃についての規定が設けられた。[10]

社会的住宅建設の諸規定

まず社会的住宅建設に関する規定をみよう。社会的住宅建設によって建設された住宅は社会住宅と呼ばれ、この社会住宅の住宅面積は三二平方メートルから六五平方メートルに制限された[11]。さらに、社会住宅が賃貸住宅である場合は、法的に定められた法定家賃の徴収だけが許され、その法定家賃は、一平方メートル当り一・一〇マルクが上限とされた[12]。この社会住宅の入居者には、入居資格があらかじめ設定され、そのなかでも、もっとも重要な条件として年収に上限が設けられた。その年収上限額としては、職員保険の加入義務額が用いられ、年収がこの額を超えない者だけが社会住宅の入居者となることができた。入居資格を満たす者については、自治体の住宅局が入居資格者リストを作成し、社会住宅の施工主はこのリストから入居者を選ぶことが義務づけられた[13]。この入居者資格の所得上限は、当時の人口全体のおよそ三分の二を網羅する水準であり、この水準に所得上限が設定されたのは、低所得層はもちろんのこと、中間的な所得層も含む、幅広い社会層に社会住宅を供給することが意図されたためである[14]。第一次住宅建設法では、こうした社会住宅を六年間で一八〇万戸建設することが計画された[15]。

つぎに、税優遇措置だけを受ける住宅建設に関する規定をみると、ここでは入居者についての制限は加えられないが、税優遇措置の対象となる住宅の面積は最大八〇平方メートルに制限された[16]。このカテゴリーで建設された賃貸住宅には法定家賃は適用されず、費用家賃と呼ばれる、住宅を維持していくために必要なコストをまかなうための家賃を、一平方メートル当り一・五〇マルクを上限として徴収することが許された[17]。

最後に非助成住宅についてみると、このカテゴリーは、公的助成を受けず自由に資金調達をおこなって進められる住宅建設であり、入居者の資格にも住宅面積にも制限は設けられない。賃貸住宅の家賃についても統制は加えられず、入居希望者と賃貸主のあいだで需要供給関係に従って合意された家賃を徴収することが許され、こうした家賃は市場家賃と呼ばれた[18]。

このように、社会的住宅建設というカテゴリーとならんで、税優遇措置だけを受ける住宅建設と、非助成住宅建設というカテゴリーが設けられたことで、全体に占める割合は少なくとも、資本に恵まれた主体が、それを活用して住宅建設をおこなうための枠組みも整備された。

第一次住宅建設法は枠組みのみを設定し、法定家賃や費用家賃についての詳細は、一九五〇年十一月二十日の家賃規則で規定された。同規則は、罰則も設け、家賃規則の違反を、経済刑法における違反行為として扱うことを定めた。ここでは、高額な家賃を徴収する賃貸主を処罰対象とするだけでなく、賃貸主に有利な条件を申し出ることで、いち早く住居を確保しようとする入居希望者の動きを防ぐため、法定家賃を超過する家賃を支払う借家人も処罰の対象とされた。社会住宅の入居者資格が人口の三分の二をカバーする所得水準に設定され、中間層の大部分を公的助成住宅の入居資格者の範囲に含めたため、こうした社会的により弱い立場の者を保護するための措置を、賃貸主と借家人の双方の側において設けることが不可欠と考えられたのである[19]。

つづいて、住宅を建設する主体や住宅の形態についての規定をみよう。まず、社会的住宅建設の施工主について、第一次住宅建設法は特定の施工主を想定していない。すなわち、自治体などの公的主体、民間の住宅建設会社や民間の個人施工主、公益的住宅建設会社、個人施工主が組織した公益的団体など、さまざまな主体が社会的住宅建設の主体となることができ、第一次住宅建設法は、公的助成手段の投入に際して、これらの性格の異なる施工主の平等な取扱いを規定している[20]。さらに、公的助成の対象となる住宅の形態についても、第一次住宅建設法はさまざまな住宅の形態を列挙するのみで、特定の住宅の形態を優先して建設する規定は存在しなかった[21]。

最後に、社会的住宅建設において想定されていた資金調達のあり方をみると、建設費用全体の五〇％前後が公的助成金、すなわち、無利子ないし低利の公的貸付金によってカバーされる一方で、三〇～四〇％が金融機関からの借入れで調達され、残りの一〇～二〇％程度が自己資金でまかなわれるというものであった[22]。公的貸付金以外の借入金や自己資金の調達に大きな役割を担ったのが、住宅金融を専門とする金融機関としての抵当銀行と建築貯蓄金庫であった。抵当銀行は、抵当権の設定により住宅建設資金の貸付をおこなった。また、建築貯蓄金庫は、貯蓄者と建築貯蓄契約を締結し、一定期間貯蓄預金の払い込みを義務付ける一方、貯蓄額が契約総額に対し契約で定めた割合に達すると、貯蓄者に契約総額の残りの分の貸付をおこなった[23]。さらに、この建築貯蓄に対しては、一九五二年の住宅建設奨励金法によって、年間四〇〇マルクを上限として、建築貯蓄の払い込み額の二五％の奨励金が支給される助成措置がとられた[24]。このほかには、連邦政府が株式の過半を所有するドイツ建築土地銀行によって、住宅完成までのつなぎ融資として短期貸付が専門的におこなわれた[25]。

社会的住宅建設の特徴

第一次住宅建設法で開始された社会的住宅建設には、二つの特徴を指摘することができる。一つは、それまでの住宅政策が、大都市の労働者住宅問題のように階層や地域の観点で社会の特定の部分における住宅問題に向けられたものであったのに対し、同法は、社会の特定の部分に限定されない全般的な住宅不足に対処しなければならなかったということである[26]。その結果として、社会住宅の入居資格は、人口の三分の二をカバーする水準に設定されることになった。この設定された水準じたいが、広範な社会層に対する住宅供給が課題となっていた、第一次住宅建設法制定時の社会状況を物語っている。

もう一つが、こうした規模の住宅不足を解決するのに十分な住宅建設の業績をあげるために、国家が主体となった公営住宅建設ではなく、多様な性格の主体が住宅建設に関与することを可能にするという方向にむかったことである[27]。ヴァイマル期の公的助成制度が基本的に住宅協同組合と公益的住宅企業のみを対象としたのに対し、第一次住宅建設法は、それらに加え、自治体、民間企業、個人をも公的助成の対象とし、さらに、公的助成手段の投入に際しては、その多様な性格の主体を平等に扱うことも規定された。もっとも、全体的に資本が不足していた第二次世界大戦後の窮乏期において、実態としては、こうした多様な主体のなかでも、公的助成を受けた公益的住宅企業など公益セクターが中心的な役割をはたすことになった[28]。

このように、それまでの住宅政策が対処を迫られた問題とは異なる、社会の全般的な住宅不足に対応することが求められたことで、住宅建設の公的助成制度を法的に規定する法令も、従来のものに比べてより包括的なものとなり、第一次住宅建設法は、住宅制度の複雑なテーマを一つの統一的な法令にまとめようとした、初めての試みとして画期的なものとなった[29]。

ただし、第一次住宅建設法が、それまでの法令に比べて包括的なものであったとしても、住宅に関する公的助成措置が、同法によってすべて定められたというわけではなかった。まず、第二次世界大戦後の窮乏状態のなかにある人びとを救済するための他の法令にも、住宅に関する助成措置が存在していた。さらに、第一次住宅建設法では、建築用地に関する規定は十分に整備されないままであった。包括的な公的助成制度を定める住宅建設法の制定が急がれるなかで、政党間で合意に達するために時間を要すると考えられた土地法に関する問題は先送りされ、州法の規定に委ねられたのである。そのため、建築用地の調達に必要な土地収用についての連邦レベルにおける統一的な規定は、一九五三年の建築用地調達法の成立を待たねばならなかった[30]。

2　負担調整と被追放民の流入への対応

負担調整法

一九五〇年代の住宅政策の枠組みを整理するうえで、社会的住宅建設と並んで重要なのが、戦争とその帰結によってうけた財産の損害の個人差を是正し、差し迫った困窮状態にある者を支援する負担調整のための助成措置である。そのなかには、住宅建設に関連するものも含まれ、住宅建設の公的助成制度にとって大きな意味をもつことになった。

この負担調整制度の中心となるのが一九五二年の負担調整法である。しかし、実際には、同法の制定以前から負担調整は試みられており、そこで重要な役割をはたした二つの法令を統合するかたちで同法は制定された。その法令とは、一つが四八年の抵当権保全法であり、いま一つが四九年の緊急援助法である。

抵当権保全法は、通貨改革がおこなわれたあとの一九四八年九月二日に、イギリス占領地区とアメリカ占領地区を統合した統合占領地区当局によって発せられた法令であり、将来的に、戦災被害者とそれ以外の者のあいだの負担を調整するための包括的な法令によって置き換えられることを予定した暫定法であった[31]。同年九月七日の同法施行規則は、通貨改革にともない、抵当権から生じた利益を徴収し、住宅建設に投入することを定めた[32]。この資金によって、五〇年に開始される社会的住宅建設に比べれば小規模なものであったが、四八年から四九年にかけて、最初の住宅建設の成果をあげることができた[33]。

緊急援助法は、一九四九年八月八日に制定され、正式には、「緊急の社会的困窮を軽減するための法律」という[34]。同法は、被追放民、戦争で財産の毀損を受けた者、通貨改革により財産の毀損を受けた者、そして、ナチ体制下で政治的理由から迫害された人びとを助成対象とし、戦争でそこなわれずに残った財産への課税により緊急援助基金を設置し、この基金から上記の対象者に対し公的な助成を提供することを定めた。また、この公的助成の実務を担う機関として、連邦、州、自治体のレベルで、それぞれ緊急援助局が設立された。この緊急援助局によって実行された公的助成には、住居に関するものも含まれ、緊急援助基金から支払われた助成金が、住宅建設のための重要な資金となった[35]。

担保権保全法と緊急援助法の二つを統合するかたちで制定されたのが、一九五二年八月十四日の負担調整に関する法律、すなわち負担調整法であり、同法によって、これまでの負担調整のための助成制度が一つの制度にまとめられた[36]。

新たに負担調整法によって定められた助成制度のなかには、住宅建設のために提供されるものとして、統合貸付金の一つである建設貸付金と、住居支援の二つが設けられた[37]。とくに、住居支援については、立法の趣旨に鑑み、戦災と追放によって損害をこうむった財産の補償として、持ち家と小規模住宅というかたちをとった住宅財産の建設が優先的に助成されることが規定された[38]。

こうした負担調整の実務を担う、緊急援助法における緊急援助局に相当する機関として、連邦負担調整局と、州や自治体レベルにおける負担調整局が設置された。そして、この二つの制度のうち、建設貸付金は、州や自治体レベルの負担調整局によって直接支出された。その一方で、住居支援については別の枠組みで助成が執行された。まず、連邦負担調整局に、年に少なくとも三億マルクを用意することが義務付けられた。さらに、ここで重要なのは、この助成資金が州に分配され、さらに州が助成金を支出する際には、社会的住宅建設の枠組みが適用され、負担調整のための公的資金が社会的住宅建設制度に従って住宅建設に投入されたことである。この結果、負担調整法の枠組みのなかで州に分配される住居支援の公的資金は、第一次住宅建設法の規定に従って連邦から州に分配される資金につぐ、社会的住宅建設の第二の重要な財源となった[39]。

被追放民への対応

ここまで、負担調整の法令をみてきたが、そこで重要な助成対象となっていたのが、第二次世界大戦後、大量に流入してきた被追放民であった。つぎに、この被追放民に焦点を絞ってどのような措置がとられたのかを整理したい。被追放民に関しては多くの法令があるが、そのなかで、住宅にとって大きな意味をもったのが、一九五三年の連邦被追放民法であった。以下では、同法を軸に被追放民の住宅への助成措置を概観する。

一九五〇年の人口調査によると、約八〇〇万人の被追放民が旧西ドイツに流入し、これは全人口のおよそ一六％に相

表１　西ドイツにおける宗派構成

	カトリック	プロテスタント	その他
1950年	44.33%	51.52%	4.15%
1961年	44.12%	51.14%	4.74%

（1950年と1961年の国勢調査による）

出典：Christof Wolf, Religionszugehörigkeit im frühen Bundesgebiet 1939 bis 1987, in: *Wirtschaft und Statistik*, 3/2000, S. 204.

当する数であった。[40] このなかには、財産をすべて失い、着のみ着のままの状態で「追放」された者も多く、移住先でも、仮設の住宅やバラックなど劣悪な住環境のもとで暮らすことを余儀なくされた。[41] 第二次世界大戦終結後の混乱のなか、こうした被追放民の流入に対しては、各級の行政機構が機能しない状況下で、民間の福祉団体、とくに、カトリックのドイツ・カリタス連盟とプロテスタントのドイツ福音教会救援機関といったキリスト教両宗派の組織が大きな役割をはたした。このうちドイツ福音教会救援機関は、戦争終結後、四五年に新たに設立された緊急支援組織である。[42] この両組織により、被追放民の一時的な収容施設の設置や運営とともに、移住先での生活再建のための支援がおこなわれた。[43] さらに、教会による支援には、住宅の建設も含まれ、終戦直後の時期から一九五〇年代にかけて教会の傘下で展開された住宅建設の支援事業において、被追放民への住居の提供は主要な課題の一つになった。[44] こうした支援において、個別には宗派の壁を超えた協力がみられたものの、全体としては宗派への配慮が要求され、宗派ごと、出身地ごとにまとまって同じ移住先に居住することがめざされた。すでに四五年の時点で、ニーダーザクセン州に広がるヒルデスハイム司教区において、司教マッヘンスが、被追放民の割当に際し、地方行政は宗派のまとまりに配慮するよう要望していた。[45]

こうした被追放民の割当に関する要望の背景には、被追放民は旧西ドイツ全土に均等に分布したのではなく、戦災の影響で経済活動がほとんど停止していた工業地帯よりも、食糧事情を考慮して農業地域に集まる状況があった。この結果、バイエルン、ニーダーザクセン、シュレースヴィヒ・ホルシュタインの農業州三州に被追放民全体の約六割が集中することに

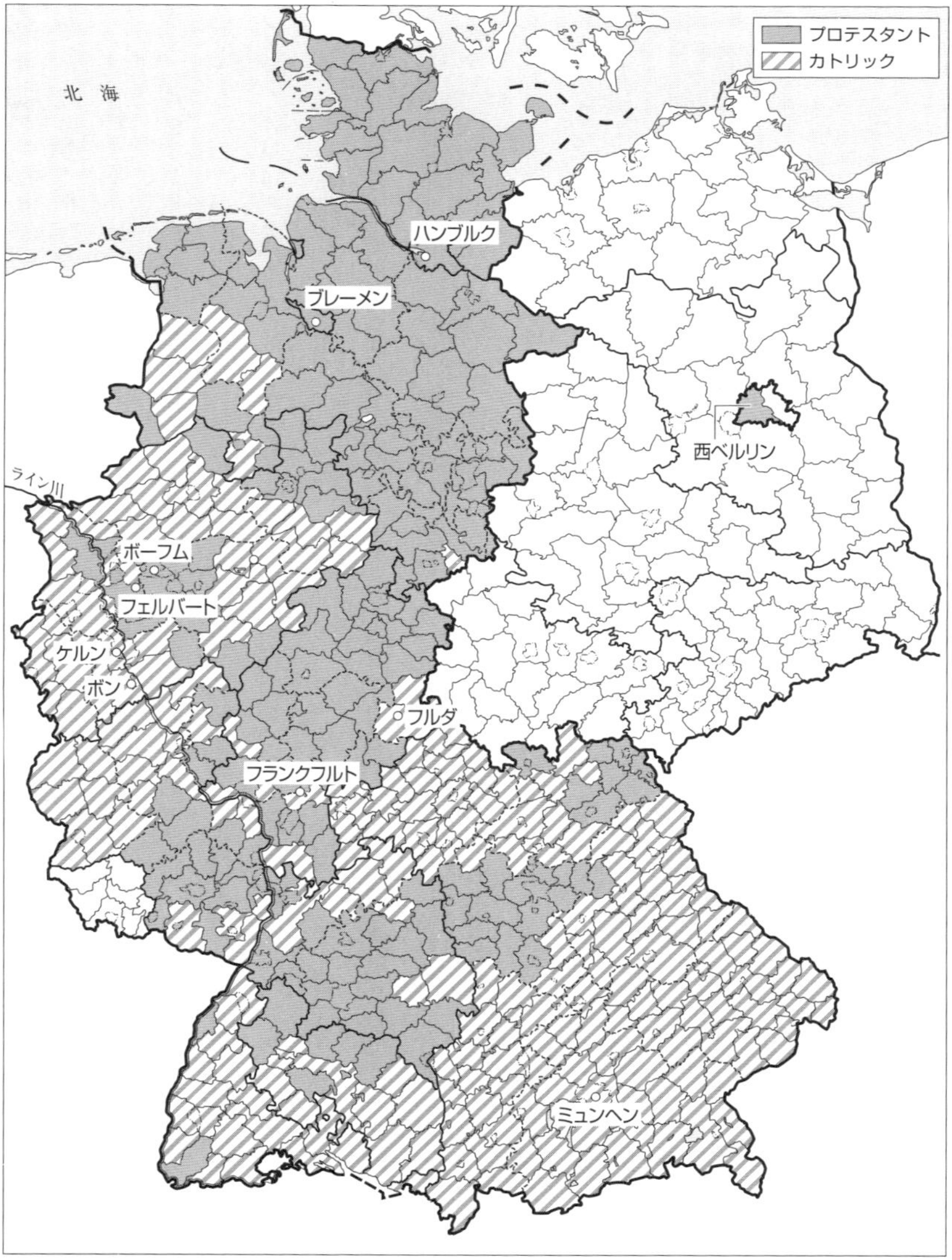

図１　1950年における宗派分布

出典：Statistisches Bundesamt (Hrsg.), *Die Bevölkerung der Bundesrepublik Deutschland nach der Zählung vom 13.9.1950, Heft2: Die Bevölkerung nach der Religionszugehörigkeit*, Stuttgart, 1952.

なり、この三つの被追放民受け入れ州は、とくに一九四七年頃から、被追放民の不均等な分布の是正を繰り返し要求することになる。その後、この要求に応えるべく法令の整備がおこなわれ、四九年十一月二十九日には移住規則が、さらに、五一年五月二十二日には、連邦法として、故郷追放民のバイエルン州、ニーダーザクセン州、シュレースヴィヒ・ホルシュタイン州からの移住のための法律が制定された。[46] こうしたなかで、連邦政府は、農村地域における人口過剰を是正するため、経済活動を再開し雇用を生み出し始めた工業地域へと被追放民を誘導する移住計画を四九年から五六年にかけて計四回立案し、実際に六〇年までに約一〇〇万人が工業地域へと移住した。[47]

さらに、農村地域から都市や工業地域への移住と並んで、被追放民の農村への定住と農業を通じた統合も推進された。そのために大きな役割をはたしたのが、一九五三年五月十九日の被追放民と避難民の問題についての法律、すなわち連邦被追放民法である。[48] 同法は、被追放民およびソ連占領地区避難者について統一的な法的定義を確立するとともに、「統合支援」のための公的助成制度を設けた。そして、同法の条文全体の約三分の一が、農村における被追放民の定住を促進する措置にあてられ、その条文の法令全体に占める割合の大きさからも、この措置が統合支援に中心的な意味をもっていたことがうかがわれる。[49] 同法は、被追放民の統合を進めるために、もともと農業を営んでいたか追放後おもに農業に従事していた被追放民を農村に統合することを企図し、放棄された農場の譲渡や新たな入植地の開墾を通じた定住と、副業としての農業経営を可能にする支援策を計画した。[50] また、荒蕪地の開墾については、一九年のライヒ入植法を援用し、入植希望者とともに、公益的入植会社が担い手となって開墾と入植を進める制度を設けた。[51] こうした農村への定住を促進する措置を定めたあと、統合支援に関する規定の最後で、被追放民に対する住宅供給は、社会的住宅建設の緊急の課題であること、そして、社会的住宅建設の枠組みを用いて、可能な限り広い範囲で、持ち家と小規模住宅のかたちをとった住宅財産の形成を促進すべきことが定められた。[52] このように、連邦被追放民法においても、上記の負担調整法にみられたように、失われた財産を補償するという意味で、住宅については持ち家の建設が重視された。

3 建築用地の調達

土地をめぐる議論

第一次住宅建設法では、土地法の問題は先送りされ、住宅を建設する用地の問題は州法に委ねられていた。そうした州法の規定は、占領期に制定された各州の復興法が中心となった。この復興法は、緊急の復興事業に必要な法的根拠を自治体に与えるため、イギリス占領地区管理委員会によって立案されたものである。その背景には、一九四五年時点で適用されていた土地法や建築法の規定は、住宅建設用地を調達するための土地利用と建物の建築を規制するためには不十分であったという事情がある。四七年八月に、各州は管理理事会から同法案の議決を勧告され、イギリス占領地区の諸州と、アメリカ占領地区のラインラント・ファルツ州が、同法案をもとに復興法を制定した。その一方で、ヘッセン州とヴュルテンベルク・バーデン州は、独自に復興法を制定した[53]。

この州の復興法により、建築規制や土地収用、区画整理について、部分的に従来の規定を補足する規定がもたらされたが、すべての問題に対応できるものではなく、さらに、第一次住宅建設法でもこの問題は先送りされたため、包括的な法令が存在しない状態が続くことになった。

こうした状況のなかで、住宅建設のための安価な建築用地をどう調達するかという問題が、一九五〇年代初頭の住宅政策に関連する議論のなかで継続的なテーマとなり、土地利用の指定と安価な建築用地の調達の進め方について、さまざまな方式が提案された。それらはおおよそ二つの方式に整理することができる。一つは、土地の所有権と利用権を分離する方法である。利用権は、地上権などのかたちで、条件付きで市民が保持する一方、政府に土地利用計画の権限を保証するため、所有権は国家あるいは自治体、公法団体に譲渡される。このアイデアでは、投機による地価高騰によって建築用地の価格が上昇することは排除できると考えられた。もう一つは、土地は私的所有権のもとにとどめ、不当とみなされる価格上昇分に課税し、この税収を資金として公的な住宅建設に投資するというものであった。この方式に関しては、土地の価格上昇を算出する基準に何を用いるかが議論され、例えば、一九三六年の価格凍結日が算定基準として考えられた。また、地価上昇分の課税方式について、毎年継続的に課税するのか、土地利用計画の決定時または売却時に一括して課税するのか、という議論がおこなわれた。もちろん、これらはいわば理念型的に二つに整理できるということであり、実際には、この二つを折衷したさまざまな案が提示されていた。[54]

建築用地調達法

このように住宅建設のために建築用地をどう調達するかが議論されるなかで、この問題について、暫定的ながらも一定の解決策を提示したのが、土地収用と補償について初めて統一的な規定を提供した一九五三年八月三日の建築用地調達法であった。[55]同法は、住宅建設とそれに関係する公共財の提供という、二つの目的のためにおこなわれる収用に関して規定を定めた。住宅建設を目的とする収用では、個々の住居の面積は一二〇平方メートル以下に制限された。この目的の収用には、建物に付属する庭や耕作用の土地、駐車場や作業場のための土地、小規模住宅用の土地の確保も含まれる。他方で、公共財の提供を目的とする収用は、道路、広場、緑地など地区整備のための土地の確保や、行政施設や学校など公共施設のための建築用地、自治体が再開発や整地を進めるうえで必要になる土地の確保のためにおこなわれる。住宅建設と公共財の提供以外では、すでにおこなわれた収用の補償として代替地を提供することを目的とした、代替地の確保のための収用が許可された。そして、これらの収用の前提として、私的取引によっては建築用地を調達できなかったことを証明することが申請者に対し求められた。[56]

さらに、これらの収用の目的に応じて、収用の対象となる土地の種類も定められた。小規模住宅用の耕作地としては、建物が建てられていない土地だけが認められる一方で、居住用建物、庭、付属施設のための土地、整地のための土地には、一部建物が建てられている土地や建物の廃墟がそのままになっている土地も認められた。そして、地区開発用の土地や公共施設用の土地としては、建物が建てられている土地も含めて対象となった[57]。

つぎに、収用に対する補償に目を向けると、通常、補償は金銭でおこなわれた。その金額は、一九三六年十月十七日の価格凍結の時点の地価に基づいて算定され、それに通貨価値の下落を相殺する物価手当が加算された。ただし、申請に基づき代替地のかたちで補償することも可能で、とくに、収用により農業あるいは園芸を営んでいた家族経営体の存立が危機に瀕する場合や、礼拝に用いられる建物が存在していた場合、破壊された建物が残されたままの土地が収用された場合、クラインガルテンの借地契約が廃棄された場合などには、代替地の指定が義務付けられた[58]。

そして、収用申請については、最終的に州の行政庁が決定をくだすことが定められたが、その決定に不服がある場合には、地方裁判所への上訴など不服申し立ての制度も整備された[59]。また、収用対象の土地の所有権者自身が、適切な期間内に住宅を建設する場合には、収用を回避することができる規定も設けられた[60]。

この建築用地調達法によって、土地収用と補償に関しては、一定の解決策が提供されることになった。しかし、この後も、土地利用に関する規定と建築規制に関する規定を統一的に示す法令の制定が求められ、一九五〇年代を通じて住宅建設に関係する議論の重要なテーマとなった。そのなかでも、この議論にとって画期となったのが、一九五四年六月十六日の連邦憲法裁判所の法鑑定書であった。これは、土地法と建築法に関する連邦の権限の範囲を確定するために、五二年に連邦と州が作成を求めたものであった。この連邦憲法裁判所の判断により、連邦には、都市計画と区画整理、それに必要な地価査定の権限が認められた。その一方で、地価上昇分に対する課税の権限は否定された。この後、連邦住宅建設省がこの判断を反映させた法案を立案し、六〇年六月に連邦建築法が成立することになる[61]。この連邦建築法の制定によって、それまで土地収用と補償を規定していた建築用地調達法、州の復興法、その他の都市計画にかかわる個々の規定は廃止され同法に統合された[62]。

4　第一次住宅建設法改正と持ち家建設の要求

第一次住宅建設法の改正

ここまで、一九五〇年代の住宅政策の枠組みについて、その後の住宅政策の前提となった社会的住宅建設制度を中心に、それを補完するものとして、負担調整に関連する法令と住宅を建設する用地に関する法令を概観してきた。これらのうち、社会的住宅建設を規定する第一次住宅建設法は、一九五三年に部分的に改正されることになった。

その改正は二つの点を中心とし、一つは、家賃統制に関する規定の変更であり、いま一つは、連邦資金に関する規定の変更であった。連邦住宅建設省が、これらの点を含む第一次住宅建設法の改正法案を立案し、一九五二年十二月九日に連邦議会に提出した[63]。翌年の七月二十九日には採決がおこなわれ、改正法案は賛成多数で可決された。ただし、共産党に加えてSPDも反対票を投じ、第一次住宅建設法成立時の「全会一致」の理念は崩れることになった。その後、連邦参議院でも賛成多数で可決され改正法は八月に施行された[64]。成立した第一次住宅建設法改正法は、第一次住宅建設法の基本的な枠組みは変えず、部分的な変更をおこなうものであった[65]。

ここで同法の具体的な改正点をみると、家賃統制の規定については、社会的住宅建設における家賃統制の部分的な緩和がおこなわれた。まず、賃貸住宅として建設された社会住宅が、破壊された建物の再建である場合や、特別に利点のある立地、特別な調度や設備を備えているなど一定の条件を満たす場合には、法定家賃を最大で三〇％超過する家賃を徴収することが許可された。さらに、上記の条件を満たした住宅について、その建設の際に施工主が受け取ることができる公的助成金の最大額のうち三分の一以上を放棄して建設された場合には、法定家賃を最大で五〇％超過する家賃を徴収することが許可された[66]。

これらの規定は、より資力のある施工主と借家人を想定したものであり、社会的住宅建設の枠内に、自由化の要素を取り入れたものである。こうした変更の背景の一つには、連邦経済省の自由化要求があった。連邦経済省は、社会的住宅建設の枠内で統制的施策をとることに一定の理解を示していたものの、長期的には住宅建設の自由化を望み、税優遇措置のみを受けた住宅建設や非助成住宅建設を拡大していくこと、家賃水準を抑制するのではなく、市場によって形成される家賃水準に段階的に誘導すること、また、民間資本の活用のために目的貯蓄を促進することなどを提言していた[67]。

他方で、連邦資金に関する規定についてみてみると、第一次住宅建設法の制定後に成立した負担調整法を踏まえて、住宅建設の公的助成に関する規定に法令上の統一性をもたらすための改正がおこなわれた。負担調整法が設けた助成制度のうち、住居支援の執行には社会的住宅建設の枠組みが適用されたため、この助成資金が社会的住宅建設の重要な財源となっていった。そこで、「負担調整基金」から支出される住宅建設に関係する助成金の社会的住宅建設での扱いを明確にするため、連邦負担調整局長官は、負担調整基金からの資金の分配について、連邦住宅建設大臣の同意を必要とすることが定められた[68]。

こうした改正点と並んで、住宅建設の公的助成に投入される公的資金の規模について、一九五三年から五六年まで毎年少なくとも五億マルクを連邦が提供しなければならないことも規定された[69]。この背景には、各州で住宅建設と入植制度を担当する大臣から構成される協議体の要求があった。この協議体は、社会的住宅建設の開始直後から、住宅建設が拡大するにつれ建設コストが上昇して抵当貸付金が不足することを懸念し、公的助成資金の財源を長期的に保証することを連邦に要求していたのである[70]。この規定によって、諸州が要求していた通り、助成金財源がより明確に指定されることになった。

以上のように、一九五三年の第一次住宅建設法改正法は、五〇年の第一次住宅建設法の基本的な枠組みは変更せず、部分的な変更をおこなうための立法であった。しかし、この法改正と並行して、連邦政府の住宅政策に転換を迫る新法の制定を求める動きが表面化した。

CDUの要求

社会的住宅建設は、一九五〇年の第一次住宅建設法の規定だけをみれば、性格の異なる多様な施工主を公的助成の投入に際して平等に扱い、公的助成の対象となる住宅の形態についても、特定の住宅の形態を優先しない制度であった。しかし、実際に建設された社会住宅をみると、賃貸住宅建設、とくに公益的住宅建設会社による賃貸住宅建設が多数を占めることになった。公益的住宅建設会社が五〇年から五二年までの期間に建設した住宅の全体に占める割合は四三・一%に達していた。この値は、ヴァイマル期でもっとも高い数値を示した二八年から三〇年までの期間に公益的住宅建設会社が建設した住宅の割合を上回るものであった。[71] これに応じて、公益的住宅建設会社によって建設された賃貸住宅も、社会住宅全体に対し大きな割合を占めることになった。その一方で、持ち家住宅の割合は小さなものにとどまった。[72] コンセプトとしての社会的住宅建設は、特定の施工主、特定の住宅の形態を優先するものではなかったが、実態としては、より速くより多く、住宅を建設し供給することが求められるなかで、公益的住宅建設会社による賃貸住宅建設が多数を占めることになったのである。

社会的住宅建設が開始されたのち、同時代人の予想を超える住宅建設の成果があがった。連邦共和国の発足時、目前に広がる約四五〇万戸もの住宅不足の解消には二〇年以上の時間を要すると予想されていたが、一九五〇年から五七年の八年間に合計で四〇九万戸、そのうち五八%に相当する二三七万戸が社会的住宅建設の枠組みで建設された。これは、当初の予想の二倍以上のテンポで住宅建設の成果があがったことを意味する。[73] このようにして住宅難の緩和が進み、その過程で政策に選択の余地が生まれると、賃貸住宅建設が多数を占める状況に対する疑問や批判、さらに、建設されるべき住宅の形態をめぐる議論が徐々に表面化することになった。こうした流れのなかで、第一次住宅建設法の改正と同じ時期に、社会的住宅建設の重点を政策的に賃貸住宅から他の形態の住宅に移そうとする動きが立法においてあらわれた。この動きを主導したのがＣＤＵであり、庭付き戸建ての持ち家住宅を社会的住宅建設の枠内で優先して建設することを要求した。

ＣＤＵがバイエルンの姉妹政党キリスト教社会同盟(Christlich-Soziale Union ＣＳＵ)と連邦議会で構成する統一会派、ＣＤＵ・ＣＳＵ会派は、一九五二年十二月九日の連邦住宅建設省による第一次住宅建設法改正法案の提出に先行して、同年十一月二十日に独自の新法の制定をめざす法案を提出した。この法案は「家族住宅創出法」の制定をめざすもので、社会的住宅建設の枠組みは維持しながら、「家族住宅」という概念で持ち家建設の推進を企図したものであった。[74] 五三年一月二十一日の連邦議会本会議で、連邦住宅建設省の第一次住宅建設法改正法案と、ＣＤＵ・ＣＳＵ会派が提出した家族住宅創出法案が、ともに第一読会を迎え、家族住宅創出法案の提出者のひとりであるＣＤＵのリュッケが法案の趣旨説明をおこなった。

リュッケは、第一次住宅建設法について、社会的住宅建設によって多くの住宅が建設されたことを評価しながらも、著しく大きな時間的制約のもとで制定された同法の不備を除去するため、第二次住宅建設法の制定を要求した。そして、その第二次住宅建設法に期待されているのは、「住宅建設における量から質への移行」をはたすことであり、それは、「より少ない賃貸住宅と高層集合住宅、より多くの持ち家と小規模住宅が建設される法的前提」を作り出すことであると述べ、さらに、どの形態の住宅も平等に扱うことを定めた第一次住宅建設法の規定は「決定的な誤り」であったとし、持ち家と小規模住宅の建設に助成の優先権を与えることを求めた。[75] また、社会住宅の大半が「台所を含んで一部屋か二部屋の住居」という「最小住宅」であり、これは「大きな家族、とくに「子だくさん家族」にとって適切な住宅がまったく、あるいは、ほとんど建設されていないことを示している」と指摘して、これまで建設された住宅の狭さと設備などの質の低さを批判した。これに対して、家族にふさわしい住宅として、CDU法案が「家族住宅」と呼ぶ、持ち家住宅の建設促進を求め、「つぎの数年間のわれわれの住宅政策の目標は、家族住宅を社会的住宅建設の規範にすることである」と述べた。[76]

もっとも、ここではこれ以上のCDU法案の審議はおこなわれなかった。というのも、連邦議会本会議が、改正法の審議を先におこなうことを決定したため、新法の制定を予定しているCDU法案の審議はいったん中断され、CDU法案の審議が再開される前に第一立法期間は会期終了を迎えたからである。第一次住宅建設法改正法では、持ち家を扱う独立の条文が設けられたものの、その内容は「住宅需要に応じて」持ち家の建設を助成するという規定にとどまり、CDUが要求していた持ち家建設助成の一般的な優先には不十分なものであった。[77]こうした状況を受けて、CDU・CSU会派は、一九五三年六月九日の総選挙ののち、第二立法期間の開始直後に家族住宅創出法案を再提出することになる。

第二章

第二次住宅建設法とCDUの持ち家政策

ここでは、CDUが提出した家族住宅創出法案から第二次住宅建設法の成立にいたる議会での議論を検討し、CDUの住宅政策の内容とその特徴を明らかにしたい。まず、CDUが提出した法案と対案の内容を整理する。さらに、第二次住宅建設法に実際に反映された持ち家建設を優先する規定に焦点を絞り、法案審議の争点を明らかにする。また、住宅政策の実務を担い、地域の事情に即した対応を求められていた州の反応にも目を向け、CDUの住宅政策の特徴に迫りたい。

1 CDUの家族住宅創出法案

家族住宅創出法案の立案過程

CDU・CSU会派が提出した家族住宅創出法案の内容を整理する前に、いったん家族住宅創出法案の提出前までさかのぼり、法案の立案過程をみておこう。CDUは、たんなるカトリック中央党の再建ではなく、カトリック、プロテスタントの両宗派を包摂しようとする超宗派政党として設立された政党であるが、このCDU法案を準備したのは、カトリックの政治家、知識人、実践家のグループであった。CDU法案の立案を主導したのは、前章でふれた連邦議会本会議の第一読会で法案の趣旨説明をおこない、また、連邦議会の復興・住宅制度委員会の委員長も務める、CDUの政治家リュッケであった。[1] リュッケは、一九五二年九月十二日と十三日にボンで会合を開き、ネル＝ブロイニンクやノインデルファーといった当時の代表的カトリック知識人、ヴォスニツァやエーレンといったカトリックの住宅建設に関する指導的実践家とともに、家族住宅という概念で、持ち家建設の助成をどのように推進するかを検討した。[2] この会合をうけて、リュッケは、九月二十日に法案の基礎となるメモをまとめた。[3]

その後一九五二年九月二十八日に、リュッケは、カトリック教会で住宅問題に関心をもつ者と住宅建設に関係する団体の代表者を集めた作業グループをつくり、「住宅建設の分野におけるキリスト教的な要求」を文書にまとめ、法案の推敲を進めた。この作業グループには、リュッケ、ブレーナー、シュレーダーの三人のCDU議員のほか、ドイツ・カトリック教徒大会の代表エルツ伯ゾフィー、連邦被追放民省の行政官フィードラー、そのほかには、ドイツ国民家産住宅協会と、土地家屋所有者中央連盟の代表者が参加していた。[4]

一九五二年十一月二十日の家族住宅創出法案の提出後、リュッケは、カトリック、プロテスタント両教会の代表者と会談して同法案について説明し支持を要請した。五三年一月十日には、上記のノインデルファー、ヴォスニツァ、エーレン、そしてエルツ伯ゾフィーといった法案立案の中心をなすカトリックのメンバーとともにカトリック教会の代表者と会談し、教会の支持をえた。さらに同月十六日に、プロテスタント教会の代表者とも会談し、同様に支持の約束を取り付けた。[5] この間、リュッケは、CDUのブレーナー、チャヤ、ヘスベルク、CSUのロイカートらの議員とともに法案の検討を進めた。[6]

しかし、一九五二年十一月二十日に提出された法案は、時間的問題から審議されなかった。これは、建築用地調達法の審議が終了しておらず、さらに同時期に連邦議会に提出された第一次住宅建設法改正法案の審議が優先されたことが理由であった。建築用地調達法と第一次住宅建設法改正法の法案審議が先におこなわれることになり、家族住宅創出法案の審議に入る前に第一立法期間は会期終了を迎えた。[7]

一九五三年九月六日の連邦議会選挙をへて、連邦議会第二立法期間が始まった直後の十月五日に、リュッケを筆頭とするCDU・CSU会派は変更を加えずに家族住宅創出法案を再提出した。[8] もっとも、同法案は、すでに改正され変更されてしまった五〇年版の第一次住宅建設法の諸規定を前提につくられていたため、本会議第一読会の終了後、CDU・CSU会派は、五四年四月一日、連邦議会本会議から法案を送付された復興・住宅制度委員会での最初の審議に合わせ、改訂した法案を「全体修正動議」として提出した。[9]

家族住宅創出法案の内容

つぎに、リュッケが中心となってまとめたCDUの住宅政策の狙いを明らかにするため、重要な条文に焦点を絞りながら家族住宅創出法案の内容を整理する。

家族住宅創出法案の第一の要求は、「国民の多くに、郷土の土地に根をおろし、土地財産を取得することを可能にするため」、連邦、州、自治体、自治体連合に、第一次住宅建設法と負担調整法によって社会的住宅建設用に指定された資金を「主として、家族住宅の創出に使用することを義務付ける」ということであった。[10]「家族住宅」はCDUによって住宅関連法制に導入された新しい概念であり、「わが家として家族に用いられるよう定められ、建物の形態の観点からもそれにふさわしい、庭やその他の耕作可能な土地のついた住宅家屋で、そこに住む家族の一人ないし複数の構成員に所有されているもの」と定義された。[11] 家族住宅は、「一戸建ての家屋、二戸建て一棟の家屋、テラスハウスとして建設することができ」「建物が建設される土地と、耕作に用いられる土地(庭地)」が、「互いに結び付いた経済的統一体として、家族住宅の地所」を構成する。[12] さらに、家族住宅は、「小規模住宅の形態で、とくに助成されるべき」[13]ことが特記された。

公的助成を優先的に受けることができる家族住宅を建設する主体については、「課税対象となる年間収入が職員保険の年間収入限度額を超えない自然人だけが考慮され」「年収の計算には、妻以外の、同一世帯で生活する扶養を受ける権利のある家族の構成員一人ごとに六〇〇マルクが控除される」とする。ここでは、助成対象を限定するのに職員保険加入義務限度額が用いられ、第一次住宅建設法と変わらない規定が適用されたが、年収の算定の際に、家族の人数に配慮した控除制度が導入された。この提案は、全体修正動議では控除額が一人当り八四〇マルクに拡大された。[14] また、ここでもう一つ注目すべき点は、住宅企業ではなく「自然人」、つまり、個人施工主が住宅建設の主体として第一に想定されていることである。これを受けて、「公益的住宅企業と公益的入植企業」「自治体」、とくに、公益的住宅扶助会社「家産住宅」に、助成を受ける施工主への「家族住宅建設における指導」が義務付けられた。[15] ここでの「指導」は、建築計画や資金調達計画の立案といった技術的または経済的な準備と、建築計画の遂行に際しての助言や監督を提供することをいう。[16] 他方で、個人施工主ではない住宅企業による家族住宅の建設について、法案は「第三者による家族住宅の建設」として「ふさわしい住宅企業によっても、その名義で建設することができる」と認めながらも、「遅くとも譲渡費用と指導費用を含む取得価格のうち現金で支払われる分の支払い後には、取得候補者に譲渡する」ことを建設の条件とした。[17] これは、住宅完成後の売却や何らかのかたちでの譲渡を義務付けることで、住宅が住宅企業の所有下に留まることを防ぎ、個人財産とすることを企図したものである。

このように、CDU法案は、家族住宅を社会的住宅建設の規範とするべく、家族住宅建設に公的助成資金を優先的に投入することを目的としていた。さらに、家族住宅建設の主体としては第一に個人施工主が想定され、その活動を支える公益的住宅企業に「指導」が義務付けられる一方、自らが施工主として家族住宅を建設する住宅企業には、完成した住宅の個人への譲渡が義務付けられ、個人財産の形成を促進することを企図していた。

これらの目的を達成するため、公的助成金の投入や資金調達に関する規定も設けられた。まず、連邦と州に家族住宅

図2　低所得層の家族のために建てられた小規模住宅

出典：Bundesvereinigung Deutscher Heimstätte (Hrsg.), *Die deutschen Heimstätten. Ein Bildband der staatlichen Treuhandstellen für Wohnungs- und Kleinsiedlungswesen, 1949–1959*, Duisburg, 1960, Bild Nr. 10.

建設の助成を義務付け、これを「逐次償還抵当貸付金」として提供することを規定した。そのうえで、この公的資金の投入に関して、助成金の額を、建築費用と自己資本および借入金の差で決定するこれまでの制度にかえて、「家族住宅創出のための公的貸付金は、住宅の大きさと家族住宅に住む家族の構成員の数に従って算定する」新たな仕組を導入した。貸付金は住宅面積に応じて決定され、さらに、家族住宅建設には、通常の社会的住宅建設の額を「少なくとも一〇％、申請者が三人以上の家族を家族住宅に住まわせなければならない場合は、二〇％超過する貸付金を認可できる」という優遇措置が設けられた。[18]

他方で、公的貸付金を受け取るためには、申請者が費用全体のうち適切な自己負担分を調達することが条件とされた。この自己負担分は、現金、現物出資に加え、「労働業績のかたちをとることができ」、そこには「無報酬でおこなわれる近隣の助け合いを換算した額」も含まれる。[19]これは、個人施工主が住宅の建築工程の一部を自らが担う建設作業を念頭においたものである。また、貸付金の償還について、貸付金の借り主は、償還計画に基づく償還に加えて、追加の償還をすることができ、追加の償還をおこなう者には、負債総額が一定割合で減額される措置も計画された。これは、全体修正動議のなかでより具体的になり、貸付金の借り主は、いつでも償還計画とは別に一〇〇マルクの償還をすることができ、「一〇〇マルクの計画外の償還に対して、毎回二五マルクの償還奨励金」が提供され、同一世帯に十九歳に達しない子どもが属している場合、奨励金は「子どもが一人か二人の場合は二七マルク、子どもが三人から五人までの場合は三〇マルク、子どもが五人を超える場合は三五マルク」へ増額される。このように、償還についても、償還奨励金という仕組のなかで、家族の大きさに配慮した制度が設けられた。この奨励金は貸付金債務残額からの控除というかたちをとり、債務控除は年間合計四〇〇マルクを限度とした。[20]

ここまでみてきた公的助成金の投入に加え、CDU法案は、「社会保険機関は、住宅建設の助成用資金を家族住宅に対する抵当貸付に投資すること」、また、貯蓄金庫などの「資本集約機関は、社会的住宅建設に供給する額の、少なくとも半分を家族住宅の融資に用いること」を義務付けた。[21] 国家による投資の義務付けという、強制的な手段によって家族住宅建設への資金の誘導が計画されたのである。

住宅建設の資金調達に対する公的助成のほかには、建築用地に関して、家族住宅のためにふさわしい建築用地の開発を自治体の課題とし、自治体がふさわしい土地を提供できない場合や、開発費用を調達できない場合には、社会的住宅建設の公的資金のなかから、建築用地開発貸付金を自治体に対して交付する制度を設けた。[22]

リュッケの議論

つぎに、法案の趣旨説明と原則的問題の討論がおこなわれた連邦議会の第一読会での議論をみてみよう。一九五四年一月十四日に、連邦議会本会議で第一読会が開かれ、リュッケが法案提出者として発言した。リュッケは、「なぜいま家族住宅法なのか」という問いに答えて、まず、社会的住宅建設の枠組みのなかでこれまで建設された住宅の多くが、家族にとってふさわしいものではなかったことを批判した。すなわち、「台所を含めて一室からなる住居、二室からなる住居、三室からなる住居の割合は、今日もなお五〇％を大きく超えている」のに対し、「台所を含めて四室からなる住居の割合は、例えば五二年では、わずか二八％」にすぎず、「家族にとって小さすぎ、長期的にみてふさわしくない住宅」が多くを占めている。そして、リュッケは、この現状の原因は、公的助成金の提供が、その住宅に住む家族を考慮しない「住居単位」に従っておこなわれていることにあるとし、これを、すでにみたCDU法案にあったように、「家族住宅の建設のための公的貸付金が、住宅の大きさと家族住宅に住む家族の構成員の数に従って算出される」ように変更することを要求した。[23]

家族にとってふさわしくない住宅が社会住宅の多くを占めている現状に対する批判に続けて、リュッケは、社会的住宅建設の実践において「持ち家建設と小規模住宅建設は賃貸住宅建設に対して、絶望的なほど不利な状況に陥っている」ことを指摘する。不完全な統計であるとしながら、「社会的住宅建設のなかで、一九五二年に助成が認可された住宅三二万戸と一九五三年の前半に助成が認可された住宅一九万戸のうち、それぞれ二八・四％と二八・九％が小規模住宅ないし持ち家」であったという数字を引用し、この数字から、さらに、本来は賃貸住宅とみなすべき下宿人用住宅を除けば、「第一次住宅建設法の結果、住宅を手に入れ、同時にその住宅の所有者になった者は、五分の一に満たない」と述べ、法案提出理由として、社会的住宅建設に占める持ち家の割合が小さすぎることをあげた。[24]

そのうえで、これは言い換えれば「税金で助成された住宅のおよそ八〇％は、少数の住宅企業の所有下にある」ことを意味し、戦災と被追放民の流入により「財産をもたない人間からなる幅広い層の著しい膨張」が起きている状況下で、「わずかな住宅企業のもとに巨大な財産を生むために税金が使われるということが、われわれの住宅政策の意義であってはならない」と述べ、住宅企業が公的助成を受けて建設した住宅を所有し続けることを批判した。その一方で、これからの住宅建設について、「今後は、何らかのかたちで住宅が建てられるというだけでは不十分」であり「税金によって助成された住宅は個々の市民の所有物にならなければならない」、そして、「建設される住宅は、その住宅のなかで、人生のあらゆる段階において家族が健全に発展できるような性質のものでなければならない」と述べて、「土地と家屋が家族の財産になる」ことを「根本的要求」として掲げた。[25]

この一連の発言は、住宅建設による個人財産の形成、すなわち、家族住宅概念のもとでの持ち家建設の推進を「根本的要求」として訴えるものであるが、この要求が、住宅建設企業が公的助成をうけて建設した住宅を所有し続けることに対する批判と結び付いていることが注目される。この批判は、具体的には、賃貸住宅建設の担い手であり、完成後も賃貸住宅をその所有下に留める公益的住宅建設企業に対して向けられたものであった。リュッケは、法案の趣旨説明の締めくくりで、「公益的住宅企業は、完成した住宅を〔自ら〕管理するためだけに住宅を建設するべきではなく、施工者としての役割を引き受け、完成した家屋を、所有を望む家族の所有物へと徐々に移行させるべきである」と名指しして批判した〈全ドイツブロック／故郷被追放民・権利被剝奪者同盟〈Gesamtdeutscher Block/Bund der Heimatvertriebenen und Entrechteten GB／BHE〉とCDUから拍手〉。[26] すでにみたように、CDU法案は、家族住宅を建設する主体としては個人施工主を想定し、住宅企業による建設は、「第三者による家族住宅建設」という項目で、取得候補者への完成後の譲渡を助成の条件としていた。第一読会の議論から、個人財産の形成を阻害する公益的住宅建設企業に対する批判が、こうしたCDU法案の規定の背景にあることがわかる。

一方で、公益的住宅建設企業に対置された、家族住宅の建設主体として重視されている個人施工主に関しては、つぎの発言が注目される。リュッケは「住宅建設におけるより強力な所有の助成は、今まで不可能であった」という「頻繁に主張される多くの住宅企業の意見に反論する」と切り出し、「今までも困難な条件のもとで八〇％以上、小規模住宅と持ち家を建設してきた一連の公益的協同組合と公益的協会をあげることができる。とくに、教会の入植事業と入植協会が想起される」と述べた。[27] この発言が示しているのは、自分が住む家族住宅を建てる個人施工主を建設主体として想定しているといっても、それは単独で住宅建設を進める存在ではなく、公益的団体を組織し、そのなかで、グループで住宅建設を進めることが想定されているということである。CDU法案が、公的助成金を受け取るために必要な自己負担分として、自己資金や現物資本とともに施工主自らの労働業績をあげた際に、そこに無報酬の近隣の助け合いが含まれていたのは、個人施工主による住宅建設を、このようなグループでの建設として想定していたからであった。そして、この発言が示すもう一つ重要な点として、そうした公益的団体として、教会に関係する組織のもとでの入植事業や住宅建設の実践活動が、CDU法案の構想の念頭におかれているということである。

また、その他の点では、CDU法案の公的助成制度には、家族の大きさに基づいて助成金額が算出される仕組が導入され、さらに、第一読会後に復興・住宅制度委員会に全体修正動議として提出された改訂版法案では、償還奨励金の額について、子どもの数が増えるのに応じて増加する仕組が導入された。これに関して、リュッケは、第一読会で、「われわれの法案のもう一つの根拠」として「より大きな家族、とくに、子だくさん家族にとって、過去数年間、ふさわしい家屋がほとんど建設されなかった」ことを改めて指摘し、「われわれの法案の規定は、今後、とくに子だくさん家族のために住宅が建設されることを保証するものである」と述べ、子だくさん家族のための住宅建設の助成をCDU法案の目的の一つにあげた。[28]

各会派の討論

法案提出理由を述べたリュッケの議論に続いて、連邦政府と各会派の代表による討論がおこなわれた。ここでは、まず、CDU法案へのそれぞれの反応をみておきたい。まず、連邦政府を代表して、連邦住宅建設大臣をつとめるFDPのプロイスカーが発言し、健全な家族生活の強化のために持ち家と小規模住宅の建設の助成を表明した首相アデナウアーの施政方針演説を引き、CDU・CSU会派が提出した法案の理念を支持することを表明した。これは、CDU法案の審議に先立つ一九五三年十月二十日の連邦議会本会議で、アデナウアーが第二立法期間の施政方針演説をおこない、そのなかで、「健全な家庭生活を強化し、その精神的価値を成長期にある若者に伝えるため、連邦政府は、つぎの四年間に、持ち家、小規模住宅、そして住居所有権住宅の建設を、第一に助成する」[29]ことが連邦政府の住宅政策の主要な目標として掲げられていたことを踏まえたものである。

しかし、プロイスカーは、個別の点についてはいくつかの懸念を表明した。とくに、法案が「連邦、州、自治体に対し、「社会的住宅建設用に指定された資金を主として家族住宅の創出に使用することを義務付ける」と拘束力をもって規定している」ことについては、なお検討の余地があるとし、「とくに大都市においては、この住宅の形式を強制することはできない」と述べて、大都市での実現可能性に疑問を投げかけた。[30]

また、家族住宅創出法案の助成手段についても、法案が社会保険機関や貯蓄金庫などの資本集約機関に対し、家族住宅建設のための投資を義務付けていることについて、「強制は全体の福利にとって不可避と思われるところでのみ用いられるべきである」と述べ、さらに、資本集約機関との自発的な合意によってより多くのことが達成できるとして反対を表明した。そして、連邦住宅建設省としては、一九五二年の住宅建設奨励金法を利用して、建築貯蓄の払い込み額に対し一定の割合で奨励金を支払う貯蓄奨励制度を、持ち家建設を促進する方向で拡充することで、むしろ民間のイニシアティヴを重視する方針であることを説明し、家族住宅創出法という独立した法律を成立させるのではなく、「家族住宅法案の貴重なアイデアと住宅建設奨励金法を組み合わせ、一つの完結した統一された住宅建設法を成立させること」をめざすと述べた。この背景として、上記の施政方針演説で、民間資本が住宅建設により大きな関心をもつように努め、住宅制度を段階的に社会的市場経済に統合することが、連邦政府の方針として表明され、そのなかに貯蓄の奨励も含まれていたことをあげることができる。[31]

プロイスカーにつづいて、各会派の代表が討論にたった。野党ＳＰＤのシュティアレは、プロイスカーがアデナウア

図３　ハンブルク，グリンデルベルクの戦後初の高層住宅団地
出典：Adelheid von Saldern, *Häuserleben. Zur Geschichte städtischen Arbeiterwohnen von Kaiserreich bis heute*, Bonn, 1995, S. 282.

ーの施政方針演説を引いてＣＤＵ法案への基本的な賛成を表明したのに対し、明確な反対を表明した。そして、プロイスカーが抑制的なトーンで懸念や異なる意見を述べた、大都市での実現可能性と資本集約機関への強制という論点についてより強い批判を加えた。すなわち、連邦、州、自治体に、社会的住宅建設用に指定された資金を、主として家族住宅の創出に使用することを義務付けるという法案の規定に対し、「この規定は、とくに大都市において、著しい困難をもたらしうる。大都市には、農村的地域とはまったく異なる前提条件が存在する。大都市においては、高層賃貸住宅建設が重要になるということは、疑いの余地のないことであろう」[32]と、大都市ではＣＤＵの提案する家族住宅ではなく、賃貸住宅が重要であることを強調した。

さらに、公的資金の投入について、

なぜ資本集約機関に、社会的住宅建設のための資金の半分を家族住宅の資金調達に振り向けるという投資を強制するのか。では、こういうことにしよう。資金の半分が家族住宅建設に使われるのならば、もう半分は都市の中心部で必要とされている賃貸住宅建設に使おうと。なぜ、社会保険機関が、社会的住宅建設に使用することができる資金のすべてを、家族住宅向けの貸付金に投入するよう義務付けられるのだろうか。ここに集まっている社会保険の掛金は、労働者と職員によって支払われたものであり、……家族住宅の建設資金を工面する者だけを優遇するのではなく、すべての者が、それぞれの住宅需要に従って平等に助成を受けなければならない。[33]と述べ、CDU法案の、社会保険機関と資本集約機関に対する家族住宅建設への投資の義務付けを批判した。

そして、この「新たな計画経済的モメント」は、「住宅制度を自由化させるという、ますます強くあらわれてきた傾向のなかであなた方が追求しているものと、どのように合致するのか」と述べ、一九五三年の第一次住宅建設法改正法で、公的助成を受けて建設された賃貸住宅に対して家賃統制の部分的緩和をおこない、また、アデナウアーの施政方針演説では住宅制度を市場経済へいっそう開放することが掲げられたのにもかかわらず、家族住宅の助成のためには統制的手段を用いることについて、一貫性のなさを批判した。[34]

連立会派であるFDPを代表したヴィルツは、法案への賛否は明言せず、持ち家建設の費用負担の問題だけを取り上げた。リュッケは、持ち家建設の公的助成強化を訴えるなかで、アメリカでは全住宅建設の九〇%が持ち家として建設されていると発言していた。[35]これを引用し、そうした高い割合は、アメリカにおける持ち家建設の費用負担が小さいことが理由であり、それに対してドイツでは持ち家建設の負担は大きいと指摘し、「われわれは、どうやって一家族用住宅に有利な方向にこれを変えることができるか、委員会で熟慮しなければならない」と述べた。この発言に対しては、SPDのヤコビが「アメリカでは、生活水準が高い」と野次を飛ばしたが、そのヤコビに対して「それは関係ない。アメリカでは、持ち家を望む人の負担のほうが、その人が同じ大きさの賃貸住宅を都市で借りる場合より小さいだけだ」と反論し、持ち家建設に関する費用負担の問題を、ヤコビが社会全体の所得水準との関係の問題、とくに、低所得層にとっての費用負担の大きさの問題として考えるのとは対照的に、社会全体にとってではなく、あくまで持ち家を希望する者にとっての費用問題として考える姿勢を示していた。[36]

ここまでみたように、他の発言者が、住宅建設の公的な助成制度に関する問題を取り上げたのに対し、被追放民を代表する政党であるGB／BHEのエンゲルは、法案の精神的な側面について重点的に発言し、その発言は他の会派の議論と比べ異彩を放っていた。すなわち、「われわれがドイツにおいて、「竈」という言葉、そして、国内植民の過程でつくられた「新しい竈」という言葉を口にしていたのは、まだそれほど昔のことではない、おそらく一世代ほど前だ。大地と結び付いた生活は、私たちの言語をなお規定している」が、「いまや、われわれは、竈から出発し、家産住宅をへて、住居単位にたどり着いた」と、大地と結び付いた生活が失われたことを述べる。そのうえで、「ここで、この発展に対抗しようという法案提出者の思考が始まったのだろう。われわれは、この法案の精神的側面について、その価値を評価し支持する」と述べ、CDU法案の意義を、大地と結び付いた生活を取り戻すことのなかに見出していた。[37] 第一章でみた負担調整法と連邦被追放民法の持ち家建設を推進する施策が示唆するように、「郷土の土地に根をおろし、土地財産を取得することを可能にする」というCDU法案の要求は、追放によって失った郷土と財産を新たな生活を送ることになった土地で再建するという被追放民の要望に合致する内容であったということができる。

ここまでみてきた各会派の代表者による討論ののち、本会議第一読会はCDU法案をリュッケが委員長を務める復興・住宅制度委員会に送付し審議することを決定した。[38]

2　対案の提出と法案審議の経過

連邦住宅建設省の法案

CDUが家族住宅創出法案を連邦議会の第二立法期間の開始後に再提出すると、連邦住宅建設省とSPDは対案を提出した。この対案の内容と、提出された三つの法案から第二次住宅建設法が成立するまでの経過を概観してみたい。

ＣＤＵが第一次住宅建設法の改正ではなく、社会的住宅建設の枠組みを前提としながら独自の法律の制定をめざしていたのに対し、連邦住宅建設省は、第一次住宅建設法の再度の改正を企図していた。連邦住宅建設省は第一次住宅建設法を改正し補完するための第二次改正法案を作成し、閣議決定と連邦参議院の意見表明をへて、一九五四年六月十六日に同法案を連邦議会に提出した。連邦住宅建設大臣プロイスカーは、法案提出理由を文書で提出し、法案に関する本会議での第一読会の討論はおこなわれず、そのまま復興・住宅制度委員会に送付された。[39]

一九五三年十月の第二立法期間の開始とともに連邦住宅建設大臣に就任したＦＤＰ出身のプロイスカーは、具体的にはどのような狙いをもっていたのだろうか。アデナウアーの施政方針演説がおこなわれた連邦議会本会議での討論で、プロイスカーは、「従来以上に、民間資本に住宅建設に対する関心をもたせなければならない」と述べ、つぎの四年間における住宅建設業績の上昇は、「追加の民間資本すなわち貯蓄資本を引き込むことによってだけ成功する」のであり、このために「必要な刺激と条件を与えること」が住宅政策の課題になると述べていた。[40] さらに、連邦住宅建設省内で法案の作成が開始されると、プロイスカーは、住宅建設の資金不足分を埋めるべく投入される公的助成金の総額の段階的な縮小と、それを埋め合わせる住宅建設奨励金制度の拡充を法案の目的としてあげ、政府の関与を縮小させ、貯蓄資本の活性化によって住宅建設を動かしていくことを意図していた。[41]

連邦議会に提出された政府法案では、以下の三点に、このプロイスカーの方針が反映された。第一に、一九五三年第一次住宅建設法改正法に従って連邦が住宅建設に投入する五億マルクの連邦資金を、五八年から毎年一〇％ずつ削減する。[42] 第二に、連邦が住宅建設のための貯蓄に対し奨励金を提供し、そのために毎年六〇〇〇万マルクの予算を用意する。[43] 第三に、家賃統制を緩和して法定家賃を廃止し、これまで税優遇措置だけを受ける住宅建設に適用されていた費用家賃を社会住宅にも導入する。[44] 社会住宅における費用家賃は、住宅の減価償却、借入金の利子支払い、維持管理などのコスト総額と助成金との差額から算定するもので、諸経費の上昇が家賃額に反映されることになる。[45] 費用家賃の導入に際して、それぞれの地域の人口に対し低所得層が占める割合に応じて減額された家賃が適用される住宅を州が建設しなければならないという補足がなされたが、プロイスカーは、多くの住民にとって費用家賃は負担可能な水準になると考え、借家人への家賃補助などの措置は予定されていなかった。[46] これらの規定により、住宅建設の資金調達を、連邦資金から資本市場に段階的に移動させることが企図された。[47]

持ち家建設に関しては、プロイスカーは、持ち家建設の助成強化に賛成していたが、それは貯蓄の刺激によっておこなわれるべきと考えており、CDU法案も貯蓄の活性化によって持ち家建設を推進する方向に修正されるべきであると考えていた。また、少数の大規模な公益的住宅建設会社のもとに住宅所有がさらに集中することを阻止し、小規模な建設主体を支えることが必要であると考え、住宅公益性法の改正を視野に入れていた。[48]

プロイスカーは、少数の大規模な公益的住宅建設会社への住宅所有の集中を問題視する点でリュッケと同じ見解であったが、持ち家建設を促進する方法では、建設希望者の貯蓄を重視しており、これは、CDU法案に含まれる社会保険機関や資本集約機関の家族住宅建設への投資義務といった強制的規定とは相容れない見解であった。実際に、すでにみたCDU法案の本会議第一読会では、この規定に反対し自発性と貯蓄の刺激の重要性を説いていた。

その結果、政府案は、一方で、CDU法案の持ち家建設の推進という要求を取り入れつつ、他方で、CDU法案の投資義務のような統制的な規定を阻止するための提案を用意するものになった。まず、政府案には、CDU法案の「家族住宅」概念が導入され、公的助成における家族住宅建設の一般的な優先権が認められた。また、家族住宅の施工主に対する事前融資のための総額五〇〇〇万マルクの特別貸付金の提供、第三子以降の子ども一人当り七五〇マルクの家族追加貸付金、貸付金の償還計画外の償還について償還金一〇〇マルクあたり二五%から三五%の奨励金を債務残高からの控除というかたちで提供する、といった規定が盛り込まれた。[49] これらはCDU法案の一連の規定を採用したものである。

そのうえで、政府案は、家族住宅の施工主が少なくとも全建築費用の三〇%に相当する自己負担分を調達した場合に、公的貸付金への法的請求権を付与するという、公的助成制度における新しい仕組を提案した。[50] 公的助成への法的請求権という強制的性格のある権利を付与することは、家族住宅建設への助成資金の確保という点でCDUの賛成をえることが可能な提案であると同時に、これは一定の自己負担分と引き換えで付与されるものであり、その調達には施工主の自発性が求められ、貯蓄の刺激と民間資本の動員という方針とも合致するものであった。また、CDU法案の第一読会でFDPのヴィルツが、持ち家建設の費用負担を検討する際に、所得水準の問題と切り離して検討を進める考えを示していたが、このプロイスカーの法的請求権の条件も、施工主の所得とは無関係に一律に三〇%に設定されていることが注目される。これは、後述するように、CDUによって修正が試みられることになる。

SPDの法案

ここまでFDP出身の連邦住宅建設大臣のもとで立案された政府案をみてきたが、つぎにSPDの法案をみよう。SPDは、一九五四年七月十三日に第二次住宅建設法案を提出した。その後、十月十四日に連邦議会本会議で第一読会がおこなわれ、復興・住宅制度委員会に送付された。家族住宅創出法という独自の法律の制定をめざすCDU法案、第一次住宅法案の二度目の改正法として立案された政府法案に対して、SPDの法案は、初めから第二次住宅建設法案として提出され、家族住宅の助成に焦点を絞ったCDU法案に比べ、より包括的なものとなった。[51]

一九五〇年の第一次住宅建設法以来、住宅建設は、公的に助成された社会的住宅建設、税優遇措置だけを受ける住宅建設、非助成住宅建設に三分類されてきたが、SPD法案は、「低所得の住民のための住宅建設が、他のすべての措置に対し優先して保証される」ことを目標とし、社会的住宅建設をさらに「社会的住宅建設」と、より少ない公的資金が投入される「部分的に助成された住宅建設」の二つに分割することを試みた。[52] 法案では、所得を基準に三つの集団が区別された。すなわち、(1)年収四八〇〇マルクまでの低所得層を狭義の社会的住宅建設の対象とし、(2)この時点で年収九〇〇〇マルクの水準にあった職員保険加入義務限度額までの中間的な所得層を「部分的に助成された住宅建設」の対象とした。そして、(3)年収九〇〇〇マルクを超える層を、税優遇措置を受ける住宅建設と非助成住宅建設の対象とした。ここでは、同一世帯に属する家族の構成員一人当り八四〇マルクを世帯の収入総額から引いたものが所得額と定義される。この分類を踏まえて、五五年から五八年まで、毎年少なくとも、三〇万戸を(1)の低所得層のために、一〇万戸を(2)の中間的な所得層のために建設することが計画された。[53]

社会的住宅建設と部分的に助成された住宅建設に共通する規定としては、第一次住宅建設法でも定められていた、あらゆる種類の施工主の平等な扱いが維持された。[54] 他方で、連邦、州、自治体、その他の公法団体に対し建築用地を用意すること、とくに自治体に対しては土地を整地することも責務とし、さらに土地の開発費用に関する規定が追加された。[55]

(1)の低所得層を対象とする狭義の社会的住宅建設をみると、住宅の大きさは少なくとも四五平方メートル、最大で八〇平方メートルとし、大きな家族や経営上必要な間取りの場合、一〇〇平方メートルまでの超過が許された。社会的住宅建設において、優先して建設される住宅の形態は指定されず「需要に応じて」助成される。[56] 家賃は、認可官署が、州政府が定めた法定家賃に従って決定し、一平方メートル当り〇・八〇マルクから一・一〇マルクまでとされた。この法定家賃の支払いも困難な場合には、家賃補助が支払われる。このカテゴリーにおける公的貸付金は、最高で全建築費用の九〇％まで無利子で提供される。[57]

「部分的に助成された住宅建設」のカテゴリーでは、住宅の大きさは、少なくとも四五平方メートル、最高で一二〇平方メートルとされ、例外的に一五〇平方メートルまで認められた。このカテゴリー内では、持ち家建設が優先的に助成される。また、家賃は、法定家賃ではなく、費用家賃を徴収することが許可される。公的貸付金は、一平方メートル当り八〇マルクまで、持ち家建設の場合は九〇マルクまでの上限が設けられた。[58]

上記の二つのカテゴリーに投入される公的資金の総額は、年間五億マルクから増額されて一九五五年から五八年まで年七億マルクの予算が用意され、これに加えて、住宅建設奨励金の全額と持ち家建設における自己調達分の事前の短期信用貸しのために年五〇〇〇万マルクが提供される。また、連邦政府は、社会的住宅建設と部分的に助成された住宅建設、都市計画上の施策のために五〇〇〇万マルクまで担保の引き受けをおこなう[59]。

こうしたSPD法案の特徴は、低所得層への住宅供給の最優先にある。そのために、従来は一括して社会的住宅建設の対象となってきた職員保険加入義務限度額までの所得層のなかで、さらに(1)と(2)の所得層を区別し、(1)のより低所得の階層への住宅供給を優遇した。また、連邦資金総額の五億マルクから七億マルクへの増額や家賃補助の導入など、政府関与の規模のいっそうの拡大も要求した。

この枠組みのなかで、持ち家建設の優先にも言及された。しかし、それは、(2)の比較的所得の高い層を対象とし、より少ない資金で助成される一〇万戸の部分的に助成された住宅建設のなかで優先を認めるというものにとどまり、住宅建設全体のなかでの持ち家建設の優先を打ち出したCDU法案と、それを取り入れた政府法案とは対照をなしていた。

SPD法案のもう一つの特徴は、法定家賃というかたちで家賃統制を維持したことにある。これは、低所得層への住宅供給というSPD法案の第一の目標を実現するために不可欠であった。また、すでに、第二立法期間の開始直後、アデナウアーの施政方針演説に対する連邦議会本会議における討論で、SPD党首オレンハウアーは、「社会的住宅建設、すなわち、幅広い層の住民のために法的に保証された住宅建設を本質的に縮小し、法定家賃をさらに緩和しようという意図があるように思われる」と述べて、「当時、全会一致で成立した第一次住宅建設法という基礎から、ますます遠ざかろうとしている」ことに対し懸念を表明するとともに、法定家賃の維持を要求した[60]。この発言は、一九五三年第一次住宅建設法改正法による家賃統制の部分緩和を念頭においたもので、家賃統制の緩和がこれ以上拡大することを阻止することが第二立法期間での課題であることが明言された。その一方で、政府法案は、社会住宅全般に費用家賃の適用を予定しており、この点でＳＰＤ法案と鋭く対立する。

ここで、ＳＰＤ法案における持ち家建設の位置付けを改めて整理すると、それは一九五二年九月二十八日にドルトムントでの党大会で決議された行動綱領と、法案の提出後ではあるが、ドルトムント行動綱領に基づき五四年七月二十四日にベルリン党大会で改訂された行動綱領に定められた、党の住宅に関する基本方針から理解することができる。行動綱領では、「低所得層のための住宅建設は優先権を有する」として、「低所得層のための住宅建設が住宅建設全体に対し、より大きな割合を占めなければならない」ことが要求され、これが「原則」とされた。[61]その一方で、「住宅の質の改善の試みの影響」のもとで「小規模住宅と持ち家住宅の特別な価値」への関心が高まったことを指摘し、「こうした発展をＳＰＤは強く歓迎する」ことも明言された。[62]しかし、「低所得層の住宅需要の充足」に際して「特定の住宅の形式や住宅利用の法的な形式が強制されてはならない」とし、「庭のついた一家族用住宅、高層の集合住宅、小規模住宅、個人に所有された住宅、協同組合的に共同所有された住宅、賃貸住宅」と同列に並べたうえで、これらは「それに対する需要に従って供給されるべきである」ことが強調された。[63]以上から、ＳＰＤが低所得層のための住宅供給を最優先していたことを改めて確認できる。同時に、だからといってＳＰＤは、住宅供給の量的側面だけに注目していたわけではなく、住宅の質的な改善にも目を向けていたことを指摘することができる。そのなかで、持ち家住宅の価値も評価されていた。しかしながら、ＣＤＵが持ち家住宅の価値を最優先したのとは異なり、ＳＰＤでは、低所得層への住宅供給という最上位の目標達成のため、持ち家住宅はあくまで他の形式の住宅とともに供給されるべきものと位置づけられ、後景にとどまることになった。

三　法案から第二次住宅建設法へ

ここまでＣＤＵの家族住宅法案とそれに対して提出された政府法案とＳＰＤ法案の内容をみてきたが、それぞれの法案の最優先事項を改めて整理すると、ＣＤＵ法案では家族住宅建設の優先的な助成、政府法案では政府の関与の縮小と貯蓄の刺激を筆頭とする民間資本の活用、ＳＰＤ法案では低所得層への住宅供給と法定家賃の堅持、ということができる。

これら三法案はすべてリュッケが委員長を務める復興・住宅制度委員会に送付され、各法案の委員会における最初の審議を終えたのちに、政府法案を基本としながら三法案を同時に審議することが決定された。この後、同委員会で各会派が提出した修正提案を議論しながら、三つの法案を一つの法案へと練り上げる作業がおこなわれた。ＣＤＵ・ＣＳＵ会派は、委員会での審議の冒頭、議案全体を討議する委員会での第一読会で九〇の修正動議を提出した。一方、ＳＰＤは、はじめは修正動議の提出を控え、委員会第二読会での逐条審議を終えてから、再度全体を討議し委員会での採決をおこなう第三読会で修正動議を提出した。この間、委員会での第二読会の最後に、審議中の法案は、第一次住宅建設法の二度目の改正法ではなく、第二次住宅建設法となることが決議された[64]。

復興・住宅制度委員会で計四九回の審議、それに加えて、地方自治体、小規模住宅、提供義務に関する三つの小委員会が設置され、合わせて一九回の審議がおこなわれた[65]。これらの審議をへて第二次住宅建設法の委員会案が作成され、一九五六年五月三日に連邦議会本会議の第二読会にかけられた。本会議での委員会案の逐条審議では、ここまで時間をかけて委員会で審議してきたにもかかわらず、さらに二二カ所が変更され、その多くは、州が表明していた懸念に配慮したものであった[66]。

翌五月四日に、最終的な法案の可否を決する本会議第三読会が開催された。ＳＰＤは最終的な第二次住宅建設法案に対して反対を表明し、ＳＰＤ会派を代表してヤコビがその理由を述べた。すなわち、この法案は、本質的に、「もっとも急を要する社会的住宅建設を犠牲にして」より所得の多い層を優遇するものである。これに対してＳＰＤは「住宅所有のもつ社会政策上の、また国政上の意味を自覚して」おり、少なからずそれを強化する提案もした。低所得層への住宅供給を改善するというＳＰＤの要求は、持ち家と小規模住宅の助成と衝突するものではないにもかかわらず、議会多数派は異論を受け入れようとしなかった。それゆえＳＰＤは、この法案を「住宅難の解消と真に社会的な住宅建設の一貫した前進に建設的な貢献をするもの」とみなすことはできないと述べた。このヤコビの発言の途中で、リュッケは二度「事実と違う」と叫んでその発言をさえぎるなど、多くの時間を審議のために費やしたにもかかわらず、第三読会での議論は激しいものになった。[67]

連邦議会本会議での採決では、連立会派の賛成多数により法案は可決された。しかし、その後、法案が送付された連邦参議院本会議では、法案に対しさらに三八点の修正が要求され、両院協議委員会の招集が決議された。[68] 連邦参議院では、後述する、家族住宅の優先的建設を保証するべく設けられた州から連邦への報告義務の修正が要求された。

連邦参議院の要求に基づき、両院協議委員会が修正案を作成し、六月八日に連邦議会本会議が修正案の決議をおこなった。ここではＳＰＤ会派も賛成に回ったため、ほぼ全会一致で法案は可決された。[69] ＳＰＤの投票については、ヤコビが再び発言し、ＳＰＤは同法の全体的な構想になお懸念をいだき、以前と変わらずそれを拒否するが、両院協議委員会での改善を考慮して賛成票を投ずると投票理由を述べた。[70] 連邦参議院本会議は六月十五日に修正案の決議をおこない、なおバイエルンとブレーメンが反対したものの賛成多数で可決され、第二次住宅建設法が成立した。[71]

ここで最終的に成立した第二次住宅建設法について、一九五〇年代のこれまでの住宅政策の流れのなかで特徴的な点を概観しておこう。[72] 同法では、まず、第一次住宅建設法で導入された、公的に助成された社会的住宅建設、税優遇措置だけを受ける住宅建設、非助成住宅建設という、住宅建設の三分類が維持され、ＳＰＤが提案していた社会的住宅建設のさらなる二分割案はしりぞけられた。[73] また、社会住宅への入居資格は引き続き職員保険加入義務限度額によって定義された。[74]

以上のような第一次住宅建設法で確立された住宅建設の公的助成の枠組みの基本が維持される一方、同法の目的を掲げる第一条で、家族住宅概念のもとで持ち家建設の優先が明記された。これは、社会的住宅建設の枠組みのなかで、特定の形態の住宅を優先的に助成するという点で、これまでの住宅政策の転換となった。また、この家族住宅建設の優先を実現するため、優先して助成を受ける施工主の規定も設けられた。家族住宅建設の助成のほかには、健全な都市計画による造形に配慮しつつ破壊された自治体の再建を助成すること、そして、追放と戦災で住まいを失った人びとに住居を供給することが、第一条で同法の目的とされ、住宅建設戸数については、一九五七年から六二年までのあいだに社会的住宅建設により一八〇万戸を建設することが掲げられた。[75]

つぎに、すでにみた三法案の主張が、どのように反映されたのか、あるいはしりぞけられたのか整理しておこう。まず、SPDが最優先事項として要求した低所得層への住宅供給と法定家賃の堅持についてみると、前者のための社会的住宅建設の二分割案は、すでに述べたようにしりぞけられた。しかし、州の最上級行政庁に対し、「十分な規模」かつ「負担可能な家賃」で、低所得層に「住宅が供給されるように配慮する」ことが義務付けられた。[76] SPDの要求はしりぞけられ、法定家賃については、賃貸住宅のかたちをとる社会住宅に関して法定家賃が廃止され費用家賃が適用された。SPDの要求はしりぞけられ、政府法案にあった家賃統制の緩和が貫徹したのである。しかし、これにともなって発生しうる負担の増加に対応するため、借家人に家賃補助を提供する新たな制度が導入され、この点ではSPDの要求が取り入れられた。[77]

つぎに、政府法案の政府関与の縮小と民間資本の活用という要求についてみると、政府の統制については、すでに述べたように費用家賃が導入され家賃統制が緩和された。一方で、住宅建設の公的助成に投入される連邦資金の規模は、SPDの主張が取り入れられ、年七億マルクまで増額されることになった。しかし同時に、政府法案の要求にも従って、一九五八年から毎年一〇%ずつ、すなわち七〇〇〇万マルクずつ減額されるという両者の妥協案が採用された。[78] 後者の民間資本の活用に関しては、住宅建設を目的とする貯蓄に対する奨励金のために、連邦が年間最高一億マルクの予算を用意することが定められ、政府法案の要求が実現した。[79]

3　第二次住宅建設法における持ち家建設優先の規定

「家族住宅」という概念

第二次住宅建設法の立法の過程は、四週間の審議ののちに全会一致で成立した第一次住宅建設法と対照的であり、審議に非常に多くの時間がかけられ、多数の修正提案が各会派や州から提出された。しかも、これらの合意を形成する努力にもかかわらず最終的な採決でも完全な同意を得ることはできなかった。本節では、CDUが要求した事項を軸に、この過程をあとづけつつ第二次住宅建設法の内容を整理する。

成立した第二次住宅建設法をみると、同法の目的を述べる第一条の二項において、住宅難の除去と並んで、「家族住宅のかたちでの個人財産の形成により国民の多くを土地と結び付けること」が住宅建設の助成の目標とされ、さらに「とくに子だくさん家族に対して健全な家庭生活の発展を保証する住宅が、十分な規模で助成されなければならない」ことが掲げられた。[80] ここでの「子だくさん家族」は、「三人またはそれ以上の子どもをもつ家族」と定義される。[81]

この目標設定は、逐条審議をおこなう委員会第二読会の最初の審議で、SPD会派が「公的資金の投入は、とくに低所得層の住民に対する住宅供給を保証し、実際の需要に従って助成しなければならない」という文言を提案したのに対抗して、CDU・CSU会派が提案した文言である。[82] 委員会でCDUの提案が採択され、その後、本会議第二読会でもSPDが「低所得層の住民に対する住宅供給を公的資金の投入によって優先的に保証すること」を住宅難の除去と同格の目的として第一条に掲げるべく修正動議を提出したが否決され、CDUの主張が貫徹した。[83]

「家族住宅」という概念は、すでに述べたように、CDU法案によって住宅建設に関する法律上の用語に持ち込まれたものであり、その後、政府法案にも取り入れられた。これに対して、SPD法案には家族住宅概念は含まれていなかった。また、ＳＰＤのヤコビは、本会議第二読会で、健全な家族の発展と子だくさん家族の助成が必ず合致するとはいえず、さらに、事前に特定の家族の姿を前提にすべきではないと批判していた。[84] これは、換言すれば、「健全な家族の発展」や「家族住宅」といったＣＤＵの概念は、特定の家族像を前提にしているということができよう。

ここでまず確認しておきたいのは、家族住宅概念は、若干の変更が加えられたが、基本的にＣＤＵの家族住宅創出法案の定義のまま、第二次住宅建設法に反映されたということである。家族住宅は、「大きさと間取りの観点から、全部または部分的に、所有者とその家族あるいは親族に、わが家として役立つように用いられることが定められた、持ち家、売買用持ち家、小規模住宅」と定義され、「持ち家と売買用持ち家の形態をとる家族住宅には、可能な限り、庭またはその他の耕作可能な土地が付属しなければならない」と定められた。[85] ここで、家族住宅は、持ち家と小規模住宅を包括する概念となっている。さらに、それぞれの定義をみると、持ち家は、「自然人が所有する土地と、二つ以下の住宅を含む一つの住宅建造物からなり、その住宅のうち一つは所有者またはその親族が住むために定められたもの」と、売買用持ち家は、「取得志願者に持ち家として売却するという条件で建設されたもの」と定義された。[86] また、小規模住宅は、「適切な農場経営部分を備えた住宅建造物と付属の土地から構成され、大きさ、土地の性質、設備の観点で、菜園としての土地の耕作と小規模な動物の飼育による自給によって、居住者の収入に相当な補完を提供するように用いられ、また、それに適している入植地」と定義される。[87] そして、小規模住宅にも、売買用持ち家と同様に、「取得志願者に譲渡するという条件で施工者により建設された小規模住宅」として「施工者小規模住宅」というサブカテゴリーが設けられた。[88]

つぎに、家族住宅の公的助成における優先権についてみると、まず、公的助成の原則として、家族住宅の新築は、他の形態の住宅の新築に対し優先権を有する。[89] また、「家族住宅の新築の優先」を保証するために、州の住宅および入植制度担当の最上級行政庁は、公的資金の分配に際して、「まず家族住宅の建設のための公的助成資金の認可申請が認められる」ように配慮することが義務付けられた。[90]

公的貸付金のゆくえ

家族住宅の助成に関連して、法案審議中にもっとも議論を呼んだテーマは、政府法案が提案した、一定の条件を満たした施工主に公的貸付金への法的請求権を付与する制度であった。これは、CDU法案にあった家族住宅への投資義務といった強制的規定を代替するものとして政府法案が提案したものであった。プロイスカーのもともとの考えでは、この法的請求権は「成功した貯蓄に対する報奨」であり、これによって「貯蓄を促進し公的資金を投入する必要性を減少させる」ことが企図されていた。[91]

政府法案の委員会での最初の審議が終わったあと、*Echo der Zeit*（カトリック系週刊新聞）から受けたインタビューのなかで、リュッケはこの提案に対する見解を語っている。リュッケは、「現在審議中の法案の根本問題は、家族住宅建設のために、公的資金を拘束するという問題である」と述べたうえで、「我が会派の法案は、公的資金に〔家族住宅向けの〕割当を課すことでこれに応えようとした」が、「これに関して、法案提出者は、初めから、この規定の実施における難点を承知していた。というのも、それぞれの州の状況は異なるからである」と述べ、CDU法案の本会議第一読会において多くの懸念が示されていたこの方法の限界に自らふれている。この発言に続けてリュッケは、終了したばかりの政府法案の審議のなかで「公的資金に割当を課すことを不必要にする解決案が浮かび上がってきた」と述べ、CDU法案の強制的規定を断念するかわりに、建築費用全体の三〇％の自己負担分の調達を前提として公的貸付金の法的請求権を与える政府法案の提案を取り入れる方針を示した。同時に、リュッケは、この提案には議論の余地があり、このまま採用することはできず、この提案を「より社会的に作り直さなければならない」と述べ、「建設希望者の所得に応じた、〔調達しなければならない自己負担分の〕段階付け」と、「自助という形態での特別な自己負担分の調達」が可能になるならばこの提案は有望であると述べ、今後の修正の方向性を展望していた。[92]

CDU・CSU会派は、このリュッケの発言通り、この制度をより「社会的」に作り直す修正提案の準備にとりかかり、政府法案が必要な自己負担分を一律三〇％としていたのに対し、必要な自己負担分を施工主の所得と家族の大きさによって段階付けることを試みた。リュッケは、この発言の五カ月後、一九五四年十二月十四日に、連邦家族省の顧問会議から、連邦議会復興・住宅制度委員会委員長として、委員会審議の状況を説明するよう求められた。その説明のなかで、リュッケは政府法案の法的請求権の付与という提案を、CDU法案の公的資金の割当や投資義務よりも優れたアイデアであると述べつつ、最低限求められる自己負担分の割合を一〇％と三〇％のあいだで段階付けることが必要であると述べた。顧問会議はこの意見に賛同し、顧問のひとりノインデルファーに提言をもとめた。[93]ノインデルファーは、同時代の代表的カトリック知識人のひとりであり、リュッケとともにCDU法案を起草したカトリックの知識人、実践家のグループのメンバーでもあった。[94]

ノインデルファーは、一九五五年二月三日の連邦家族省の顧問会議に、同一世帯に属する家族の構成員全員の所得総額に従って必要な自己負担の割合を一〇〜三〇％で段階付ける私案を提出し、この提言は顧問会議の賛同を得た。リュッケもノインデルファー案をこの問題への解決策になると歓迎した。[95]リュッケは、同年六月二十五日の顧問会議でノインデルファー案を基礎に、同一世帯に属する家族の構成員全員の所得総額を家族の人数で除して得られる一人当り所得額に従って段階付けをおこなうことを報告し、顧問会議は「国民の幅広い層に存在する家族住宅への願いがかなえられる」とこれを承認した。[96]

CDU・CSU会派は、以上の連邦家族省顧問会議での議論とノインデルファー案に基づいて作成した修正動議を、一九五五年十月十四日の連邦議会復興・住宅制度委員会の審議に提案した。リュッケが、法的請求権というアイデアを取り入れることを表明し、そのうえで、「土地であれ、自助であれ、資材であれ、あるいは現金であれ」さまざまなかたちで「過大でない自己負担分」が調達された場合に法的請求権が与えられるよう、このアイデアが修正されるべきであることを説明した。CDU・CSU会派が提出した修正動議は、自己負担分を政府法案の一律三〇%から、上記の一人当り所得に従って、八〇〇マルク未満で一〇%、八〇〇マルク以上一二〇〇マルク未満で一五%、一二〇〇マルク以上一五〇〇マルク未満で二二%、一五〇〇マルク以上で三〇%の四段階に改めた。また、リュッケの言葉にあったように、土地、資材、現金のほかに自助、すなわち施工主による住宅の建築工程の一部を担う労働業績も、自己負担分に含める規定も設けた。この修正動議は、SPDの反対を受けたものの、連立会派の賛成により委員会での採決で採用された。[97]

SPDは、政府法案の一律三〇%の自己負担を条件とした提案を、「三〇%の自己負担を証明した場合の法的請求権は、社会的に弱い立場の人びとに対する三〇万戸の住宅建設のために資金が確保されたのちに、はじめて法案に取り入れられるべき」[98]としてすでにしりぞけていたが、CDUによる「社会的」な段階付けに対しても、法的請求権に関する資金の前に、まず低所得層のために使用される資金が確保されなければならないという見解を繰り返し、反対の立場を変えなかった。[99]所得と家族の大きさによる段階付けという修正がほどこされたとしても、法的請求権が家族住宅建設に公的資金を拘束する性格を有する以上、SPDが最優先する低所得層への住宅供給への資金配分を制限するものとして、否定されたということができる。

法案のさらなる修正

しかし、一年以上の時間を準備に費やして修正提案を法案に反映させたにもかかわらず、CDUが提案した制度は、州の強硬な反対によってそのまま実現することはできず、さらに修正を余儀なくされた。

すでに、政府法案が提出された際に、法的請求権の提案に対して、連邦参議院から懸念が表明されていた。その理由として、第一に、法的請求権が施工主に付与されると、これにより公的資金が拘束され、かつ、それがどの程度の額になるかが見通せないため、公的助成の実務を担う州にとって、それぞれの地域の事情を考慮した助成が実行不可能になること、そして、第二に、全費用の一律三〇％の自己負担は、通常、経済的負担能力の低い層にとって調達不可能であり、資力のある層を一方的に優遇する結果になる可能性が高いことがあげられていた。[100]

その後、CDUによって、所得と家族の大きさによる必要な自己負担分の段階付けがおこなわれたが、州はこのCDUの提案に対しても反対を表明した。所得と家族の大きさに配慮した修正は、上記の懸念のうち、第二の点に対する解決策にはなりえても、第一の点を解消するものではなかった。リュッケは、すでに*Echo der Zeit*紙のインタビューでみたように、「家族住宅建設のために、公的資金を拘束する」ことを求めていたが、州の側では、地域の事情を考慮した裁量の余地を確保するため、こうした拘束には反対だったのである。

また、CDUは連立会派のFDP、連邦住宅建設省と連邦家族省顧問会議の支持をえていたものの、州の反対を無視してこの提案を貫徹することは制度上できなかった。住宅建設法は、連邦参議院の同意が必要な同意法であったため、連邦参議院の反対を無視して、連邦議会の意向を貫徹することは不可能であった。[101]

州の反対を受けて、連立会派は、復興・住宅制度委員会から本会議に提出された法案に、法的請求権の代わりとなる報告制度を盛り込むことで、公的資金を家族住宅建設の助成に間接的に拘束することを試みた。[102]

連立会派が提案した報告制度は、まず、公的助成金の認可官署に、前年に助成された家族住宅の数とこのために認可された公的助成金の総額、また、現在提出されている家族住宅の助成を求める申請数と申請されている公的助成金総額を、州の住宅および入植制度担当の最上級行政庁に対して報告することを義務付け、さらに、州の最上級行政庁に対し、州全域の報告結果をまとめ、それを連邦住宅建設大臣に対して報告することを義務付けるというものであった。[103] そして、この報告制度が公的資金の分配についての規定と結び付けられ、連邦住宅建設大臣は、州への連邦資金の配分の際に、上記の州からの報告を考慮しておこなうことが法案に盛り込まれた。[104]

しかし、今度は、報告制度と連邦資金の配分のリンクに対して州が難色を示した。連邦議会本会議は上記の規定のまま第二次住宅建設法案を可決したものの、連邦参議院は両院協議委員会の招集を要求し、この規定がそのおもな理由としてあげられた。[105] 両院協議委員会では、何らかのかたちで報告制度を法律に残すことでは合意したが、州が統制的すぎると考える規定は避けられた。その結果、連邦住宅建設大臣が州への連邦資金の配分をおこなう際に州からの報告を考慮しておこなうという、いわば連邦からの脅迫手段として用いることができる文言は法案から削除され、合意された規定では、州の最上級行政庁は、公的助成金の認可官署からの報告に基づき、「家族住宅の新築の優先を保証するため」に、第二次住宅建設法の「第一条に掲げられた目的に配慮して」公的資金を分配する義務を負うという表現に抑えられた。[106]

CDU・CSU会派が企図した公的資金を家族住宅建設に拘束するという試みは、こうして二重に希釈されることになった。すなわち、第一に、法的請求権の導入を断念し、報告制度の導入に転換したことによって、そして、第二に、資金配分が報告制度と分離され、連邦の権限は資金の分配の枠組みの設定にとどまったことによって、第二次住宅建設法の目的に配慮するという意味での義務規定が設けられたが、公的助成の実務を担う州と自治体の各級行政庁には、かなり大きな裁量の余地が残されることになった。

もっとも、法的請求権に端を発したこの一連の議論は、CDU・CSU会派にとって決して無意味なものではなかった。たしかに、助成金を支払う側の規定において、州や自治体の各級行政庁に厳格な義務を課すことは成功しなかった。しかし、この議論のなかでCDU・CSU会派が作成した、助成金を受け取るために必要な自己負担分を所得と家族の大きさによって段階付けるという仕組じたいは、助成金を受け取る側の規定に組み込むことで活用できるものだったからである。実際に、家族住宅建設に対し優先的に助成金が支払われることをより確実にするというCDUの狙いは、助成金を受け取る側、すなわち、施工主に関する規定のなかで、家族住宅を建設する施工主が優先的に助成金を受け取るという規定を通じて実現された。

さらに、CDUは、自己負担のなかに個人施工主がおこなう自助の作業や、子だくさん家族に対する追加助成金を算入できるよう、自己負担の意味を定義することで、たんに家族住宅の施工主一般を優先するのでなく、そのなかでもCDUがとくに望ましい家族住宅建設の主体と考えた施工主を優先することを可能にする仕組へと発展させることができた。

最終的に成立した第二次住宅建設法の条文でこのことを確認していこう。まず、「家族住宅建設のための自己負担分」という規定のなかで、公的助成金の認可の際に優先される施工主が、所得と家族の大きさに応じた自己負担分の段階付けによって定められた。施工主とその家族の年収を合計し、それを家族の構成員の数で除して求められる一人当りの収入を基準に、一人当りの収入一五〇〇マルク未満の場合は一〇%、一五〇〇以上一八〇〇マルク未満の場合は一五%、一八〇〇以上二五〇〇マルク未満の場合は二二%、二五〇〇マルクを超える場合は三〇%と、一〇%から三〇%のあいだで四段階に段階付けられ、この自己負担分を調達した家族住宅の施工主が、公的助成金を受け取る優先権を手にする。[107]

また、家族住宅の施工主が三人以上の子どもをもつ場合、家族追加貸付金として、第三子以降の子ども一人当り一五〇〇マルクの無利子の公的建設貸付金を追加で受け取ることができると定められ、この追加貸付金は、負担調整法に基づいて支給される建設貸付金とともに、上述の自己負担分に算入できることも規定された。[108]

さらに、現金や現物資本だけでなく、「建築計画の遂行のためにおこなわれた(a)施工主自身による、(b)施工主の親族による、(c)その他の人による無報酬、双務的な労働」と定義される「自助」によって必要な自己負担分を調達することが可能となり、指導企業または自治体から証明文書を受けることで、自己負担分のなかに自助の労働業績を算入できることが定められた。同時に、この自助の作業を可能にするため、施工主が、技術的または経済的な準備と建築計画の遂行のために必要な指導を受けられるよう、指導企業に対する規定も整備された。すなわち、指導企業には、家族住宅の施工主から要求された場合には、特別な理由がない限りその要求を拒否することはできず、原則的には指導を提供する義務が課せられた。ここでの指導企業としては、施工主の指導が定款によって課題とされている公益的住宅扶助企業、公益的住宅建設企業、公益的農村入植会社などが想定された。[109]

以上をまとめると、必ずしも所得が高くない子だくさん家族は、多くの自己資金や現物資本の調達は難しい。こうした家族でも優先的に助成金を受け取れるように、まず、必要な自己負担分が一人当りの所得に応じて段階づけられて設定された。さらに、子だくさん家族向けの追加家族貸付金や、自分で建築工程の作業をおこなった分も算入できるように自己負担分の内容が定義された。そして、建築の専門知識のない者でも自助による住宅建設ができるように、専門的な企業体に必要な指導が義務付けられた。こうした内的な連関のある、一連の規定として、上記の諸規定は整理することができる。ＣＤＵが重視した住宅建設の姿は、個人施工主が主体となる住宅建設であり、これを大きな額の自己資本を調達できない者、とくに子だくさん家族でも実行できるよう、公的助成金を受け取る条件が設定され、自助の作業を支える指導を提供する仕組が設けられたのである。

施工者と住宅の大きさ

ＣＤＵの構想では、個人施工主が家族住宅建設の主体として重視される一方で、住宅建設企業による家族住宅建設には副次的な役割が与えられた。成立した第二次住宅建設法では、もともとのＣＤＵ法案で「第三者による家族住宅の建設」とされていた項目に対応するものとして、持ち家と小規模住宅の下に「売買用持ち家」と「施工者小規模住宅」というサブカテゴリーが設けられたが、これらは、住宅の完成後の売却や譲渡が公的助成の条件とされた。この規定は、ＣＤＵのもともとの要求である個人財産の創出という目的を達成するため、住宅建設企業の所有下に家族住宅がとどまることを防ぎ、家族住宅を個人の所有にするためのものである。

第二次住宅建設法の条文では、売買用持ち家の建設については、施工者が「適切な取得志願者に、売買契約またはその他の所有権の移譲のための契約に基づき、適切な条件で持ち家を譲渡することを条件とする」[110]と、完成後の譲渡が売却契約などにより保証されていることが公的助成の条件となった。また、施工者小規模住宅の場合は、助成金を受け取ることができる施工者は、上記の譲渡の条件に加え、自治体、定款により小規模住宅建設を定めている公益的住宅扶助会社、そのほかには、州の住宅および入植制度担当の最上級行政庁から「小規模住宅施工者」の指定を受けた公益的住宅企業と公益的農村入植企業に限られた[111]。

第二次住宅建設法には、このほかにも家族住宅に言及した規定があるが、CDUのもともとの要求に関連するものとしては、住宅の大きさと貸付金の償還の規定が重要である。

まず、住宅の大きさについて、公的資金の助成対象となる住宅の面積は、五〇平方メートルを下限として、通常は八五平方メートルが上限となるのに対し、家族住宅は他の住宅よりも大きい一二〇平方メートルが上限とされた。さらに、この範囲のなかで、住宅内に二つの子ども部屋をつくることが可能になる住宅の大きさが許可されることが定められた[112]。

一方で、CDU法案は、貸付金の償還について、償還計画外の追加の償還に対して奨励金を支払うという規定を設けていたが、この規定は実現しなかった。復興・住宅制度委員会に提出された全体修正動議で、償還奨励金の額について、子どもの数が増えるのに応じて増額される仕組が提案されていた。この提案は、同委員会が本会議に提出した法案には盛り込まれたものの、連邦参議院がこの制度の財政負担に懸念を示し、両院協議委員会での修正を余儀なくされた[113]。最終的に成立した第二次住宅建設法では、家族住宅の所有者が、入居可能になってから二年が経過したのち、かつ二〇年が経過する以前に、償還計画外の追加の償還をおこなう際には、その償還に関して利息の支払いを免除するという規定になり、奨励金の支払いじたいは見送られ、早期の償還を支援する、より間接的な優遇措置にとどまった[114]。

4　バイエルン州の反対と被追放民問題

連邦議会におけるCDUの住宅政策をめぐる議論では、政党間の対立が中心になったが、その一方で、審議の終盤における、連邦に対して州の立場を代表する連邦参議院の要求に従った法案の修正が示すように、州もまた、連邦の住宅政策の行方に影響をおよぼす重要なアクターであった。そのなかでもとくに目をひくのが、CDUの住宅政策に対するバイエルン州の対応である。というのも、バイエルンは、CDUと統一会派を組む姉妹政党CSUが圧倒的な強さを誇る地域であり、こうした一般的な特徴から考えれば、バイエルン州はCDUの住宅政策を支持することが予想される。しかし、実際には、連邦参議院で第二次住宅建設法による家族住宅の優先的助成に反対し、両院協議委員会による法案修正をへたあとの最終的な議決においても、最後まで反対の立場を崩さなかった。これにはどういう背景があるのか、本章の最後に検討したい。

まず、第二次世界大戦終結直後の時期から第二次住宅建設法が審議される時期までのバイエルン州政治の状況を、CSUを中心に概観しよう。[115] 一九四五年に結党されたCSUは、四六年におこなわれた初の州議会選挙で、得票率五二・三%で単独過半数を占めた。しかし、この時、党内に党の分裂につながりかねない対立が存在したため、過半数を確実に確保するべく、CSUのエーハルトを首班としつつSPDとの大連立政権が樹立された。もっとも、四七年には大連立は解消され、第二次エーハルト内閣はCSU単独政権となった。しかし、五〇年の第二回州議会選挙では、地域政党のバイエルン党が候補者を擁立し一七・四%の票を獲得した。CSUはこのバイエルン党に票を奪われ、得票率二七・四%という大敗を喫した。さらに、被追放民の政党であるGB／BHEが独自候補を擁立したことも、得票をさらに減らす原因になった。この結果、引き続きCSUのエーハルトが首相を務め、第三次エーハルト内閣が発足したものの、ＣＳＵ、ＳＰＤの大連立にＧＢ／ＢＨＥが加わった三党連立政権となった。その後、五四年の第三回州議会選挙で、ＣＳＵは得票率を三八％まで回復したものの、ＳＰＤとの連立協議が決裂し、ＳＰＤのヘークナーを首班とする、ＳＰＤ、ＦＤＰ、バイエルン党、ＧＢ／ＢＨＥの四党連立政権が発足した。この連立は五七年に瓦解することになるが、五四年から五七年までの期間は、ＣＳＵが現在のところ唯一、バイエルン州において政権を失っていた時期だったのである。

このように、一九五六年に第二次住宅建設法が連邦参議院で議決を迎えた時に、バイエルン州では、ＣＳＵが野党の立場にあり、州政府はＳＰＤに主導されていた。また、住宅政策を所管する内務大臣をみると、ＣＳＵ単独政権の第二次エーハルト内閣ではＣＳＵのアンカミュラーが内務大臣を務めていたのに対し、五〇年選挙で大幅に得票率を減らした結果、五〇年から五四年までの第三次エーハルト内閣においては、副首相を兼任するＳＰＤのヘークナーが内務大臣を務めた。連邦議会にＣＤＵの家族住宅創出法案が提出され、また、これに対する対案も提出され、社会的住宅建設における持ち家建設の優先が議論された五二年秋から五四年にかけての時期は、内務省はすでにＳＰＤの大臣のもとにあった。

さらに、以上のようなバイエルンの政治状況と並んで、バイエルン州のＣＤＵ法案への反対の背景には、被追放民の流入の影響を受けたバイエルンの住宅事情もあった。すでに第一章でみたように、ミュンヘンやニュルンベルクなどの大都市をかかえる一方で、全体としては農村が優越する地域が多く農業の盛んなバイエルンは、食糧事情を考慮して農業地域に集中する傾向があった被追放民の主要な受け入れ州であり、その結果、流入した被追放民への住居の供給が大きな課題となっていたのである。これに関連して、復興と住宅建設を所管する内務省が、被追放民問題も担当していたこと、さらに、州議会選挙で、ＧＢ／ＢＨＥが独自候補を擁立したことがＣＳＵの得票を左右していたことも、被追放民受け入れ州であるバイエルンにおける被追放民問題の大きさを示唆している。

ついで、連邦議会での議論から少し離れ、バイエルン州政府の住宅政策に関する諮問機関である、バイエルン州建設諮問委員会のCDUの住宅政策に対する見解をみることで、バイエルンがCDUの住宅政策に反対した背景を考察しよう。同委員会は、バイエルン州において復興や住宅建設とともに被追放民問題も担当する州内務省のもとに設置された専門家会議であり、州の住宅政策の方針を協議した。委員会のメンバーは州首相により任命され、内務大臣が委員長を、ミュンヘン市の復興担当参事官フィッシャーが事務局長を務めた。[116] 業務規則に従い、同委員会は、バイエルン州における住宅建設について州政府に助言することを任務とし、総会において、事務局長の提案に基づいて議長である内務大臣が決定した議題について意見書を作成した。[117]

リュッケを中心とするグループが家族住宅創出法案の立案に着手したのと同時期、一九五二年十月十一日に開かれた総会では、バイエルンにおける住宅供給の現状と課題について、つぎのような認識が示されている。

　バイエルン州では、いまなお約一一万人が収容施設で生活しており、定員超過で詰め込まれた住宅や粗末な小屋の数はもっと多い。このような、住まいがないか、あっても劣悪な環境にいる住民のために、たとえ狭く、みなが喜んで住みたがるほどに素晴らしい設備が整えられているわけではない住宅であっても、可能な限り迅速に多くの住宅を建設することが、もっとも急を要する社会政策的課題である。[118]

社会的住宅建設の開始から二年経過した時期であるが、ここで示されているバイエルン州の状況は、住居の供給の絶対量が必要数に比べてまったく不十分であり、住宅の形態や大きさ、設備などの質を問題にする以前に、最低限、人が住める住居を供給することすら達成できていないという厳しいものである。

CDU法案の連邦議会本会議での第一読会を終えたあとの総会でも、「特定の住宅あるいは所有の形態、住宅の大きさに束縛されるべきではなく、何よりも、取得費用の観点からふさわしい住居が建てられ、いまもなお住まいを探している人びとに、自室のドアの背後にある必要不可欠な最低限の私的領域を供給しなければならない」と、いまだ最低限の住まいの供給という課題がはたされていないこと、そして、どのような住宅の形態かは問わず、まず必要な量の住居を供給することが依然として最大の課題であることを確認している。一方で、持ち家建設の推進者について、その多くは「なお長期にわたって、わずかな所得の住民、あるいは、もっとも所得の少ない住民は、収容施設で暮らさなければならないということをみすごしている」と批判している。[119]

公的助成における持ち家建設の優先については、「公的助成金の目的拘束性によって、特定の住宅形式や法的形式に制限されることに断固反対する。真の需要ではなく、需要を強制しようとする試みが問題なのである」[120]と批判していた。ここで注目されるのが、持ち家建設に公的資金を拘束するという、まさにリュッケが求めていた「公的助成金の目的拘束性」が、州の住宅政策における裁量を奪い、選択を狭めるものとして批判されていることである。すでにみたように、バイエルンにおいては、依然として住宅の供給量の拡大が最重要の課題であり、連邦レベルの立法によって、特定の住宅の形態に拘束されることで、量的供給という目下の課題の達成が阻害されることが懸念されたのである。さらに、CDU法案の第一読会のあとには、「少なくとも税収の少ないバイエルン州では公的資金の全体額は増えないため、強行される持ち家建設によって、年間に助成される住宅の数が減少し、資力の劣る者にとって住宅難が長期化する」[121]と懸念を強めていた。こうしたバイエルン建設諮問委員会の懸念の背景として、被追放民の受け入れ州は、供給しなければならない住居の絶対量が多くなる一方で、被追放民からの税収は期待できないという財源上の問題をかかえていたことを指摘することができる。

こうした状況のなかで持ち家建設の対象として考慮されたのは、「チフス持続排菌者や未治癒の結核菌罹患者」であった。「経験に従えば、賃貸住宅での病人は重大な困難を本人にも隣人にももたらす」ため、「こうした集団を持ち家に収容するのが適切」として州政府が指示を出すべきという意見がでた。しかし、このための持ち家建設については、「こうした集団にはたいてい必要な自己資本が欠けているため、特別な支援策が必要になる」と特別な助成の必要性を認めながらも、「この問題への介入は、福祉団体の援助で住宅を取得させるほうが、こうした集団を公的助成の受給者とするより安価ですむ」とされ、州財政の負担を考慮し、民間福祉団体の支援活動が期待されていた[122]。

公的助成における持ち家建設の優先に懸念を表明する一方で、バイエルン建設諮問委員会が要求したのは、被追放民への助成策の改善であった。具体的には、負担調整法によって定められた、被追放民への建設貸付金の支払い条件を、より現実に即して改めることである。すなわち、「われわれは、避難民収容施設の解体に際し、建設貸付金は、就業している者にしか提供できないと何度も決定しなければならなかったことを、ここで述べてもかまわないだろう。例えば五十七歳で故郷追放により生活の基盤を失い、年齢が原因で雇用されない男は、住宅建設において建設貸付金の受給資格がなく、それゆえに住宅を手にすることができない。こうした状況が取り除かれなければ、避難民宿泊所に、純粋な貧窮共同体がつくられる[123]」。

本節は、CDUの住宅政策に対してバイエルン州が連邦参議院で反対した背景を検討した。そこで重要だったのは、被追放民の流入の影響を受けたバイエルンの厳しい住宅事情である。どのような形態であれ住居の量的供給が差し迫った課題となっている状況のもとでは、持ち家という特定の住宅の形態の優先や、その優先を実現するための公的助成資金の目的拘束性は、州の裁量を制限するものとして否定された。このことから、CDUの住宅政策の実現には、ある程度の社会的な安定が前提になることが浮き彫りになったといえよう。

ここでの考察は、CSUが強く一般にCDUを支持すると想定されるバイエルン州が、なぜ連邦参議院で反対したのかという、議会内の動きを説明するためのものであったが、その反対がバイエルン州政治の状況と並んで、被追放民の流入の影響という同時代の社会状況に基づくものであったことから、結果として、CDUの住宅政策を、議会での議論を踏まえながらも、より広く同時代の社会における議論のなかに位置付け、その特徴を考察する必要があることが示された。次章では、同時代の社会における多様な議論のなかで、CDUの住宅政策を批判する議論と支持する議論の双方を取り上げ、それぞれの、批判と支持の背景をみることを通じてＣＤＵの住宅政策の特徴に迫る。

第三章　ＣＤＵの住宅政策をめぐる対抗関係

ＣＤＵの住宅政策が重視した住宅のあり方や住宅建設の進め方について、同時代の社会では、どのような議論がなされたのだろうか。ＣＤＵの住宅政策に対して、住宅に関わる団体がどのような反応を示したのかをみることで、ＣＤＵの住宅政策の特徴を明確にしたい。そのために、ここでは、ドイツ国民家産住宅協会という団体を軸に、同時代の議論を整理する。この協会は、ＣＤＵの住宅政策を批判する団体と支持する団体の双方と結び付きがあった。まず、この協会の活動を概観し、ＣＤＵの住宅政策に批判的な議論の論点を明らかにする。つぎに、ＣＤＵの住宅政策を支えた団体の系譜に目を向け、どのような住宅改革の潮流とのあいだに結び付きが生まれたのかに迫りたい。

1　ドイツ国民家産住宅協会とＣＤＵの住宅政策

住宅建設に関わる諸団体

住宅そのもののあり方や住宅建設のあり方に関心をよせ、連邦の住宅政策、とくに第二次住宅建設法の制定をめぐる議論に関与した団体は広い範囲におよぶ。[1]

まず、住宅に限定されない大きな組織についてみると、ドイツ商工会議所、ドイツ産業連盟、ドイツ経営者連盟といった経営者団体が、共同で住宅制度や入植制度を担当する委員会を設置していた。[2] 一方で、被用者の立場から、ドイツ労働総同盟を筆頭とする労働組合が住宅問題について積極的に発言していた。

また、住宅建設の公的助成の実務を担う重要な存在であった自治体については、郡に所属する自治体や小都市を代表するものとしてドイツ郡会議があり、一方で、大都市の立場を代表するものとしてドイツ都市会議があった。[3]

住宅に関係するより専門的な団体に目を移すと、住宅建設の資金調達に関係する団体として、民間の金融機関が民間建築貯蓄金庫連盟や民間抵当銀行連盟を組織していた。一方で公法上の公益的金融機関を代表するものとしてドイツ貯蓄銀行連盟があった。また、社会保険機関の代表的な団体としてはドイツ年金保険機関連盟をあげることができる。

住宅建設企業については、民間住宅企業が自由住宅企業連盟を組織する一方で、公益的住宅企業は頂上団体として公益的住宅企業連合会を形成し大きな影響力を行使した。また、自ら施工主として住宅建設をおこなうことはないものの、住宅建設の指導をおこなう公益的住宅扶助会社は、この公益的住宅企業連合会に所属するとともに、独立した頂上団体としてドイツ家産住宅連邦連盟を組織し独自の活動を展開していた。

第二次住宅建設法では家族住宅という概念のもと、持ち家建設と小規模住宅建設の推進が議論されたため、住宅所有や持ち家建設を推進する団体、小規模住宅の定義が示すように入植に関わる団体も重要であった。前者については、十九世紀末までその起源をさかのぼることができる住宅所有者団体であるドイツ土地家屋所有者中央連盟があった。[4] さらに、持ち家建設を「国民家産住宅」という概念で推進するドイツ国民家産住宅協会が活動していた。また、後者については、住宅建設のなかでとくに入植に重点をおいたものとして、ドイツ入植者連盟、国内植民促進協会、ドイツ入植者会、カトリック入植協会といった入植推進団体がある。さらに、家族の健全な発展を可能にする住宅として家族住宅建設の促進が論じられたため、家族団体が共同の作業共同体を設け、住宅政策について発言していた。[5]

そのほかには、第一章でみたように被追放民の定住や戦災で財産を失った人びとの住宅の再建や取得が、負担調整法や連邦被追放民法の課題となっていた。これに関係する団体として、被追放民団体やドイツ戦争障害者・戦死者遺族・社会保険受給者連盟といった戦災者団体をあげることができる。

このなかで、ドイツ労働総同盟、公益的住宅企業連合会、ドイツ都市会議のあいだには、歴史的な経緯からとくに密接な結びつきがあった。ヴァイマル期、とくに一九二四年以降の家賃税時代に、おもにSPDの執政する自治体、とくに大都市と、公益的住宅建設会社、労働組合とのあいだに結び付きが生まれた。SPDとこの三者の結び付きは、第二次世界大戦後も維持され、戦後のSPDの住宅政策の担当者の多くは、ヴァイマル期に自治体や公益的住宅建設会社で住宅建設の実務を経験していた。[6]

以上のように、住宅や住宅建設に関わる団体には多様な性格をもった多くの団体があり、これらの団体すべてを取り上げ、その議論すべてをフォローすることは容易なことではないし、また、CDUの住宅政策の特徴を明確にするために諸団体の議論を取り上げるという本章の趣旨からもはずれることになる。ここでは、CDUの住宅政策をめぐる対抗関係を明らかにする限りで、各団体の議論を取り上げたい。

そのなかでも、ドイツ国民家産住宅協会は、持ち家建設を推進する活動を展開し、CDUの住宅政策を支える大きな役割をはたした。その一方で、同協会の理事には、ドイツ労働総同盟や公益的住宅企業連合会といったSPDと密接に結び付いた団体の代表が名を連ね、また、ドイツ都市会議からは、SPDの連邦議会議員が代表者として理事に就任していた。このように、ドイツ国民家産住宅協会には、CDUの住宅政策をめぐり相反する二つの方向性が混在しており、この協会における住宅政策の議論のなかで持ち家建設をめぐる対立が浮き彫りになるような緊張関係が内在していた。この協会に注目することで、CDUの住宅政策に批判的な議論と、CDUの住宅政策を支持する議論の双方をみることができる。本章は、このドイツ国民家産住宅協会を手掛かりとして、CDUの住宅政策をめぐる論争を整理し、CDUが推進した住宅政策の特徴に迫る。

ドイツ国民家産住宅協会の特徴とその活動

CDUの住宅政策をめぐる論争に立ち入る前に、ドイツ国民家産住宅協会がなぜそうした独特の性格をもつことになったのかという背景も含めて、同協会の設立の経緯や目的、活動の内容といった全体的な特徴をみておこう。[7]

ドイツ国民家産住宅協会は、一九四七年二月三日、ビーレフェルトで、土地改革運動の運動家を中心的な担い手としながら、そこに両教会の福祉団体のトップ、すなわち、カトリック教会のドイツ・カリタス連盟の理事長クロイツとプロテスタント教会のドイツ福音教会救援機関の理事長ゲルステンマイヤーが加わって設立された。[8] さらに、労働者福祉事業団中央委員会など労働組合の協力もあり、そのなかには、ドイツ労働総同盟の初代議長ベクラーも含まれていた。[9] ヴィースバーデンでの設立大会では、開会演説で「われわれみなが尊敬するアドルフ・ダマシュケの思想に基づき、……政治的また世界観上の相反する見解をわきにおいて、この国民家産住宅協会を設立するべく勇敢な人士がここに集った」と宣言されたのを筆頭に、多くの講演や演説のなかで、土地改革運動の指導者ダマシュケの思想と運動との連続性が強調された。[10] ダマシュケは、世紀転換期以降の土地改革運動を主導した人物である。ダマシュケ率いるドイツ土地改革者同盟は、都市下層民の劣悪な住環境を前に、住宅改革には土地改革が不可欠であるとし、地価の高騰を防ぐ土地投機の防止や地上権の設定、土地価格の増価分への課税などを要求し、実際に大都市の自治体を中心に実践された。[11]

協会の目的は、定款で「協会は、土地法と建築法の健全な再編成を通じ、すべての国民に土地を手にする権利が保証され、国民家産住宅の建築があらゆる方法で促進されるべく活動することを課題とする」[12] と定められ、「土地法と建築法の健全な再編成」と、「国民家産住宅」と呼ばれる庭付きの一家族ないし二家族用の戸建て持ち家住宅の建設推進の二つが中心的課題となった。

上記の目的を達成するための協会の活動は、大衆団体としての活動ではなく、出版や講習会の開催による啓蒙活動、立法機関や行政機関から委託を受けた意見書の作成や法令の改正案の提案、団体や企業に対する助言を中心としたものであった。また、州や自治体の官僚、企業家、住宅建設の実践家を集めた講演会も開催された。さらに、協会は*Die Volksheimstätte*という月刊の機関誌を発行していた。発行部数は月二〇〇〇部前後で、大衆プロパガンダというよりも専門家を対象としたものであり、この機関誌による公論形成も重視された。協会には、自然人でも法人でも会員として加入することができ、例えば一九五六年には六二九の法人が会員として加盟していた[13]。理事会には、すでにふれた、ドイツ労働総同盟、公益的住宅企業連合会、ドイツ都市会議のほか、入植団体や被追放民団体などの代表が招かれた[14]。

土地問題から持ち家へ

ドイツ国民家産住宅協会は、設立の経緯や設立大会での発言からもわかるように、もともとダマシュケの土地改革運動との連続性に立脚した団体であり、同協会に加盟した団体は土地問題や土地改革に関心のある団体であった。土地投機への対抗と、建築用地の調達は、伝統的に都市における労働者住宅問題に取り組んできた労働組合や公益的住宅建設会社、ドイツ都市会議といった団体にとっても関心のある問題であり、この問題の解決はこれらの団体とドイツ国民家産住宅協会に共通する課題であった。土地問題に関する共有された問題意識によって結び付きが生まれ、これらの団体がドイツ国民家産住宅協会に加盟することで、上述した同協会の二重性が生じることになった。

また、協会は「土地法と建築法の健全な再編成」と「国民家産住宅」の建設推進という二つを中心的課題としていたが、この二つの目標が同時に、同じ優先順位で追求されたわけではなかった。協会が具体的に取り組む課題や追求される目標は、住宅をとりまく経済・社会状況によって、また、連邦政府による法令の整備や政策の展開に応じて変化した。

二つの課題のうち、一九四七年の協会の設立後、理事会の議論でまず中心的に扱われたのは、前者の「土地法と建築法の健全な再編成」であった。土地法と建築法の規定は、住宅建設の前提となる安価な建築用地の確保のため、また、土地の限られた都市の復興のため、とりわけ緊急性をもつ問題であったので、社会的住宅建設が開始される前から協会における議論の関心を集めた。さらに、第一章でみたように、五〇年の第一次住宅建設法によって社会的住宅建設が開始されたあとも、同法が土地問題に関する規定を先送りしたため、社会住宅を建設する建築用地をどう調達するのか、土地収用の方式を中心に協会内の議論の重要なテーマとなった。この点については、土地収用と補償についての規定が体系化された五三年の建築用地調達法の制定によって一つの解決策が示され、協会内の議論も一つの結論をえることになった。もっとも、その他の点については、六〇年の連邦建築法によって土地法と建築法がはじめて包括的に体系化されるまでは、各州の復興法やその他の個別の法令に規定が分散した状態が継続したため、建築用地調達法の制定以後も、土地法と建築法の包括的な再編について協会内で断続的に議論がおこなわれた。この「土地法と建築法の健全な再編成」という問題に関しては、後述する持ち家建設をめぐる対立の影響もあったものの、全体としては協会内の議論は協調的であった。例えば、ドイツ都市会議の代表として協会の理事に就任していたSPDの連邦議会議員ヤコビは、連邦議会における第二次住宅建設法に関する審議でCDUの住宅政策に強く反対していたが、第二次住宅建設法の審議が佳境を迎えた時期にも、統一的な連邦建築法制定のための協会の活動に協力していた[15]。

ここまでみてきたように、一九五〇年代を通じて「土地法と建築法の健全な再編成」は協会にとって重要な課題であり続けたものの、建築用地調達法の制定によって土地収用という一定の解決策をえることができ、また、最初期の住宅難がいくぶんか緩和されたことで、この問題の議論は一定の落着きをみせることになった。この背景には、第一章で指摘したように、土地法と建築法の包括的な法令の制定に関する連邦の権限が確定していなかったこともある。この問題に関しては、一九五二年に連邦憲法裁判所の見解が求められ、この判断は五四年に示された。その後は、この判断に合わせて議論を修正することも必要であり、留保付きで議論を進めなければならない状況も影響していた。一方で、これとは対照的に、社会的住宅建設の成果によって住宅難がいくぶんか緩和されたことで、住宅建設のあり方を論じる選択の余地が生まれると、それまでに建設された住宅についての不満が高まり、「国民家産住宅」の建設推進というドイツ国民家産住宅協会のもう一つの中心的課題が、協会の議論の前面にでることになった。その決定的な契機となったのが、五二年十一月二十日にCDU・CSU会派によって連邦議会に提出された家族住宅創出法案である。このCDU法案によって、第二次住宅建設法の制定を通じて「国民家産住宅」の建設推進という協会の目的を実現する、具体的な可能性が示されたのである。

もっとも、ドイツ国民家産住宅協会とCDU法案との関わりは、法案提出後にはじめて生じたものでも、同法案の提出を受動的に待っていたというものでもなかった。前章でみたように、リュッケを中心として、一九五二年九月二十六日にカトリック教会で住宅問題に関心をもつ者と住宅建設に関係する団体の代表者からなる作業グループが形成されると、事務局長のジモンが、ドイツ国民家産住宅協会を代表してこれに加わり、同グループによる法案の協議に参加するなど、CDUの家族住宅創出法案の提出以前に、法案の立案に関与していた[16]。

さらに、この法案を協議した会合が開かれる直前、リュッケが法案の基礎となるメモをまとめたのと同じ一九五二年九月二十日に、ドイツ国民家産住宅協会はケルンでの年次総会で声明を発表していた。この声明で、協会は、一方で、これまでの社会的住宅建設の実践では、最小住宅や簡易住宅と質的に大差のない賃貸住宅と高層住宅の建設が優遇されてきたことを批判し、他方で、社会的住宅建設の枠組みのなかで持ち家を希望する者の貯蓄の意志と自助への決意を助成することを立法に対して要求した。ここで協会は、社会的住宅建設の枠内で優先的な持ち家建設の助成を求める立場を、明確に打ち出したのである[17]。

ただし、この声明文はすでに七月の理事会で決定されていたもので、必ずしもCDU法案の立案作業と連携したものではなかった。年次総会の議事日程は同年七月二十一日の理事会で協議され、このなかで「第一次住宅建設法の改正についてのドイツ国民家産住宅協会の要求」を協会の公式の声明として発表することが決定された。ここでは、あくまで第一次住宅建設法改正法を前提とし、CDUの家族住宅創出法のような独自の立法を想定したものではなかった。しかし、声明の内容についての議論をみると、住宅建設の指導を任務とする公益的住宅扶助会社の団体であるドイツ家産住宅連邦連盟の代表、フォルムブロックが、「ドイツ国民家産住宅協会の本来の目標である持ち家建設推進が声明の文言に明確に反映される」ことを要求し、さらに「持ち家と小規模住宅の建設を助成する特別法の制定を要求することが必要である」と述べるなど、この後CDUによって進められる第一次住宅法改正法とは一線を画した独自の家族住宅創出法制定と合致する方向性での活動が提案されていた。[18] ケルン総会の声明文は、直接の対象としては第一次住宅建設法の改正に対する声明であったが、協会内でCDUの動きと重なる方向性での活動が提案されるなかで、社会的住宅建設における持ち家建設の優先的助成の要求が表明されたのである。

こうした協会の動きの背景にあるのが、前年の一九五一年八月九日から十一日にかけてハノーファーで開催された第三回国民家産住宅大会である。ハノーファー大会では、それまでの二度の国民家産住宅大会よりも、協会の二つの中心的課題のうち「国民家産住宅」の建設推進がより前面に打ち出された。「現在の社会秩序における持ち家の機能」を大会のテーマとして掲げ、「個人財産の創出という現在の中心的課題に住宅建設を組み込む」ことを要求することで、連邦政府の住宅政策の方向性に影響を与えることが企図された。[19] 大会では、リュッケのCDU法案の起草に参加していたカトリックの代表的知識人のひとり、ネル゠ブロイニンクが講演をおこない、制度としての、また、社会秩序としての私的所有は、国民の幅広い層が財産を所有する場合にだけ、長期的に存続することができるということが強調された。さらに、東部追放により数百万人の人びとが財産を失ったという状況から考えても、可能な限り多くの家族に新しい財産を与え、これを通じて、小所有層からなる国家を支える幅広い中間層を創出することが、現在の決定的な課題であるということが訴えられた。[20] ネル゠ブロイニンクのあとに、リュッケも登壇し、「今後数年のあいだに、小規模住宅と持ち家が、とくに純粋な一家族用住宅の形態で、社会的住宅建設の規範にならなければならない」[21]と述べ、ここでは「家族住宅」概念を用いてはいないものの、持ち家と小規模住宅建設の推進による個人財産の形成という要求をすでに示していた。

さらに、大会期間中に開かれた八月十日の会員総会で、リュッケと、法案起草グループのひとりであるカトリック入植協会の代表ヴォスニツァが新たに協会の理事に迎えられた。[22] 法案起草グループのメンバーのなかでは、カトリックの入植と住宅建設の指導的実践家であるエーレンが、戦前期にダマシュケの土地改革運動の影響を受け、また、ドイツ国民家産住宅協会の設立にも貢献したことから、すでに協会の顧問に名を連ねていた。[23] これに加えて、リュッケとヴォスニツァが協会の活動方針を協議する理事会に加えられたことで、協会とCDU法案の起草グループとの人的なつながりがより密接になったということができる。

九月二十日ケルン総会の声明は、内容的には、前年のハノーファー国民家産住宅大会で掲げられた「個人財産の創出という現在の中心的課題に住宅建設を組み込む」という要求を、より具体的なかたちで提示したものであったが、結果として、リュッケを中心とするCDUの法案起草グループと協会との人的結び付きの緊密化を反映することにもなった。

両宗派との関係

もっとも、ドイツ国民家産住宅協会は、カトリックとだけ結びついていたのではない。すでに述べたように、協会の設立には、カトリックのカリタス連盟と並んで、プロテスタントのドイツ福音教会救援機関の理事長を努めるゲルステンマイヤーが参加し、協会の副理事長に就任していた。ゲルステンマイヤーは、プロテスタント神学者で、ナチ体制下では反ナチ市民グループ「クライザウ・サークル」に所属していた。第二次世界大戦後、初代のドイツ福音主義教会議長を務めたヴルムとその後任でCDU設立にも参加したディベリウスと親しい関係にあり、一九四五年にヴルムのもとでドイツ福音教会救援機関が設立されるとその理事長に就任した。[24] さらに、CDU党内でのプロテスタントの影響力の確保と、党の被追放民問題への取り組みを促進することを目的として、四九年の第一回連邦議会選挙でCDUの連邦議会議員となった。[25] CDU党内では、こうしたプロテスタント教会との結び付きから教会の立場を代弁し、プロテスタントの議員を代表する人物のひとりであった。[26]

すでに第一章でも述べたように、ドイツ福音教会救援機関は、被追放民の定住支援を主要な任務としていたが、ゲルステンマイヤーの指導のもとで、一九四八年には傘下に公益的入植会社を設立し、小規模住宅を中心とする住宅建設と入植を推進していた。[27] さらにドイツ国民家産住宅協会の理事会においても、ゲルステンマイヤーは、被追放民問題の解決と、推進すべき住宅政策の方向性として「庭付きの持ち家住宅」の建設促進を主張していた。[28] こうした主張は、ドイツ福音教会救援機関の活動と重なるものとして位置付けることができる。

しかし、連邦議会において、ゲルステンマイヤーは外交政策委員会に所属し、さらに欧州石炭鉄鋼共同体の協議体の構成員となると、これらの公務のために一九五二年頃から協会の理事会に出席することが困難になった。[29] さらに、五四年には連邦議会議長に就任したため理事会を欠席する状態が続き、五五年に第四回国民家産住宅大会での講演者の候補となったものの、これも実現することはなかった。[30]

ここで協会とカトリック、プロテスタント両教会の組織との関係を整理すると、もともと、ドイツ福音教会救援機関の理事長ゲルステンマイヤーが協会で主導的な立場にあり、彼を通じてプロテスタントの福祉団体の主張が協会において代表されていた。その主張の内容は、被追放民の定住支援を主要な課題とすることから、持ち家建設の推進を唱え、のちに家族住宅法案を立案したリュッケを中心とするカトリックのグループと同じ方向の主張をしていた。しかし、ドイツ福音教会救援機関を牽引していたゲルステンマイヤーが協会の理事会を欠席するようになると、彼の代理が出席していたものの、協会のなかでの持ち家建設推進の議論において、ドイツ福音教会救援機関の存在感はそれ以前ほどではなくなり、協会の設立時から関係のあったカリタス連盟やエーレンに加え、法案を立案したリュッケとヴォスニツァが理事に加わったことで、法案を立案したカトリックのグループとの結び付きが強まり、協会の理事会での持ち家建設推進の議論において、彼らの存在感が増大することになった。

対立の表面化

ドイツ国民家産住宅協会の二つの中心的課題のうち、「国民家産住宅」の建設推進に向けてハノーファー国民家産住宅大会で協会の要求の重点が移動し、さらに、CDUの家族住宅創出法案の立案と並行して発表されたケルン総会の声明文で、社会的住宅建設における持ち家建設の優先的助成が具体的に要求され、このテーマが明確に打ち出されることになった。こうした協会の要求の重点移動とともに、協会内での議論でも「国民家産住宅」の建設推進が中心的に扱われるようになった。この流れのなかでCDUの住宅政策が議論の対象となると、それまで「土地法と建築法の健全な再編成」という課題が中心であった時期にドイツ国民家産住宅協会と協力して活動していた公益的住宅企業連合会、ドイツ労働総同盟、ドイツ都市会議とのあいだに対立が生じることになった。

すでに、ケルン総会声明について理事会で協議した際に、協会におけるドイツ都市会議の代表でSPDの連邦議会議員でもあるヤコビは、こうしたかたちで協会の要求を表明することに消極的な姿勢を示していた。[31] また、ハノーファー国民家産住宅大会では、公益的住宅企業連合会のヴァイサーが、ドイツ国民家産住宅協会は土地改革運動との連続性に立脚していることに注意を喚起し、多くの土地改革運動家が共同所有権を支持していたことや、協同組合が住宅建設用の土地を提供したことなどを列挙したうえで、個別所有権にとらわれずに所有権概念を拡大することを提案した。そのうえで、庭付きの戸建て住宅という特定の住まいの形態にとらわれるのではなく、持ち家住宅を、あくまで法的な形態としてだけとらえ、協同組合による継続的利用権や、区分所有権というかたちで集合住宅にまで拡大することを試みていた。[32] また、ヴァイサーは、同大会を準備した理事会で、機関誌 *Die Volksheimstätte* の記事の傾向について、賃貸住宅を建設する公益的住宅建設会社に対する意図的な攻撃がおこなわれていると不満を表明していた。[33] このように、ドイツ国民家産住宅協会が、協会の活動を「国民家産住宅」の建設推進に向けるようになると、この協会の方針に対する不満や見解の相違が露わになっていった。

2 CDUの住宅政策をめぐる議論

都市における持ち家建設

CDUの住宅政策をめぐるドイツ国民家産住宅協会における議論、とくに、公益的住宅企業連合会、ドイツ労働総同盟、ドイツ都市会議により展開された主張は、都市における持ち家建設の問題、持ち家建設のコストと住民の負担能力の問題、住宅建設の主体の問題、という三つの論点に整理することができる。

第一に、都市における持ち家建設というテーマは、国民家産住宅協会が社会的住宅建設における持ち家建設の優先的助成を要求した一九五二年九月二十日のケルン総会の声明の内容について、同年七月二十一日の理事会で協議した際にすでに議論になっていた。まず、ドイツ労働総同盟のシュテンツェルが、都市における持ち家と小規模住宅の建設を話題にする前に、都市中心部の復興を進展させなければならないという意見を述べた。さらに、公益的住宅企業連合会のヴァイサーは、より明確に、都市計画上の課題の処理と、持ち家建設という協会の目標を調和させることはほとんど無理であると述べ、協会が持ち家建設を優先することに懸念を示していた。[34]

第二次住宅建設法の審議が始まると、公益的住宅企業連合会は、一九五四年九月一日のリュッケ宛て書簡で、公的助成による住宅建設の枠組みのなかで持ち家建設を優先することに強く反対した。連合会は、書簡のなかで「住宅不足の焦点は都市であり、職業に拘束された都市住民、すなわち、低所得の労働者と職員層への住宅供給を、都市から離れた土地に移すことはできない」として、都市の低所得の労働者と職員層への住宅供給こそが優先されるべきであると訴え、その一方で、「農村や小都市における持ち家建設に有利な諸条件によって、住宅建設は、大都市や経済の中心地ほどには住宅不足が深刻でない、これらの地域に集中することになる」と持ち家政策を批判した。[35]

さらに、都市会議は、機関誌の一九五五年一月号巻頭「将来の住宅建設法制について」と題した論稿で、第二次住宅建設法案でCDUが求めている優先的な持ち家建設を都市で実行することは困難であるという見解を詳述している。「都市では非常に狭い建築用地の上にしか住宅を建設できない」ため、「都市、とくに大都市においては、持ち家や、家畜小屋と菜園付きの住宅は、とくに困難な状況のもとでしか建設できない」ことを強調し、こうした状況下では、「建築用地を、優先して持ち家と小規模住宅の建設のために用いる」という規定は「実践上、実行不可能である」と否定した。[36]

この建築用地の調達について、最終的に成立した第二次住宅建設法では、「連邦、州、自治体、自治体連合、その他の公法的な団体と機構」に対し、「これらに属する適切な土地を住宅建築用地として、ふさわしい価格で所有権または地上権のかたちで譲渡する、あるいは、建築用地として不適切な土地との交換により適切な土地を用意する」ことを課題とし、これらは「とくに家族住宅の建設のために、優先して」おこなわれなければならないとされた。これに加えて、「自治体」には、「とくに家族住宅の建設のために、適切な建築用地を調達し、州法の諸規定の枠内で整地し、建築用地として建築希望者に所有権または地上権のかたちで譲渡する」ことも課題とされていた。[37] 連邦議会における第二次住宅建設法案の審議の過程では、必要な場合にはふさわしい建築用地を収用によって調達し提供することを自治体に義務付けるという、より強い規定も検討されたが、連邦法によるこうした自治体への義務付けはボン基本法に抵触するとの懸念が表明され、ドイツ都市会議の要求によって採用が見送られた。[38]

こうした批判的議論をみることで明らかになるのは、社会的住宅建設のなかで家族住宅建設に公的助成の優先権を与えるというCDUの住宅政策は、建築用地の確保が比較的容易な地域でのみ実践可能であり、土地確保に苦しむ大都市の視点からは現実離れした構想と考えられていたということである。

一方で、都市における家族住宅建設に関するリュッケの構想をみると、リュッケは、連邦議会本会議第一読会で、「都市中心部の復興は、時流にかなった理性的なかたちで助成されなければならない」と述べる一方で、「都市計画の枠内で、とくに都市外縁部において、……家族住宅創出法が意図するかたちで住宅を建設することに、困難はまったく存在しない」と述べ、「都市外縁部」での家族住宅の建設を主張していた。[39] これは、リュッケの個人的な見解であると同時に、実際に戦間期に都市外縁部で小規模住宅建設が実践された事実を反映したものでもあった。世界恐慌の発生後、一九三一年のブリューニング内閣の第三次大統領緊急令を契機に、大都市や工業地帯に集中する大量の失業者対策として、都市郊外への失業者の入植が企図され、入植した失業者にある程度の自給を可能にする小規模住宅の建設がおこなわれていたのである。[40]

持ち家の建設コストと住民の負担能力

第二に、住民の負担能力という論点は、ＳＰＤ法案が中心に据えた点であった。ＳＰＤ法案は、低所得層向けの住宅供給を最優先とし、そのために社会的住宅建設をさらに二分する案を提案していた。世帯所得年四八〇〇マルク以下の、より低所得層向けの住宅建設と、四八〇〇マルクから九〇〇〇マルクの所得層向けの住宅建設を区別し、前者に優先的に公的助成金を投入し年間三〇万戸の建設を計画する一方で、後者にはより少ない公的助成金を投入し年間一〇万戸の建設を計画した。そして、持ち家建設は、後者のカテゴリーのなかで優先的に助成されるという扱いになっていた。

ドイツ国民家産住宅協会の議論のなかでは、この問題は、ＳＰＤ法案が提出される以前に、すでに労働組合の代表から提起されていた。第一立法期間終盤の一九五三年一月十四日に第一次住宅建設法改正法案とＣＤＵの家族住宅創出法案の連邦議会本会議での第一読会がおこなわれたあと、同年二月二十八日の理事会で、住宅政策についての協会の基本方針が議論された。ここで、シュテンツェルは、ドイツ労働総同盟は、持ち家の意義そのものを否定しているわけではないが、協会が要求している社会的住宅建設の枠内における持ち家建設の優先的助成により、「社会的な住宅政策の全体を危険にさらす一方的な法的優遇」がもたらされるのではないかという懸念をいだいていると述べた。これに対し、事務局長ジモンは、まず、協会の要求は定款の第二条に掲げられた協会の目的を実現するためのものであることを確認し、そのうえで、優先的助成の要求は、持ち家建設にともなう困難を取り除くことが目的であり、それが、必然的に社会的住宅建設の枠内で建設される住宅戸数全体の減少を招くことにはならないと、シュテンツェルの懸念を否定した。しかし、シュテンツェルは、この説明に納得せず、従来と同様に将来もドイツ労働総同盟がドイツ国民家産住宅協会と協力していくためには、協会が住宅政策全体を危険にさらす要求を掲げないことが条件になると述べた。さらにシュテンツェルは、「ドイツ労働総同盟は、持ち家が理想の住宅形態、所有形態であることをつねに認めてきた。……しかし、ドイツ労働総同盟は、長期的かつドイツ国民家産住宅協会が要求している規模で、この理想を実現するためには、所得状況の新たな秩序が必要になるという見解に立っている[41]」と述べ、現状の所得状況のもとでの持ち家建設の優先的助成に対して反対するという立場を改めて表明した。

第二次住宅建設法の審議が開始されたあとには、この問題について、公益的住宅企業連合会が、前出のリュッケ宛て書簡で「持ち家取得の経済的負担は、同じ大きさの賃貸住宅への家賃支払いの負担を大きく上回る」と批判していた[42]。さらにドイツ都市会議も、上記の論稿で、大都市においては「住宅を探している者全体に対して負担能力の弱い者が占める割合が非常に高い」と指摘し、そのため、持ち家と小規模住宅の建設どころか、賃貸住宅すら「高い地価」と「低い家賃支払い能力」の結果、「とくに民間施工主により建設された建物」の場合には「こうした都市住民を入居させるのが非常に困難」であるという現状の厳しさを訴え、住民の負担能力の観点から持ち家建設の推進に懸念を表明していた[43]。

こうした批判に対し、リュッケは、公益的住宅企業連合会の代表宛ての書簡のなかで、SPD法案の社会的住宅建設の二分割案は、むしろ、住民の二つの階層への分裂を招くと同時に、持ち家を特権物にしてしまうと反論した。[44] さらに、負担能力の高い階層だけが持ち家を建設できるという批判に対抗する施策を打ち出した。前章でみたように、CDU・CSU会派は、政府法案に含まれていた公的助成金への法的請求権というアイデアを採用するとともに、必要な施工主の自己負担分を、所得と家族の大きさに応じて段階付ける案を作成し、さらに、自助の作業や追加家族貸付金を自己負担分に算入できる案を法案審議のなかで提案していた。これらの案は、法的請求権の付与というかたちでは実現しなかったが、公的助成金を優先的に受け取ることができる施工主を定める規定に活かされ、この規定は最終的に成立した第二次住宅建設法のなかで実現された。

このCDUの提案には、ドイツ国民家産住宅協会も協力していた。事務局長ジモンは、法的請求権を政府法案の核心と考え、連邦住宅建設省におけるこの点に関する作業部会で、必要とされる自己負担分について所得と家族の大きさに応じた段階付けを採用するよう働きかけ、さらに、自助の作業を自己負担分に算入する規定を設けるよう求めていた。[45]

こうした住民の負担能力という論点での批判とそれへの対応からわかることは、リュッケを中心に推進されたCDUの持ち家政策は、比較的負担能力の高い層、とくにCDUの最大の支持基盤である中間層を優遇しようとした政策と単純に理解することはできないということである。むしろ負担能力の弱い住民にも持ち家を手に入れることを可能にする施策を打ち出していた。

しかし、ここで重要なのは、CDUも負担能力の弱い住民のための施策を打ち出したといっても、それと、低所得層への住宅供給を最優先したSPDの施策とのあいだには明確な差異があったことである。まず、差異の第一点として、CDUの場合は、あくまで住宅のあり方がもつ価値が先行していた。つまり、家族住宅の価値が先にあり、その価値ある住宅の建設を負担能力の弱い住民にも可能にするという順序であった。そして、差異の第二点は、低所得層向けの措置の内容に関するものである。すなわち、子だくさん家族という低所得層のなかでもとくに優先したい対象が存在し、さらに、自助がそうした措置のなかに組み込まれていた。これは、ＳＰＤの低所得層への助成資金の配分を厚くするという方向性とは異なるものである。

ＣＤＵの住宅政策の理念的背景は次章以降で考察するが、そこでの考察の補助線として、ここでは、家族住宅という住宅のあり方そのものの価値の先行と、家族と自助という要素の重視という特徴を確認しておきたい。

住宅建設の主体

第三の論点が、住宅建設の主体、換言すれば、個人施工主と公益的住宅建設会社の位置付けの問題である。一九五〇年の第一次住宅建設法によって社会的住宅建設が開始されたのち、社会的住宅建設の実践のなかで、公益的住宅建設会社による賃貸住宅建設が大きな割合を占めるようになっていた。これに対して、ＣＤＵは、社会的住宅建設における持ち家建設の優先的助成を主張した。さらに、ＣＤＵは家族住宅建設の主体として個人施工主を重視し、住宅建設企業に対しては住宅の完成後の売却ないし譲渡を助成の条件として義務付けることを試みた。これらは、賃貸住宅を建設する公益的住宅建設会社にとって住宅経済における影響力を削がれる危険性のある要求であった。その問題点は二つの点に整理できる。一つは、賃貸住宅に対する持ち家建設の優先という、優先して助成される住宅の問題であり、いま一つが、住宅建設企業に対する完成後の住宅の売却ないし譲渡の義務付けの問題であった。

公益的住宅企業への影響は、第二の論点と同じく、一九五三年二月二十八日の理事会での議論のテーマとなった。公益的住宅企業連合会のヴァイサーは、前者の、優先して助成される住宅の問題について、協会の基本的な目標に反対しているわけではないとしながら、「住宅経済における住宅の形態や法的な形態の序列は拒否しなければならない」と述べ、「協会は定款に従って、持ち家の助成に尽力すること「だけ」を課題としているのだから、序列の設定は必要ではない」と主張し、賃貸住宅建設に対する持ち家建設の優先といったかたちで持ち家建設を推進することに強く反対した。これに対して、リュッケは、「住宅企業は重要な国政上の課題を実行するための手段であって、「何が」建設されるべきかまで決定することは許されない」と述べ、さらに、「そうした決定は公民にだけ委ねられている」として、議会を通じて政策的に公的助成の優先規定を設けるという姿勢を崩さなかった。[46]

後者の住宅企業に譲渡を義務付ける問題に関連して、ヴァイサーは、持ち家政策の議論は住宅企業の課題設定と結び付いていると指摘し、そのうえで、こうした要求を「公益的住宅企業への攻撃」と受け止め、そうした攻撃をやめるよう求めた。これに対して、リュッケは、「持ち家の優先的助成の要求は、決して公益的住宅企業への否定的な考え方を前提としているわけではない」と主張した。自分は「持ち家の優先的な助成を拒否する企業に対抗する」だけであり、「公益的住宅企業の敵対者であると主張するのは誤りである」として、CDUの要求が公益的住宅企業を狙い撃ちしたものであることを否定した。[47]

この公益的住宅企業への否定的な考え方を前提としたものではないというリュッケの発言は、批判をかわすための単純な方便としてではなく、慎重に解釈する必要がある。というのも、たしかにCDU法案は個人施工主による住宅建設を重視したものであったが、前章でみたように、これは、教会の影響下の団体を念頭におきつつ、個人施工主が公益的協会に集まり、そのなかで自助と助け合いで住宅建設を進めるというものであった。さらに、この自助による住宅建設を可能にするために、公益的住宅企業による指導が前提とされていた。こうした点を踏まえれば、CDUの住宅政策は、公益的住宅企業を否定するものではなく、むしろ、公益的住宅企業の働きを前提としたものである。

その一方で、この理事会ののち、CDU法案が再提出されると、連邦議会本会議第一読会での法案の趣旨説明で、リュッケは、社会的住宅建設の実践で公益的住宅企業による賃貸住宅建設が大きな割合を占めていることとあわせて、公的資金で助成された住宅を所有し続けることの問題性を批判していた。また、個人財産の形成という目的から、公益的住宅企業に住宅所有が集中することも批判の対象となっていた。このように、社会的住宅建設の実践において実際に大きな影響力をもっていた「賃貸住宅を建設する公益的住宅建設企業」に向けられたリュッケの批判は明確であった。

ここで、CDUの住宅政策と公益的住宅企業あるいは住宅建設における公益セクターとの関係について整理すると、まず、公益的住宅企業の多様性と公益セクターの幅広さに注意することが必要になる。第一に、CDUの住宅政策は、実際の社会的住宅建設で大きな影響力を有している「賃貸住宅を建設する公益的住宅建設企業」とは、賃貸住宅に対する持ち家の優先という点で対立する。しかし、第二に、個人施工主による家族住宅建設は、公益的団体を組織しておこなわれ、さらに、自助による住宅建設は公益的住宅企業による指導によって支えられる。この点で、CDUの住宅政策は、後者の、公益的住宅企業や住宅建設における公益セクターの活動を前提にしたものであった。

そして、第三に、CDUは、公益的住宅企業の住宅所有を、個人財産の創出を阻害するという観点から批判し、完成後の住宅の譲渡を要求した。リュッケは、公益的住宅企業に完成後の住宅を取得希望者に売却ないし譲渡することを義務付ける「提供義務」によって、家族住宅が個人の所有下におかれることを確実なものにしようと考えていた[48]。しかし、同時に、この提供義務の対象を、持ち家に限定するのか、それとも、集合住宅や、その中の個別の住宅まで含めるのかという点は曖昧であった。

この点は、連邦議会での審議でも議論になり、「提供義務」の問題を特別に審議するため、リュッケが委員長を務める小委員会が設置された。そして、一九五五年十二月七日に開催された会議に、ドイツ国民家産住宅協会、公益的住宅企業連合会、ドイツ労働総同盟など、住宅建設や住宅経済の団体の代表者が招かれ、この問題に対する公聴会が開催された[49]。

この会議では、集合住宅の中の一戸を居住者が所有する住宅の扱いが重要なテーマとして浮上した。住宅企業の建設した集合住宅内の個別の住宅にも完成後の譲渡を義務付けた場合には、このタイプの住宅が増加することが考えられたからである。これは、一九五一年の住居所有権法を根拠とする住居所有権住宅と呼ばれる住宅である[50]。

ドイツ労働総同盟は、集合住宅内の賃貸住宅の所有権を借家人に売却譲渡することは、実際には実行不可能であるという見解を示した。また、公益的住宅企業連合会も、事前に目的を定めて計画し建設する売買用持ち家の提供は可能だが、住居所有権法は運用が難しい法律であり、賃貸住宅として建てられた集合住宅に対する提供義務で、より多くの住宅財産を創出することは不可能であるとし、集合住宅への提供義務に反対した。

ルール工業地帯にあるエッセン市の代表は、住居所有権住宅は法的に扱いが難しく細民には適してはいないと、住居所有権に対する大きな懸念を表明した。さらに、鉱山労働者住宅の経験では、住居所有権住宅の希望は多くなく、むしろ戸建て低層住宅の所有が希望されたことを紹介し、一家族用または二家族用住宅の所有が提供されるべきであると主張した。そのうえで、産業界は、労働者が財産を手にすることを真剣に願っているが、住居所有権住宅では労働者は満足しないのではないかと懸念していることを伝え、住宅財産として住居所有権住宅は適切な形態ではなく、労働者には、持ち家または小規模住宅が必要であると述べた。

ドイツ国民家産住宅協会は、住居所有権住宅は、より上層の所得層向けの住宅という認識を示したが、賃貸住宅に対する提供義務については発言せず、むしろ協同組合の所有下にある一家族用ないし二家族用低層住宅の提供義務を求めた。これに対し、公益的住宅企業連合会は強く反対した。

最終的には、一家族用ないし二家族用住宅については、売買用持ち家と施工者小規模住宅の提供義務の規定が設けられたが、集合住宅については、売買用の住居所有権住宅が「適切な数」建設されることを、集合住宅を建設する際の、公的助成金の認可の「条件とすることができる」という、非常に裁量の余地が大きい規定が設けられただけで、提供義務は設けられなかった[51]。

住宅政策にみる優先順位

ここで、ＣＤＵの住宅政策が優先的に助成しようとする住宅の形態と法的な形態について整理しておきたい。リュッケの第一の狙いは、家族住宅、すなわち、持ち家と小規模住宅という、庭付きの戸建て低層住宅による個人財産の形成であった。それに対して、住居所有権住宅は居住者に所有された住宅だが、その他の点の条件を満たさない。

第二次住宅建設法は、家族住宅の優先を規定したあと、それにつぐ優先順位として、住居所有権住宅に、多世帯用集合住宅のなかの賃貸住宅に対する優先権を与えたが、住居所有権住宅に積極的であったのは、ＦＤＰ出身の連邦住宅建設大臣プロイスカーであった[52]。プロイスカーは、ドイツ国民家産住宅協会の機関誌に寄稿し、住居所有権住宅の意義を訴えていた。そのなかでプロイスカーは、家族住宅建設が賃貸住宅建設より多くの建築用地を必要とし、都市計画のうえでは高層住宅が求められる現実を指摘する。そのうえで、一九五一年の住居所有権法に基づく建物の一部に対する所有権によって、集合住宅においても私有財産を手にする可能性が作り出されたことに注意を喚起する。さらに、この形態での所有権はいまのところ特記すべき規模で実践されていないが、都市中心部での復興が進み、緑地や公共用地、道路の設置のために土地を手放さなければならなくなる土地所有者があらわれるところでは、将来的に大きな役割をはたすはずだと主張し、住居所有権住宅を、都市計画上の要請と個人財産形成の要求を調和させる最善策としてその推進を提案した[53]。

これに対して、リュッケは、ＣＤＵの家族住宅創出法案の起草に参加したカトリックの住宅建設の指導的実践家エーレンとの第二次住宅建設法制定後の往復書簡のなかで、同法の審議を回顧し、プロイスカーが推進した住居所有権住宅への否定的な考えと、家族住宅における庭の重要性を互いに論じている。エーレンは、住居所有権住宅について「こうした所有形式は真の持ち家を危険にさらす[54]」と批判し、その理由として「庭がなければ、もはや家族住宅ではないからだ[55]」と述べ、家族住宅にとっての庭の重要性を強調した。リュッケも「一軒の家が一片の土地と結び付いている時のみ、

「家族住宅」という称号をえることができる」とエーレンの見解に賛同している。また、「家族住宅法〔第二次住宅建設法〕の制定に際しては、家族住宅に必要な土地の大きさを考慮し、また、大都市における諸問題に配慮して、さまざまな譲歩を強いられた」ものの、「住居所有権住宅に関して、私の評価は変わらなかった。私は、これをよりましな賃貸形式とみなしており、家族住宅と呼ぶことはできない」と述べ、それは「労働者にとって庭が欠けているからであり、これによって勤労者が真に必要としているものが騙し取られている」ことをその理由にあげて、家族住宅にとっての庭の重要性を強調している。[56] リュッケも、エーレンと同様に、住居所有権住宅を持ち家の範疇に含めることはせず、持ち家を、土と結び付いた戸建て住宅と理解していた。

鉱山労働者住宅建設

ここまで、ドイツ国民家産住宅協会と、そこに加盟した団体の議論を手がかりにCDUの住宅政策の特徴を検討してきた。そのなかで、ドイツ国民家産住宅協会とドイツ労働総同盟、公益的住宅企業連合会、ドイツ都市会議との関係は、「土地法と建築法の再編」が主要な課題であった時には協調的であったが、「家産住宅の建設推進」という課題が前面にでるようになり、さらに、ドイツ国民家産住宅協会がCDUの住宅政策を支持すると、これらの団体との関係は対立的なものへと変化した。そして最終的に、ドイツ労働総同盟は、後述する組織内の変化も重なって、ドイツ国民家産住宅協会から脱退し、独自の住宅建設を進めることになる。[57]

もっとも、ドイツ労働総同盟のなかでも、個別にはそれとは異なる方向性の労働組合も存在していた。そのなかでも、独特の役割をはたしたのが鉱山産業労働組合である。鉱山労働者の持ち家建設は、持ち家建設への要求が住民のあいだで強いことを示すために、しばしば取り上げられ、議会での審議でもテーマとなった。

例えば、CDU法案の趣旨説明をおこなった連邦議会本会議第一読会で、リュッケは、鉱山労働者の住宅建設を例にとり、持ち家を希望する者の割合が高いことを主張していた。一九五二年にルール地方でおこなわれた大規模なアンケートを引用して、住宅を探している鉱山労働者の半数が明確に庭付きの持ち家を希望し、さらに二五％程度が、将来的に可能ならという留保付きながら、庭付きの一家族用ないし二家族用住宅を希望したという結果を紹介し、鉱山労働者における持ち家希望の高さを強調した。さらに、鉱山産業労働組合が同年末に連邦議会復興・住宅制度委員会委員長としてのリュッケに宛てた書簡の内容を取り上げ、上記のアンケート結果を裏付けるように、住宅建設全体に占める持ち家の割合が上昇していると報告されたことを紹介した。[58]

このように鉱山労働者の住宅建設が好んで取り上げられるのは、一九五一年の鉱山労働者住宅建設法によって独自の住宅建設が進められていたからであった。[59] 同法は、連邦が、鉱山会社から石炭一トン当り二マルク、褐炭では一トン当り一マルクの石炭税を徴収し、この歳入を原資として鉱山労働者の住宅建設のために低利貸付金を提供する制度を設けた。[60] この制度は、当初三年計画で導入され、二度延長されたのち五九年に失効した。[61] 鉱山産業労働組合は、同法の枠組みのなかで、持ち家と小規模住宅の優先的な助成が定められるよう尽力し、鉱山労働者のあいだに持ち家の希望が非常に強く存在していることを強調していた。[62] 結果として、鉱山労働者住宅建設法は、「持ち家、小規模住宅、住居所有権住宅を、自ら、または建築施工者を通じて建設する、保険加入義務のある鉱山労働者」を、施工主として優先的に考慮することを定め、持ち家と小規模住宅が優先的に助成された。[63] こうした石炭税の歳入は、五二年から五四年までの期間に最盛期をむかえ、連邦全体で六億マルクに達し、そのうちの約五億マルクがルール地方からの歳入であった。この制度によって、同じ期間に、連邦全体で約九万戸が建設され、そのうち七万六〇〇〇戸がルール地方で建設された。[64] 五二年から五七年にまで期間を広げると、同法の制度によって全体で約一三万戸の新築住宅が建設され、そのうち六万戸が持ち家、七万戸が賃貸住宅であった。[65] 持ち家が新築住宅全体に占める割合は四六％に達し、ルール地方を含むノルトライン・ヴェストファーレン州全体での社会的住宅建設に占める持ち家の割合が二六％にすぎなかったのに対し、著しく高い割合を示した。

こうした実績を背景に、住民の持ち家への希望は強く、政策的に持ち家建設の優先的助成を定めれば、持ち家住宅の建設が増加するという見通しを正当化する例として、リュッケをはじめ、持ち家への需要に懐疑的な意見に反論を試みる者によって、鉱山労働者住宅建設は注目されていた。また、前出の提供義務を扱った連邦議会の小委員会でも、ルール地方に位置するエッセン市の代表が招かれ、鉱山労働者住宅建設に関わった経験として、多くの労働者が戸建て住宅の所有を希望していること、さらに、産業界も労働者が持ち家または小規模住宅を手にすることを望んでいることを紹介しており、鉱山労働者の住宅建設が、同時代の住宅政策をめぐる議論のなかで、注目を集める事例であったことをうかがわせる。

ドイツ労働総同盟の連邦理事会のもとに設置された、産業別労働組合の代表が住宅政策について討議した住宅政策委員会の議論をみると、第二次住宅建設法審議中の一九五四年二月九日の会議が注目される。ここでは、持ち家建設か賃貸住宅建設かという問題が議題となったが、出席者の議論は、持ち家か賃貸住宅かという問題よりも、その主張の政治的ルーツに関心が向けられ、持ち家建設の強力な推進によって公益的住宅企業の基盤が崩されることに懸念が表明された。そして、根本的な問題は「誰が住宅を建設するかだ」として、公益的住宅企業の利益を擁護する観点から、持ち家政策に反対する見解が示された。こうした議論のなかで、鉱山産業労働組合の代表は「私の見解では、持ち家建設の推進は、公益的住宅企業の基盤を掘り崩すためにおこなわれているのではない」と異なる意見を述べ、さらに「われわれは、住民のあいだでの構造変化を経験した。労働者が中間層に成長し、いまでは、ひとかどの者になっている。そのなかで、財産を所有しようとする熱心な試み、つまり、完全に従属的な階級に追いやられまいとする試みが生まれている」と述べ、鉱山労働者住宅建設法のもとで持ち家建設を望む労働者の姿を報告していた。[66]

建築家マイの構想

しかし、鉱山産業労働組合のような事例も存在したものの、ドイツ労働総同盟全体の方針としては、ドイツ国民家産住宅協会と対立を深め、独自の住宅建設を推進することになった。

この動きの直接の契機となったのが、一九五五年、ドイツ労働総同盟連邦理事会住宅政策担当理事のシュテンツェルからプレットへの交代である。この後、ドイツ国民家産住宅協会との関係は完全に敵対的なものになり、ドイツ労働総同盟はドイツ国民家産住宅協会を脱退した[67]。これによって、ドイツ労働総同盟の初代議長べクラーが協会の設立に協力して以来の関係は終焉を迎えた。プレットは、ドイツ労働総同盟が所有する公益的住宅建設会社ノイエ・ハイマートの執行役員として、労働組合が所有する公益的住宅建設会社を同社の傘下に集め、巨大な企業体を構築していた。そのプレットが住宅政策担当理事になったことで、ドイツ労働総同盟は、ノイエ・ハイマートを通じた都市部での大規模住宅団地の建設という独自の住宅建設の推進に集中することになる[68]。

このノイエ・ハイマートによる大規模住宅団地建設の実践が、どのような特徴をもつものであったかは、ノイエ・ハイマートの設計部門の責任者として住宅団地の設計を主導した、建築家マイの住宅改革の構想に即して理解することができる。

マイは、もともと一九二〇年代の「新しい建築」の主導的な建築家のひとりであった。この「新しい建築」は、伝統的様式と決別した機能主義的で即物主義的な様式をとりつつ、ヴァイマル新国家の市民にふさわしい新しい共同体を、新しい都市や住宅を通じて作り出すという目的をもった運動であり、おもにＳＰＤの優勢な都市で実践に移された[69]。このなかで、マイは、二〇年代後半のフランクフルトで郊外の住宅団地建設を主導し、住宅の規格化やパネル工法の導入、住宅の合理化を推進していた[70]。

そのマイがノイエ・ハイマートで設計した住宅の例として、ブレーメンの団地「田園都市ノイエ・ファー」をあげる

図 4　1961年頃のノイエ・ファー団地

出典：Claudia Quiring/Wolfgang Voigt/Peter Cachola Schmal/Eckhard Herrel (Hrsg.), *Ernst May 1886-1970*, München, 2011, S. 221.

ことができる。ここでは、帯状建築と呼ばれる水平方向に細長く伸びた長方形の住棟が、一定の間隔をおいて並べられ、個々の住棟は、装飾のない平坦な屋根と平坦な表面が特徴的である。[71] 住棟は規格化された住宅から構成され、水平方向に伸びた建物の列と大量の均一な住宅が、強い均質性と集団性の印象を与える。すでに戦間期のフランクフルトにおける実践で、マイは、二十世紀の住宅団地は「均質同一の単位住宅の集合として形成されるだろう」という見解を示しており、上記の団地の特徴も、この「集団的な均一性」ないし「集団主義的居住性」を重視する思想の延長上で理解することができる。[72]

　マイの集団性や集団主義についての一九五〇年代の見解は、自身の建築理念をまとめた文章から知ることができる。そこでマイは、かつて教えを受けた英国の都市計画家アンウィンの設計によるロンドン郊外の田園都市ハムステッドを紹介しつつ、新たな社会的連帯の成立を論じている。すなわち、「匿名の大衆」は、「講演会や演劇会、演奏会を通じて、公共図書館の利用を通じて、短期間のうちに社会的連帯感」をえることができ、その際に「互いを個人的に知っている必要」はないという。[73] マイの住宅改革の理念は、統一的な構想に従って建設された都市や都市の集合住宅によって、大都市批判で問題とされる「匿名の大衆」や「匿名の集団性」のうちに、新たな共同性を創出しようとするものであった。

このマイの構想にとって、リュッケの構想は、まず、都市に低い優先順位が与えられるという点で受け入れ難いものであった。さらに、リュッケによる住宅所有の強調に対しては、住宅所有はドイツには基本的に馴染まないものとみなし懐疑的であった。マイは、私的所有そのものを否定してはいなかったが、それは「共同の設備を備え統一的に設計された大規模団地のような、新しい社会構造を作り出すための成果」を脅かしてよいということではないと述べ、都市計画と大規模住宅団地の設計によって秩序付けられた集団主義的居住性を重視した[74]。

このマイの実践に対して、ＣＤＵ法案の起草グループのひとりであり、カトリックの入植と住宅建設の実践家でもあるエーレンは否定的に反応していた。エーレンはマイが設計した団地「田園都市ノイエ・ファー」を視察したあと、リュッケ宛ての書簡のなかで、「ブレーメンの庭のない「田園都市」を二〇枚の写真に記録したが、その姿は〔私を〕震撼させるものだった[75]」と述べている。実際には、ノイエ・ファーの帯状建築のあいだに多くの公共の緑地が設けられていたが、エーレンにとって、庭は戸建て住宅に個別に属するものでなければならず、集団主義的居住性が批判の対象となったのである。

巨大な公益的住宅建設会社による大都市での大規模住宅団地建設という実践は、まず、住宅建設の進め方という点で、個人施工主の自助による家族住宅建設というリュッケに主導されたＣＤＵの住宅政策と真正面から対立するものであった。さらに、その実践における集団主義的居住性の重視も、ＣＤＵの住宅政策と対立する点であった。

3 家産運動の連続性と持ち家建設

ドイツでの家産運動

一九五二年九月二十日のケルン総会で持ち家建設を求める声明が公表された時、ドイツ国民家産住宅協会は、「異論の余地のないドイツ家産運動の先駆者、唱道者」として「この原則的要求を、公論と、立法と行政の担当部署に対して宣言する」という文言とともに、この声明を発表した。[76] ドイツ国民家産住宅協会が、ダマシュケに指導された土地改革運動との連続性に立脚して設立された協会であることはすでにみたが、このケルン総会の声明では、「ドイツ家産運動」との連続性が宣言されている。また、そもそも、協会の名称にも、協会の目標として掲げた住宅にも「家産」という語が用いられており、家産運動との関連が重要であることがわかる。それでは、ダマシュケに指導された土地改革運動とこのドイツ家産運動とはどのような関係にあるのだろうか。どのような理念がドイツ国民家産住宅協会を支えているのかを理解するには、協会が立脚しているこれらの運動の系譜をさかのぼって検証する必要がある。ドイツ国民家産住宅協会が持ち家建設を推進する背景に迫るためにも、土地改革運動と家産運動との関係を検討したい。

まず家産運動の系譜をみると、これは、アメリカのホームステッド法による自営農創出を起源とする運動である。ホームステッドは、はじめ、入植者に無償で譲渡された土地のことを指したが、その後、新たな入植か否かを問わず、強制差押えから保護されたあらゆる土地所有へと意味が拡大した。ドイツでの家産運動は、一八八〇年代の農業不況への対応として展開し、負債を負った自営農を守るため、家産の差押え免除による所有権の保護が要求された。さらに、土地所有が細分化し大土地所有がさらに拡大するとともに、農村から都市や工業地帯への人口流出が進む状況に直面し、中小自営農を維持するための家産法の制定が唱えられた。こうしたなかで、当時推進されていた国内植民を補完し、農村の小所有層に追加の保護を設ける法案が、保守党、帝国党、中央党の議員団により議会に提出された[77]。同時代の議論では、これらの施策の意義について、「農村自治体を土地の私的所有権と、補完的な自治体所有に結び付けておくことに成功する場合、つまり、農民のなかだけでなく、拡大してゆく小所有者のなかで、土地との結び付きの感情が残り、生き生きと作用する場合にはじめて」「ドイツの農村自治体とドイツの農民身分が、農村を征服しようとする社会民主党の侵入の努力に対して確固たるダムを形成する」ことができると論じられ、農村における小所有層の維持による社会主義への対抗という意図がこめられていた[78]。

さらに、この家産運動と土地改革運動との関係で重要なのは、第一次世界大戦を契機に、両者のあいだに結び付きが生まれたことである。ダマシュケに率いられたドイツ土地改革者連盟が、家産運動の理念を取り上げ、それを土地投機の除去というそれ以前からの要求と結び付けたのである。一九一五年に、公的資金による助成によってすべての復員兵士に家産の取得を可能にするためのライヒ法の制定を求め、「兵士の家産中央委員会」が設立された[79]。

この「兵士の家産」運動には、故郷の土地の所有によって兵士とその家族の愛国心を強化するという目的があったが、同時に、この家産によって、大都市への人口移動を阻止し農村と小都市の利益に資することも企図されていた。ダマシュケは、この運動について、「一片の郷土の土地の所有を通じて、兵士とその家族の郷土意識、祖国愛は強まる。その子どもは従来よりも、よりよい条件下で育つことができ、国民の健康、国防力、国民道徳の増進につながる。同時に、家産は、ドイツ人性を保ち強化すること、また、農村と小都市から大都市への人口移動を阻止することに資する。これは、高度に国民的な案件であり、同時に、小都市の利益に資することができる」[80]と述べている。

この運動の結果、ヴァイマル期に入ったのちの一九二〇年、復員兵士だけでなく一般の者も対象としたライヒ家産法が制定された[81]。また、これに先立つ一九一九年八月に制定されたヴァイマル憲法では、その第一五五条において、「すべてのドイツ人に健康的な住居を保証し、すべてのドイツの家族、とくに子だくさん家族に、その必要に適した住宅家産および経済家産を保証するよう努める。従軍者は制定されるべき家産法においてとくに配慮されるべきである」[82]ことが宣言されていた。

ライヒ家産法は、自治体が菜園を備えた一家族用住宅のための地所を提供し、土地処分権に制限を設ける一方、差押え免除が保証された家産住宅を入植者に取得させる制度を設けた。これは、土地投機の予防という土地改革の理念と、家産の所有権の保護という家産運動の理念を両立させたものであった。[83]また、この構想は都市から農村への入植を促すものであり、国内植民運動や田園都市運動の一部からも支持された。これらの潮流が結び付き、菜園付き住宅により住宅を土と結び付ける住宅改革の潮流が形成された。[84]

ライヒ家産法の制度は、一九二九年までに当時のライヒの領域でわずか一万八六三〇戸のライヒ家産住宅が成立しただけで、実践上の運用の難しさから広く現実化されることはなかった。しかし、この方向での住宅改革の理念そのものは、第二次世界大戦後の五〇年代に継承された。それを担ったのが、四七年に土地改革運動家を中心に設立された、ドイツ国民家産住宅協会であった。[85]協会は、五一年の連邦住宅建設省から委託されたライヒ家産法改革についての意見書のなかで、こうした住宅改革の潮流を継承するものとしての自己認識を示し、「健康的で危機に強い家産住宅の形式で公民を庭と土に結び付けるという、家産住宅思想の異論の余地のない善良で健全な中核を救い出す」ことを訴えている。[86]そのほかにも、機関誌を通じて、家産運動の理念を実現するものとして持ち家建設の推進が訴えられた。[87]協会が「国民家産住宅」の建設推進を定款に掲げ、CDUの住宅政策を支持した背景には、こうした土地改革運動と家産運動が結び付いて生まれ、国内植民運動などとのつながりも生じていた、菜園付き住宅により住宅を土と結び付ける住宅改革の潮流が存在していたのである。

公益的住宅扶助会社「家産住宅」

ここまで、ドイツ国民家産住宅協会がCDUの住宅政策を支えるうえで立脚していた住宅改革の系譜を明らかにしたが、同協会じたいは、意見書の作成を通じて立法や行政に提言をおこなうこと、また、講演や出版を通じて公論を形成することを目的とする組織であって、自ら住宅建設を担う組織ではない。CDUの住宅政策と対立する方向では、SPD、ドイツ労働総同盟、公益的住宅企業連合会が密接に結び付き、労働組合が所有する公益的住宅建設会社が都市部で賃貸住宅建設をおこない、さらに一九五五年以降は、ドイツ労働総同盟が所有する巨大な公益的住宅建設会社ノイエ・ハイマートが大規模住宅団地の建設を進めた。それに対し、ドイツ国民家産住宅協会がノイエ・ハイマートに匹敵する役割をCDUの住宅政策のなかではたすことはできない。

それでは、CDUの住宅政策を実現する住宅建設の一翼を担ったのは、どのような組織であったのだろうか。まず確認しておきたいのは、CDUの住宅政策が想定しているのは、個人施工主の自助による家族住宅建設であり、巨大な住宅建設会社がフル稼働して住宅建設を進めていくというものではなかった。CDUの住宅政策では、個人施工主の自助による家族住宅建設を支える組織として、建設の指導をおこなう公益的住宅企業が重要であった。以下では、この持ち家建設の指導をおこなう公益的住宅企業についてみてみよう。

公益的住宅企業のなかでも、持ち家建設の指導を主要な任務としていたのが、公益的住宅扶助会社「家産住宅」である。この公益的住宅扶助会社が組織した団体が、ドイツ家産住宅連邦連盟であり、この団体は公益的住宅企業連合会の加盟団体であると同時に、自立した活動も展開し、ドイツ国民家産住宅協会にも直接加盟し、連盟の代表者が協会の理事に迎えられていた。一九五二年九月二十日のドイツ国民家産住宅協会ケルン総会での声明で持ち家建設促進を前面に押し出すよう、総会の準備をおこなった理事会で強く主張したのが、このドイツ家産住宅連邦連盟の理事長でもあるフォルムブロックであった。[88]

さらに、フォルムブロックは、第二次住宅建設法の審議中にリュッケと二人で会談していた。その際に、リュッケの求めに応じて家産住宅会社とドイツ家産住宅連邦連盟の目的と課題について説明するなかで、「家産住宅会社は、その起源と目標設定からして、家族住宅の助成のために飛び抜けて適格」であり、「これまでも可能な限りで、家族住宅の趣旨にかなうかたちで活動してきた」と述べている。[89] それでは、その家産住宅会社の起源と目標設定とはどのようなものであり、持ち家住宅建設とどのような関わりをもっていたのであろうか。

ここまで、国民家産住宅やライヒ家産住宅など家産住宅という語がさまざまな意味で用いられてきたが、ここでの「家産住宅会社」は、それらとは異なる意味をもち、一九一八年三月二十八日のプロイセン邦住宅法に由来する公益的住宅扶助会社のことを指す。同年五月十七日の施行規則に基づき、国家の住宅政策と入植政策の実施機関として、住宅建設そのものではなく住宅建設の支援をおこなう組織として設立が定められた。すなわち、家産住宅会社は、自己の名義と自己の資金では住宅建設をおこなわずに、他の施工主の住宅建設の指導をおこなうことが任務とされた。[90]

プロイセン住宅法の制定後、最初の家産住宅会社として一九一八年七月にヴェストファーレン家産住宅会社が設立され、そのすぐ後にライン家産住宅会社が設立された。この後、一九年から二四年にかけて、プロイセン邦の他の州およびオルデンブルク邦、ヘッセン邦で一三の家産住宅会社が設立された。最終的には、プロイセン邦が出資した家産住宅会社をモデルにした公益的住宅扶助会社が全国的に設立されることになった。[91] 家産住宅会社は有限会社として設立され、資本金の少なくとも半分は公的機関により出資された。当時ケルン市長であったアデナウアーが監査役に名を連ねていたライン家産住宅会社を例にとって設立時の出資者をみると、プロイセン邦、州、自治体、これに加えて、邦保険局、ライン州立銀行、州火災保険局などの公的機関が出資し、そのほかには、製錬・圧延工場職業共同組合や、クルップ社など地域の産業界からの出資もあった。[92]

多くの公益的住宅扶助会社が比較的短期間のうちに設立されたものの、ヴァイマル初期のインフレーション、ストライキや騒擾の発生といった社会状況によって、設立直後の活動は困難であった。家産住宅会社の多くは、一九二三年のレンテンマルクの導入以後、相対的安定期にはじめて本格的に活動を開始し、例えば、二七年から二八年にかけてライン家産住宅会社の指導をうけて建設された住宅は、ライン州全体で建設された住宅の二〇%にまで達した[93]。また、この時期には、すでにみた一九二〇年ライヒ家産法が設けた制度の運用も、家産住宅会社の任務になっていた[94]。

相対的安定期が終わったあとも、家産住宅会社は、大恐慌に対応する施策に大きな役割をはたした。大恐慌により大量の失業者が発生すると、一九三一年のブリューニング内閣の第三次大統領緊急令を契機として、都市郊外への失業者の入植が進められた。この失業者の入植のなかで、小規模住宅建設の指導をおこなうことが家産住宅会社の中心的任務となった。そして、恐慌期に強化された農村の農業労働者のための持ち家建設の助成にも家産住宅会社が投入され、この助成措置の担い手としても大きな役割をはたした。

まず、前者についてみてみよう。恐慌期には、おもに都市、とくに大都市と工業地帯で発生した大量の失業者に直面し、雇用創出策や失業手当では対処しきれない状況が生じていた。この状況のなかで、失業者を都市郊外へ入植させる失業者入植による事態の打開が試みられた。郊外に都市の失業者を入植させ、入植地での菜園の耕作と小規模な家畜の飼育によって自家消費のための食糧を生産することで、自立した生活のための補完を得られるようにすることが企図されたのである。この計画では、入植者の自助を最大限に活用することで政府の財政的負担を抑制しつつ、小規模住宅による自給の可能性を失業者に提供することでその生活基盤を安定させることがめざされた[95]。

一九三一年のブリューニング内閣時に発せられた第三次大統領緊急令は、「失業者のための農業入植、都市郊外の小規模住宅、クラインガルテンの提供[96]」について規定し(第四部第二章)、これによって、上記の失業者入植としての小規模住宅建設がライヒ資金によって助成されることになった。二億マルクのライヒ担保の引き受けがおこなわれ、八万戸を超す小規模住宅が失業者入植住宅として建設された。この助成措置の実施のために、入植者の自助の指導を担い、恐慌期の危機的状況のなかで、小規模住宅建設の貫徹のために大きな役割をはたしたのが家産住宅会社であった。
さらに、この失業者対策としての失業者の入植を構想したライヒ財務省の官僚ペルシュケ本人による回顧によれば、この小規模住宅建設は、本来の目的を越えて入植運動の新たな発展の出発点にもなったという。すなわち、当初の都市郊外における「失業者の入植」という意味を越えて、労働者を賃貸住宅から解放し、自らの土地のうえ、新鮮な空気のなかで健康的な身体の活動をおこなうという新たな意味が付与された。つまり、失業者対策という意味を越えて、自然との結び付きを重視する生改革的要素が、この小規模住宅建設に結び付けられるようになったのである。[97]
つぎに、後者の農村における農業労働者のための持ち家建設についてみよう。家産住宅会社は、すでに一九一九年のライヒ入植法に基づく、ライヒ職業紹介・失業保険局の資金を投じておこなわれた持ち家建設の指導を担っていた。これは、持ち家によって農業労働者の定住を促進するとともに、失業時の生活危機に備えさせ、農村における労働力の維持を企図したものであった。農業労働者のための持ち家建設に家産住宅会社が投入されたのは、無計画に住宅が建設され荒廃する散村が生まれるのを防ぐために、その地域にふさわしい住宅建設を保証する適切な指導が必要と考えられたからである。[98]
さらに、この農村での活動を通じて、家産住宅会社と、農民の定住に尽力していた農村入植会社とのあいだに結び付きが生じることになった。[99] 農村入植会社は、もともとは国内植民を推進するために設立された公益的組織で、プロイセン邦のすべての州で、州が資本参加した入植会社が設立されていた。第二次世界大戦後には、連邦共和国の領域内で八つの入植会社が存続し、一九四九年から五一年にかけてさらに八つの公益的農村入植会社が設立され、被追放民の定住支援を担った。[100] 五三年の連邦被追放民法は、もともと農業を営んでいたか、追放後に農業に従事していた被追放民を農村に統合することを企図し、放棄された農場の譲渡や、荒蕪地の開拓の支援をおこなうことを定めた(第一章第二節)。その際に、とくに荒蕪地の開拓には、ライヒ入植法が部分的に援用され、公益的入植会社が投入されることになっていた。

戦間期からの連続性

ここまでみたように、公益的住宅扶助会社「家産住宅」は、第一次世界大戦末期に設立されたのち、戦間期に、都市郊外での小規模住宅建設、農村での持ち家建設の指導を担った。第二次世界大戦後、ＣＤＵの家族住宅創出法案が立案されると、ドイツ家産住宅連邦連盟は、ドイツ国民家産住宅協会の内部で持ち家建設推進を主張することになるが、その主張は戦間期から戦後にかけての家産住宅会社の実践の連続性に立脚したものであった。この連続性は、すでに一九四八年十月二十四日、ドイツ家産住宅連邦連盟の先駆けとなる組織、家産住宅会社作業共同体が、フォルムブロックを議長として戦後の住宅不足のなかで家産住宅会社がはたすべき役割についてまとめた決議にみることができる。この決議は、「国家の住宅建設政策は、(a)破壊された住宅の再建、(b)賃貸住宅のかたちでの新築、(c)土地と結び付いた低層住宅建設（小規模住宅、持ち家、農業労働者住宅など）を課題としている」と住宅の形態を列挙しながら、そのなかでも、土地と結び付いた低層住宅を「社会政策的理由からもっとも重要な住宅」と位置付ける。しかし現実には、破壊された住宅の再建と賃貸住宅の新築が、それぞれの地域で推進され、公益的住宅建設会社によって遂行されているにもかかわらず、土地と結び付いた低層住宅の建設には、その担い手が存在していないと指摘する。こうした現状認識を踏まえて、土地と結び付いた低層住宅建設の担い手には「特別な経験、特別な専門的能力と知識」が求められるが、「「家産住宅」は三〇年にわたり、一〇〇万戸を超える土地と結び付いた低層住宅建設の支援を通じてこの経験を集めており、……その来歴と業績から、この課題を実現できると考えられる唯一の組織である」と述べ、戦間期からの各地の家産住宅会社の活動の連続性に立脚して、持ち家建設の一翼を担うことを家産住宅会社の課題と定めた。[101]

さらに、ドイツ家産住宅連邦連盟は、一九六〇年に編集した過去一〇年間の活動を概観する記念刊行物のなかで、

「第二次住宅建設法による家族住宅建設の優先は、家産住宅会社にとっては方向転換ではなく、むしろ、持ち家、小規模住宅、農業労働者住宅の計画的かつ包括的な助成をおこなう家産住宅会社の主要な活動の継続と強化を意味する」[102]と記し、第二次住宅建設法に基づく家族住宅建設の支援を、戦間期からの各地の家産住宅会社の活動の延長ととらえていた。

また、この家産住宅会社の活動という連続性とともに、ドイツ国民家産住宅協会に代表される、より大きな住宅改革の連続性のなかでCDUの住宅政策をとらえる見方も存在していた。例えば、第二次住宅建設法の審議中に、ドイツ家産住宅連邦連盟の内部では、リュッケが提出した家族住宅創出法案を、ライヒ家産法の精神を継承する意味で、「家族家産住宅」と「家族家産住宅法」という名称で推進することが構想されていた。[103]ここに、リュッケのCDU法案の趣旨を、一九二〇年のライヒ家産法から五〇年代のドイツ国民家産住宅協会へと継承された、家産運動と土地改革運動が結び付いて生まれた住宅を土と結び付けようとする住宅改革の流れと合致するものとしてとらえ、その推進を支援しようとする動きをみることができる。さらに、家産住宅会社の活動についても、このライヒ家産法からドイツ国民家産住宅協会へと連続する住宅改革の流れと志を同じくするものとして、この連続性のなかに自ら位置付ける認識を読みとることができる。

ここで実際の家産住宅会社の実績をみると、第二次世界大戦後初の決議がまとめられた一九四八年から五八年までの期間に、家産住宅会社全体により三一万一〇〇〇戸の建設が指導され、そのうちの六万五〇〇〇戸が小規模住宅、二万二五〇〇戸が農業労働者住宅、七万六〇〇〇戸が持ち家、これに対し一四万七〇〇〇戸が賃貸住宅であった。[104]この期間の住宅建設全体における割合と比較して、大きな割合で持ち家建設が支援された。とくに、ライン家産住宅会社は、個人施工主による家族住宅建設の指導に力を入れ、四五年以降、四万六〇〇〇戸の建設の指導をおこない、そのうち三万一〇〇〇戸が家族住宅であった。[105]

さらに、第二次世界大戦後の家産住宅会社には、州による独自の持ち家建設の推進を担ったという特徴があった。第二章でみたように、第二次住宅建設法の審議において、州は地域の事情に即した対応をおこなう裁量の余地を確保することに努めていた。これは、連邦法によって、公的資金を持ち家建設へと拘束されることで、地域によってはなお重要な課題であった住宅供給における量的課題の解決が阻害されることを懸念したためである。ここから、州は、量的課題に注目し、住宅問題の質的側面や持ち家建設の推進に対して、全般的に消極的であったと考えられるかもしれない。しかし、実際には、州のレベルで、持ち家建設のための独自のプログラムも推進されており、家産住宅会社はその担い手としての役割を担った。例えば、ノルトライン・ヴェストファーレン州は、一九四九年から農業労働者と農村の手工業者用の持ち家建設を州の特別規定を通じて助成し、ライン家産住宅会社とヴェストファーレン家産住宅会社がこの住宅建設の指導の担い手となっていた。[106]

住宅改革の諸潮流

ＣＤＵの住宅政策を支えた団体のなかで、ドイツ国民家産住宅協会は、土地改革運動と家産運動が合流して生まれた住宅改革の潮流の連続性に立脚していた。また、住宅建設の実践においては、戦間期に持ち家建設と小規模住宅建設の指導をおこなった公益的住宅扶助会社「家産住宅」が、第二次世界大戦後にＣＤＵが推進した家族住宅建設を、戦間期の活動の延長として支えた。

さらに、家産住宅会社は戦間期の農村での活動を通じて、もともとは国内植民の担い手だった農村入植会社との結び付きが生じていたことを指摘したが、ドイツ国民家産住宅協会には、ドイツ家産住宅連邦連盟とともに国内植民推進協会も加盟し、密接な関係を結んでいた。この国内植民推進協会は、国内植民を推進する団体として一九一二年に設立され、第二次世界大戦後には被追放民の定住支援に取り組んだ。[107]ここで、ＣＤＵの住宅政策を支える、土地改革運動と家産運動が合流して生まれた住宅と土を結び付ける住宅改革の潮流に、戦間期の家産住宅会社の農村での活動を通じて、国内植民と被追放民の定住に尽力する農村での潮流がさらに接続していたことを指摘することができる。

国内植民推進協会の理事長は、CDUのカトリック政治家リュプケが務めていたが、一九五三年にアデナウアー内閣の農業・食糧問題担当大臣に就任するため、理事長を辞任すると、後任の理事長にはドイツ家産住宅連邦連盟のフォルムブロックが就任した。[108] フォルムブロックは、一八年から公益的住宅扶助会社「ヴェストファーレン家産住宅」で活動し、小規模住宅制度推進協会の事務局長も務めていた人物である。[109] 第二次世界大戦後には、ドイツ家産住宅連邦連盟の理事長を務め、ドイツ国民家産住宅協会の理事として協会の方向性の決定に大きな影響を与えていた。さらに、これと並行して、国内植民推進協会の理事長をも兼任することになったのである。このフォルムブロックの経歴と諸団体との結び付きが体現しているように、CDUの住宅政策を支えていたのは、土地改革運動と家産運動、さらに国内植民運動といった諸運動が結び付いて生まれた住宅改革の潮流であった。

このCDUの住宅政策を支えた住宅改革の潮流の同時代における位置付けと、ノイエ・ハイマートにより実践されたCDUの住宅政策と対立する方向性の住宅改革構想との違いが明確になるのが、一九五七年のベルリン国際建築博覧会に対する反応である。東ベルリンで進行する社会主義的古典主義様式の「スターリン大通り」計画に対抗し、西側世界の理念を提示するべく、西ベルリン市政府の決定に基づいてハンザ地区で国際建築博覧会が開催された。ハンザ地区では、ノイエ・ハイマートの設計責任者マイもその系譜のなかに位置付けることができる、「新しい建築」以来のモダニズム建築を基調としつつ、大都市における個性の抹消や生の自然からの疎外を反省して「機械的な都市理念から有機的な都市理念へ」の転換をはかる「都市農村世界」[110] 概念に基づき、建築物による空間の分散、緑地との境界の流動化による都市の革新が試みられた。[111] これに対して、ドイツ国民家産住宅協会の機関誌は、国際建築博覧会の建築物のうち、ル・コルビュジエの集合住宅「ユニテ・ダビタシオン」を取り上げ、「住むための機械」は家族の住まいにふさわしくないと批判を加えた。[112] 国際建築博覧会は、モダニズムの修正や都市理念の転換の試みではなく、あくまで、集団主義的居住性とその集団的均一性が示されたものとしてとらえられたのである。ＣＤＵの住宅政策を支える住宅改革の潮流にとって、個性の抹消や生の自然からの疎外という問題の解決、そして、冷戦の東側陣営に対抗する西側の理念は、都市や集団主義的な居住のあり方ではなく、土と結び付いた田園の持ち家住宅によって担われるものであった。

第四章

CDUの住宅政策の理念とカトリシズム

CDUの住宅政策の背景にある理念について考えてみたい。CDUの家族住宅創出法案の立案と、第二次住宅建設法における同法案の要求の実現を主導したリュッケは、どのような理念に基づいてCDUの住宅政策を構想したのか、カトリック社会教義の内容を整理したうえで、その諸原則に照らしてさぐる。

まず、リュッケについて、その伝記的背景も含めカトリックの世界観との結び付きを明らかにし、カトリック社会教義の内容と基本的性格を整理する。ついで、リュッケの住宅政策の構想を取り上げ、カトリック社会教義との関連を明らかにする。さらに、CDU法案の立案にも関わりそれを支えたカトリックの知識人および実践家とカトリック社会教義との関係にも目を向ける。また、カトリック社会教義を育んできた教会についても、その住宅建設に関する支援事業の背景にある理念を明らかにしたい。

1　リュッケとカトリシズム

四人の立役者たち

CDUの家族住宅創出法案を準備したのは、リュッケとその周囲に集まったグループ、すなわち、ネル＝ブロイニンク、ノインデルファー、ヴォスニツァ、エーレンといった当時の代表的なカトリック知識人と住宅建設分野での実践家であった。リュッケは、一九五二年秋以降、このグループと法案の起草を進め、さらにそのほかのカトリック教会の代表者も加わり、法案の準備を進めた。ここでは、CDU法案の起草とその要求の貫徹を主導したリュッケとカトリシズムの世界観との結び付きを明らかにしたい。

その前に、まず、リュッケのCDU法案の立案を支えたカトリックの知識人と実践家のグループの四人についてみておこう。

ネル＝ブロイニンクは、イエズス会士で、カトリック社会教義の指導的理論家である。トリーアで生まれ、インスブルックで哲学と神学を学んだのち、一九一一年にイエズス会に入会し、カトリック社会教義の権威ペッシュのもとで学んだ。[1]三一年には教皇ピウス十一世の助言者であったイエズス会総長の依頼により回勅「クアドラジェシモ・アンノ」を起草したほか、カトリック社会教義について多くの著作を著した。[2]第二次世界大戦後は、経済政策と社会政策の現実問題について多くの著作を著し、そこでは、負担調整、財産形成、住宅不足といった第二次住宅建設法と関わる問題も論じられた。[3]さらに、著作活動と並行して、連邦住宅建設省の学術顧問を務め、具体的な政策への提言をおこなった。[4]

ノインデルファーは、マインツで生まれた社会学者である。兄がカトリック聖職者で、その影響のもと、戦間期にカトリック青年運動に参加していた。第二次世界大戦後は、フランクフルト大学の社会誌学研究所の所長を務めた。リュッケの求めにより、家族住宅建設の公的助成金を優先的に受け取る施工主の条件として、所得と家族の大きさによって必要な自己負担分を段階付けた私案は、この知見を活かしたものである。また、アデナウアーの社会政策の助言者のひとりであり、その私的諮問に基づき、一九五五年にはカトリック社会教義の指導的理論家ヘフナーらとともに「ローテンフェルス建議書」を執筆し、[5]統一的な社会法典の編纂を求めた。[6]

ヴォスニツァは、オーバー・シュレジエン出身のカトリック聖職者であり、ブレスラウで神学を学んだのち、カトヴイッツ(ポーランド語ではカトヴィツェ)司教区で、ドイツ語圏の青年の指導司祭をつとめた。ドイツ軍のポーランド侵攻後、占領当局によりポーランド人の司教アダムスキが追放され、一九四二年から戦争終結まで、司教総代理として事実上の司教区の管理者となった。こうした状況下でも、ドイツ語とポーランド語の二言語使用者であったヴォスニツァは、司牧に際して、民族の帰属による分離とドイツ化に抵抗し、強制収容所に収容されたポーランド人聖職者のための活動もおこない、そのうち数人の釈放に成功した。[7] 戦争が終結しアダムスキ司教が帰還したあとも、司教からの信頼をえて司教区の指導部にとどまっていたが、四六年七月にドイツへと追放された。[8] ドイツへの追放後は、四九年にカトリック入植協会の指導者に任命され、戦争による破壊と大量の被追放民の流入によって引き起こされた深刻な住宅難の克服に取り組むことになった。[9]

エーレンは、カトリックの自助による入植と住宅建設の指導的実践家である。モーゼル河畔の小村で、ワイン醸造用のブドウを栽培する農家に生まれた。早くから聖職者を志し、トリーアの神学校で学んだ。その後、ミュンスター大学に転じ教師になったが、つねに強いカトリック信仰を持ち続けた。戦間期には、カトリックの青年運動に参加し、そのなかで、自然との結び付きを重視する生改革と、カトリックの信仰とを結び付けた独自の活動を展開した。その後、一九三一年のブリューニング内閣の第三次大統領緊急令を契機として、高等学校の教師として赴任していた、リュッケの故郷にも近いニーダー・ベルク地方のフェルバート市で、自助による住宅建設の実践を開始した。この活動は、第二次世界大戦の勃発後は休止を余儀なくされたが、戦後、占領軍により新たに任命された市長から土地の提供を受け活動を再開した。この活動は自助による入植と住宅建設のモデルと広くみなされるようになった。[10] リュッケが自助による住宅建設の実践をおこなう契機となった人物であり、その住宅政策の構想に大きな影響を与えた。

リュッケの経験

以上の四人の協力をえながらCDU法案の起草を主導し、その後も法案提出者としてCDUを代表して、その住宅政策を規定したのが、リュッケであった。ここでは、リュッケが住宅政策に関わることになった背景とカトリシズムとの結び付きについてより詳しくみよう。

リュッケは、一九一四年十一月十三日、オーバー・ベルク地方の寒村シェーネボルンで、敬虔なカトリックの家庭に十四人兄弟の九番目の子として生まれた。ケルンの対岸、ライン右岸の山地オーバー・ベルクは採石の盛んな地域で、彼の父親は、採石工の親方をしていた。青少年期には、カトリックのボーイスカウト団体ザンクト・ゲオルグに所属し、十八歳で教区のカトリック青年組織のリーダーを務めた。ライン沿岸にはカトリックの影響が強い地域が多くあるなかで、ベルク地方は比較的プロテスタントが強い地域であったが、リュッケは、カトリックの信徒団体の内部で熱心に活動し、カトリックの強い影響を受けて生まれ育った[11]。

ナチスの権力掌握後、徴兵制が導入された一九三五年に二十一歳で徴兵され、その後、四五年五月の敗戦まで一〇年におよぶ軍隊生活を送ることになる。リュッケは、当初、可能な限り早く除隊し故郷に戻ることを望み、除隊後には技師養成教育を受けることを望んでいた。しかし、技師教育の機会を優先的にえるためにナチ団体に加入することは望まず、信頼していた上官から勧められた陸軍の火薬担当士官養成課程に進んだ[12]。

リュッケは一九三八年、二十四歳でベルリンの火薬担当士官養成学校に入校し、火薬技師と機械技師の試験に合格した。その後勃発した第二次世界大戦では、まず、ベルリンの軍需工場の監理官として勤務した。その後、フランスに配置転換となるが、四四年、火薬担当士官として勤務していたトゥールーズの軍需工場がレジスタンスにより爆破され、右脚の膝から下を失う重傷を負った。この後は、予備役中尉としてオーストリアに転属となり、そこで敗戦をむかえた[13]。

第二次世界大戦で負傷したが、一〇年間の軍隊生活のなかで、リュッケのその後の人生にもっとも大きな影響を与えることになったのは、第二次世界大戦の開戦前に経験したベルリンでの生活であった。リュッケは学校のあったヴェディングの労働者街に住み、そこで賃貸兵舎に代表される大都市における劣悪な住環境と、その住民のあいだにみられる急進主義的な傾向を目の当たりにし衝撃を受けることになった。リュッケは、このベルリン・ヴェディングの労働者街を、オーバー・ベルクの故郷を圧迫する対抗世界として受け止め、この経験が彼の関心を住宅問題へと向けさせ、さらに、政治家となったあとも住宅政策に取り組む契機となったのである。[14]

第二次世界大戦の終結後、一九四五年秋に故郷に戻ると、かつてカトリック青年組織で活動していたようにカトリック信徒団体に加入した。さらに、戦災で住居や家財を失った人びとや被追放民を支援するオーバー・ベルク郡カトリック復興協会の設立に参加し、住民の自助と近隣の助け合いを重視した支援活動を展開した。また、ケルンでのCDU設立の動きに呼応し、地元のCDU支部の設立に参加した。このカトリック復興協会の活動の成果とCDU地域支部の設立とが契機となり、四九年の第一回連邦議会選挙ではライン・ベルク選挙区の候補者に擁立され、同選挙区の約六〇%の票を獲得して州別候補者名簿によらず直接議席を手にした。[15]

この間に、リュッケは、故郷シェーネボルンとベルリンについで、彼のその後の人生に大きな影響を与える第三の経験をすることになった。すなわち、戦間期から自助による入植と住宅建設を実践していたエーレンとの出会いである。リュッケは、その活動に大きな感銘を受け、エーレンの実践活動をモデルとした小規模住宅建設を自ら実践した。その舞台となったのが、一九四七年にリュッケが行政長に就任していたエンゲルスキルヘンである。同地は人口六〇〇〇人ほどの小自治体であったが、交通の要衝であったため、ケルン周辺ではもっとも戦争による破壊が激しい自治体の一つであり、とくに住宅不足は深刻であった。[16] このエンゲルスキルヘンにおいて、リュッケが主導して行政が建築資材を提供するなど支援をおこない、入植者の自助による住宅建設を成功に導いたのである。さらに、これと並行して、地元オーバー・ベルクの郡行政のなかで、郡全体の被追放民問題の担当官に任命され、合計で二万人を超える被追放民のための一時的な宿泊所の設営もおこなった。エーレンとの出会いと、自助による住宅建設を成功に導いたリュッケ自身の自治体行政の経験は、のちのCDUの住宅政策の内容を形作るうえでの重要な参照点であった。[17]

私生活においては、リュッケは六人の子どもの父であり、一九五三年に、彼自身、ケルンの対岸、ライン右岸部の丘陵地帯の町ベンスベルクに庭付きの持ち家住宅を建て、そこで暮らした。新聞や雑誌の取材を私生活に近づけず、家族を政治の喧騒から守る一方で、家族に対しては家父長としてふるまった。その家族観の一端を示すのが、連邦議会のアメリカ視察旅行についてのインタビューである。リュッケは、アメリカ人の家に食事に招待された際に、食後に男性が食卓を片づけ食器を洗うのを手伝うことに否定的な印象を抱き、「私は、家政における男性と女性の役割は明確に区別されるべきだという意見だ。台所は女性の領域に属する」と述べている。リュッケは、ジャガイモの栽培や庭木の伐採など庭仕事をおこなう一方で、それ以外の家事、とくに台所での仕事は彼の妻の役割であった。[18]

リュッケは連邦議会議員に当選したのち、連邦議会では復興・住宅制度委員会に所属することを望んだ。その頃に作成した演説草稿では、住宅政策が追求すべき理想として「人間と家族、つまり、神の似姿としての人間と神の望んだ姿の家族」[19]を掲げている。たしかに、リュッケは、家族住宅創出法案の立案の際には、CDUはたんなるカトリック中央党の再建ではなく、カトリック、プロテスタントの両宗派を包摂しようとする超宗派政党として設立された政党であることを理解し、プロテスタント教会との関係にも気を配り、また、法案審議では、それが必要と考えれば妥協や方針の修正もいとわず、政治的な目標を達成するうえで十分に実務的であることを示している。しかし、リュッケをCDUの住宅政策を主導する人物としたのは、また、住宅政策の内容を形作るうえで重要だったのは、故郷のカトリック団体のなかでの自己形成とその対抗世界としてのベルリンでの経験、そして、第二次世界大戦後における、エーレンをモデルとした自治体行政での自助の住宅建設の実践経験であり、これらの中心にあったのは、カトリックの世界観との結び付きであった。[20]

つぎに、このカトリックの世界観との関連という問題を、カトリック社会教義との関係というかたちで具体的に考察したい。

2 カトリック社会教義の諸原則

カトリック社会教義の基本的性格

カトリック社会教義とは、一般には、キリスト教救済論を土台として、教会によって育まれてきた人間の社会生活に関する認識と規範をさすが、ここで問題とするのは、十九世紀に生じた社会変動、すなわち、伝統的身分制の崩壊、工業化の進展と「社会問題」の発生、労働者階級の出現、といった新しい社会状況にカトリック教会が直面するなかで成立した社会論である。それは、教会の社会的な任務と権限を否定する自由主義とマルクス主義的社会主義という二つの勢力に対抗しつつ、近代とその諸問題に対峙するべく、近代の諸現象や諸概念をカトリックの立場から再解釈し意味付けることで成立したものである。[21]

こうしたカトリック社会論は、ドイツにおいては、十九世紀中葉以降、ケテラーによって準備された。ケテラーは、それまでの近代に対する全否定的な姿勢を乗り越え、近代に適応したうえで近代の諸問題と対峙する社会論の形成を試みた。彼は、一八四八年の待降節説教「キリスト教所有権思想」で、トマス・アクィナスの自然法論を応用し、私的所有の正当性とその社会的義務を論じた。このケテラーの議論によって、トマスの所有思想を援用しつつ、社会的拘束のない私的所有を要求する自由主義ともその廃絶を要求する社会主義とも一線を画する独自の社会論の基礎が形成された。さらに、社会民主労働者党結成の二年後、七一年のマインツでのカトリック教徒大会で、ケテラーは「自由主義、社会主義、キリスト教」というテーマで講演し、社会主義を自由主義の「手に負えない息子」と呼んで両者をしりぞけ、自由主義と社会主義、双方のイデオロギーに対抗するカトリック社会論の方向性を明確にした。[22]

こうした方向性の社会論を、カトリック世界全体に対し規範的な社会論として提示したのが、一八九一年教皇レオ十三世(位一八七八～一九〇三)により発布された社会回勅「レルム・ノヴァルム」であった。この背景には、ドイツやフランス、ベルギーなどでの工業化と社会問題への独自の解決策を模索する社会カトリシズムの発展があった。また、教皇庁をとりまくイタリア独自の事情として、六一年の統一以来のカトリック教会と世俗国家の対立が未解決であったこと、その一方でイタリアにおいても工業化の波が到来し、社会問題への対応を重視する「キリスト教社会派」と呼ばれる人びとが登場していたことがあげられる。[23]このキリスト教社会派の理論的モデルとなったのが、ケテラーなどの事例であった。レオ十三世自身も、ケテラーの社会問題に関する著作に通じ、教皇に選出される以前のペルージャ司教を務めていた七七年には、その影響を受けて、労働者の窮乏化など工業化の弊害を問題視する四旬節の司牧教書を著していた。[24]

しかし、それまでカトリック教会、とくに教皇庁は、教皇ピウス九世(位一八四六～七八)が一八六四年に発布した「謬説表」にみられるように、自らを世俗国家に優越する「完全な社会」と規定し、近代世界に対する全否定の姿勢を示していた。こうした姿勢に対し、レオ十三世の「レルム・ノヴァルム」はカトリック教会の社会認識を転換し、カトリック社会教義の新時代を画した。この回勅は、社会主義とも自由主義とも一線を画すカトリック独自の社会論の流れを基礎づけ、公布後まとまった年数が過ぎた時点で、歴代教皇が「レルム・ノヴァルム」の回顧とともにときの重要な社会問題への見解を示すのが慣行となった、規範的な回勅である。[25]

「レルム・ノヴァルム」は、一方で社会主義に対抗して私的所有権を擁護し、他方で労働者の団結権を承認し、弱者のための国家干渉を要請する。ここで回勅が、社会対立や労働者問題の解決において、教会の排他的な影響の対象としてきた「市民社会」的な領域での「国家の協力」を認めたことは、自らを世俗国家に優越する「完全な社会」と規定し近代国家を否定してきた姿勢の転換を意味した。また、回勅は、それまでの調和的社会観から踏み出て労働者問題の存在を認め、それに対しカトリック独自の解決策を与えようとした。そこには、社会主義の誤った解決策に対抗するという意図がこめられており、私的所有権の擁護はこの回勅のもっとも重要な主題の一つであった。[26]

「レルム・ノヴァルム」にみるカトリック社会教義

回勅「レルム・ノヴァルム」の内容にそって、カトリック社会教義の諸原則をみてみよう。まず回勅の冒頭部分全体が、社会主義が主張する問題解決方法は、自然的正義に反するという社会主義批判にあてられ、前国家的な自然権としての私的所有権の正当性と、それに関連して家庭的社会、すなわち家族と父権の問題が論じられる。[27]

カトリック社会教義の基礎にあるのは、個人主義とも集団主義とも一線を画す、人格を備えた存在という人間理解であり、この人格概念がつねに強調するのが、人間の自律性である。[28] また、自律性とともに人格の完成の前提として社会性が重視され、この点が社会を利己主義的利用に供する個人主義との違いとして強調された。[29]

所有に関する思想も、人格たる人間という理念と結び付く。物財は、人格たる人間の自律的な生活形成に不可欠な物的条件とみなされ、それゆえに、物財に対する所有権は人間に自然な権能として、人格の自律と発展の基礎的条件となる。[30] 具体的には、回勅は、トマスの思想を応用しつつ、私的所有権を自然権として正当化する。精神と理性を賦与された存在として、人間は外的諸物を使用するだけでなく、所有する恒久的権利をも有する。[31] 理性ある者は未来を配慮するが、このためには土地とその産物を、たんに使用するのではなく、私的に所有していなければならない。こうした前提のもとで、私的所有権は自然権であると宣言される。「私的所有権の制度はそれ自体、人間の定めた法律によってではなく自然によって賦与されたものであるから、国家はこれを廃棄することができない」。これに対して社会主義の主張はしりぞけられる。人間は理性ある存在として、相続によって家族の将来に備えることができる。そのためには所有権という制度は不可欠の前提である。また、回勅は、賃金収入の貯蓄による財産の形成のうちに、労働者問題解決の重要な方法を見出す。一方、社会主義は労働者から賃金の自由処分の可能性を奪い、家産の増加と地位の改善の希望を砕くことによって、その境遇を悪化させる。[32]

回勅はさらに、自然権としての私的所有権という問題の延長上で家族と父権の問題を論じる。ここでは、真の社会である家庭的社会、つまり家族とそれを統治する父権の自然性が強調される。まず、自然に基づく婚姻と、神の命じた生殖とによって形成される家族は、人間によるいかなる社会や国家にも先行する存在と位置付けられる。そして、神聖な自然法により家族、とくに子どもに対して父権が負う義務の履行は、私的所有によって保証されることが明言される。所有権をめぐり、回勅は、トマスにならい、財産の正当な所有と正当な使用を区別しているが、同じ箇所で、自分と家族の生活に必要な使用に属するものについては、その限りではないとして、その分の財産の所有は原則的に正当とされる。こうしてカトリシズムにおいて家族に特権的な地位が与えられる。[33] さらに、その家族の国家干渉に対する優位を現実的に保障する対外的権力として、父権が、トマスの自然法論に依拠しつつ位置付けられる。国家が父権の地位を脅かすことは許されず、社会主義の主張は、父権による統治を国家による保護によって置き換えるものとして、自然的正義に反すると批判されしりぞけられる。このように、回勅の家族論ならびに父権論が、私的所有権の正当性という社会主義に対する第一の批判についで、社会主義への第二の批判を形成する。[34]

回勅の後半部分で展開されるのが、「国家の協力」と労働者の団結権の承認という回勅のもう一つの重要な主題である。回勅は、労働者問題の解決への国家の参加の必要性を述べ、労働条件の規制などを取り上げる。その一方で、賃金の決定に関する公権力の不適切な介入に対抗する職業組合の必要性を述べたうえで、労働者問題における自律的団体の役割を論じ、団体結成の自由を自然権として認める。[35] こうして、回勅は自然権として団結権を認め、労働者の自力救済を語る。それとともに、自然法の観点から国家干渉の限界も定められた。国家干渉の目的は国家先行的に存在する人間と家族の保護にあり、干渉の範囲はそこにのみ限定され、人間と社会への全面干渉はしりぞけられる。すでにケテラーは、労働者問題を解決する実践的方法として、団体の結成を提示していた。それは、団体を結成し、自分たちの問題を処理し仲間を支援することを、キリスト教人間論に根ざす自助の理念の実践と考えたからだった。[36]

それまでのカトリック教会、とくに教皇庁が、近代世界に対する全否定の姿勢を示していたのに対して、「レルム・ノヴァルム」は、近代に適応したうえで近代の諸問題と対峙する方向に社会認識を転換した。ただし、この回勅に体系化されたカトリック社会教義の具体的な内容は、社会主義に対抗する労働者問題の解決方法を打ち出すという意図にそって、カトリック本来の原理に、回勅に先行して展開されていた社会カトリシズムの実践から得られた知見を取り込むことで成立したということに注意が必要である。[37]こうした成立の経緯から、カトリック社会教義は、固定的な体系ではなく、この後も、回勅が提示した原則を踏まえながら、具体的な実践において直面する歴史的な社会状況に合わせて、強調点を移しつつ発展することになる。

例えば、「レルム・ノヴァルム」四〇周年を記念した一九三一年の教皇ピウス十一世(位一九二二～三九)の回勅「クアドラジェシモ・アンノ」は、世界恐慌後の混乱に対し、個人や家族、中間団体の自発性を尊重し、それらが責務をはたせないときにはじめて上位の組織体が支援をおこなうという「補完性の原理」を定式化し、社会の解体に抵抗した。[38]

このように、カトリック社会教義には、おかれた状況に即して重点や解釈を変化させつつ、状況に働きかけるという動的な性格があることが見落とされてはならない。同時に、自由主義とも社会主義とも一線を画すカトリック独自の解決策を提示するという本来の趣旨を貫徹するために、カトリック的独自性の基盤として参照される、基本となる主題や原則を指摘することもできる。それは「レルム・ノヴァルム」の内容にそって三つに整理することができる。

一つ目は、自然権としての私的所有権の擁護である。カトリック社会教義の土台には、人間を人格としてとらえる人間理解があり、この人格概念が強調するのが人間の自律性であった。所有に関する思想も、人格たる人間の自律性という理念に支えられている。物財は、人格たる人間の自律的な生活形成に不可欠な物的条件であり、物財に対する所有権は理性ある人間の自然な権能とされた。ただし、これは、正当な財産の使用や共同善との調和も求められるもので、社会的拘束のない所有権とは異なる。この意味での私的所有権が自然権として正当化され、さらに、財産形成による労働者問題の解決が打ち出される。[39]

二つ目が、家族の特権的な位置付けである。自然に基づく婚姻と神の命じた生殖によって形成される家族は、いかなる社会や国家にも先行する存在であることが強調された。そして、この家族を外部の干渉から守るものとして父権が位置付けられ、さらに、父権が家族に対して負う義務は、所有によって履行が保証されると主張された。所有には正当な財産の使用という留保があったが、家族の生活に必要な財産所有は原則的に正当とされ、家族に特権的な地位が与えられた。他方で、社会主義の主張は、父権による統治を国家による保護で代替する、自然的正義に反するものとして否定される。[40]

三つ目が、国家干渉の範囲の設定と自助の重視である。労働者問題の解決のため国家干渉が要請されるとともに、自然法の観点からその限界も定められた。国家干渉の目的は国家先行的に存在する人間と家族の保護にあり、干渉はこの目的に資する範囲に限定され全面的干渉は否定される。また、団結権を自然権として擁護することで、国家による解決と並んで、労働者自身の努力による問題の解決が重視された。この背景にあるのが、人格の自律性と社会性のあらわれとして、自律的な団体形成と自助を重視する思想である。[41]

以上のように、カトリック社会教義は、自由主義と社会主義のイデオロギーに対抗しつつ、独自に近代の諸問題、とりわけ労働者問題を解決することを模索したものであり、その内容は、自律性と社会性の二つを備えた人格という人間理解を基礎とし、トマスの自然法論を参照しつつ構築されたものであった。[42] 次節では、ここで整理した、所有、家族、自助を主題としたカトリック社会教義の諸原則に照らして、一九五〇年代におけるCDUの住宅政策を支えた理念を考察する。

その考察に入る前に、ＣＤＵの住宅政策を主導したリュッケとカトリック社会教義の関係についてみておこう。リュッケは当時在位していた教皇ピウス十二世(位一九三九〜五八)のメッセージをもとに作成したカトリック社会教義についてのメモを残している。それは、それぞれ、「家族のための持ち家、家族のための土地」[43]「勤労者のための財産」[44]「人格、家族、国家」[45]と題された三つのメモで、一点目のメモ「家族のための持ち家、家族のための土地」には、教皇ピウス十二世の「レルム・ノヴァルム」五〇周年のメッセージと記されており、教皇ピウス十二世が一九四一年六月一日の聖霊降臨祭の際におこなった、「レルム・ノヴァルム」五〇周年記念の演説の後半、とくに家族について述べた部分を抜粋して作成したものである。[46]また、後者の二つのメモ「勤労者のための財産」と「人格、家族、国家」には、ピウス十二世の四二年のクリスマスメッセージと記されており、「勤労者のための財産」というメモは、メッセージの後半、共同体生活の基本形式について述べた部分を、「人格、家族、国家」というメモは、メッセージの後半、さらに終わりに近い箇所で、平和的な共同体生活の実現のための五つの基本要求を掲げた部分を、それぞれ抜粋して作成したものである。[47]

教皇ピウス十二世は、第二次世界大戦と冷戦の東西対立という困難な時代にあって、カトリシズムの人間像の前提となっている基本的な価値観をわかりやすく提示することを求められていた。[48]ピウス十二世は、レオ十三世の「レルム・ノヴァルム」とピウス十一世の「クアドラジェシモ・アンノ」の二つの回勅に、教会が同時代の状況とその認識について述べるべきすべてのものが含まれており、自分の使命をこれらの回勅の教えを一つ一つ検討して掘り下げることであると考えた。実際に、ピウス十二世は、さまざまな教書、ラジオ放送、メッセージを通じて両回勅からの教えを発信した。[49]そのなかでもピウス十二世のクリスマスメッセージと聖霊降臨祭に寄せたメッセージは、「レルム・ノヴァルム」と「クアドラジェシモ・アンノ」の要約として優れたものであり、とくに、一九四一年の聖霊降臨祭のメッセージは

「レルム・ノヴァルム」の明確でわかりやすい説明として傑出したものという評価を受けている。また、異例なこととして、使徒座広報には、教皇自身が語ったイタリア語文だけでなく、主要各国語の翻訳も印刷されていた。[50]

これらのピウス十二世のメッセージに基づいて作成されたリュッケのメモのなかにも、上述したカトリック社会教義の諸原則を確認することができる。「勤労者のための財産」では、

人間の人格の尊厳は、正常で自然な生活の基盤として、土地という財の個人的な利用権を必要とする。可能な限りすべての者のために、私有財産を要求するのは、これに即したものである。……共同体に資する安寧を実現しようと望むならば、勤労者、すなわち、現在と未来の家長が、人格権と相容れない経済的な従属と不自由に陥るのを阻止しなければならない。[51]

という要求が掲げられ、人格の自由の基盤としての所有の位置付けが示されている。

さらに、「家族のための持ち家、家族のための土地」では、

「レルム・ノヴァルム」の教えによれば、自然じたいによって、私有財産は、人間社会とその真の文化の存続に、とくに、家族の存続と発展に結び付けられた。そのおもな理由は自明である。私有財産は、家長に対して、家族の物質的、精神的、宗教・道徳的な幸福に関して、創造主自身によって家長に負わされた義務をはたすために必要な自由と独立を保証するからである。[52]

という、「レルム・ノヴァルム」による所有と父権的家族との結び付き、すなわち、家族を守り統治する父権の義務の履行が所有によって保証されるとした議論が展開されている。

そして、「人格、家族、国家」では、「平和の星が、人間の共同体生活の上に昇り輝くのを望む者」に対する要求として、「国家とその権力を、共同体への奉仕に、また、人格と人格による神の目的を実現しようとする努力の完全な尊重に、立ち返らせること」が、また、「あらゆる生活の領域において、彼岸と此岸の課題における人格の一般的な自己責

任が可能になり保証されている共同体の形式を促進すること」[53]が掲げられ、国家の全面的な干渉を退け、中間的な団体の領域を確保しつつ、人格の自律性と社会性のあらわれとしての自律的団体の形成と自助を重視する見解が述べられている。

また、住宅、とくに持ち家に関係するものとしては、「人格、家族、国家」のなかで、「平和の星が、人間の共同体生活の上に昇り輝くのを望む者」に対する要求として、「すべての家族のために、そのなかで身体的、道徳的に健全な家庭生活の価値を発展させることができる真の家を創出すること」があげられている。[54]さらに、「家族のための持ち家、家族のための土地」では、

「レルム・ノヴァルム」の教えによれば、私有財産に含まれるあらゆる財のなかで、その上に家族が住み、その実りによって全部にせよ部分的にせよ生計を立てる一片の土地よりも自然に即した財産はない。自分の土地によってもたらされる安定性によって、家族から実り豊かな社会の細胞が作り出され、家族の持続的な結束によって、現在と未来の両性がみごとに結び付けられると主張することは、「レルム・ノヴァルム」の意向にそうものである。

とし、さらに、

今日、「生活圏」の創出が社会政策の思考と計画の中心に位置するのならば、何よりもまずこの家族の生活圏を考えなければならないのではないか。自分の家と竈がまったく意識されない状況から家族を抜け出させなければならないのではないか。

と問いかけたピウス十二世の言葉が掲げられている。[55]

こうしたことから、リュッケは、ネル＝ブロイニンクのようなカトリック社会教義の専門的理論家ではないものの、「レルム・ノヴァルム」と「クアドラジェシモ・アンノ」の教えをわかりやすく説明することに意を用いていたピウス十二世のメッセージを通じて、カトリック社会教義の諸原則と住宅に関する基本的な発言に通じていたことがわかる。

こうしたリュッケとカトリック社会教義とのつながりをおさえたうえで、より直接的にリュッケの住宅政策の構想に即して、カトリック社会教義との関連を考察したい。

3 リュッケの住宅政策の理念とカトリック社会教義

所有と持ち家

ＣＤＵの家族住宅創出法案の立案と、第二次住宅建設法におけるその要求の貫徹を主導したリュッケは、持ち家政策への支持を拡大するために小冊子の作成や、講演活動を積極的におこなっていた。これらの小冊子や講演の原稿から彼の政策理念に迫ることができる。ここでは、小冊子におさめられた彼の講演を中心に、リュッケが持ち家政策にどのような意義を与えていたのかをみよう。

リュッケは持ち家政策に、所有政策と家族政策の二つの意義を付与していた。第一に、そのうちの所有政策としての側面をみる。リュッケは、戦争の破壊と被追放民の窮状を、人類史に例をみない財産、所有の破壊であるとしたうえで、「現在の社会秩序において住宅建設がはたすべき第一の機能は、新たな個人財産の創出である」[56]と主張する。第二次住宅建設法も、住宅難の解決とともに、「とくに家族住宅のかたちでの個人財産の形成を通じて、国民の広い層を土地と結び付ける」（第一条第二項）こと、すなわち、住宅建設を通じた幅広い階層の所有形成をその目的としている。

ここで、法律の名称の一部となっている「家族住宅」が、所有形成のかたちを示す重要な概念として登場している。さらに、この「家族住宅」概念により、「所有」と「家族」が結び付けられることになるが、ここでは「家族住宅」が示す所有形成のかたちをみよう。「家族住宅」は、持ち家と小規模住宅を包括する概念とされ（第七条）、この概念を通じて、持ち家と小規模住宅建設の優先が規定された。第二次住宅建設法において、持ち家は「自然人が所有する土地と、二つ以下の住宅を含む一つの住宅建造物からなり、その住宅のうち一つは所有者またはその親族が住むために定められたもの」（第九条第一項）と、小規模住宅は「適切な農場経営部分を備えた住宅建造物と付属の土地から構成され、大きさ、土地の性質、設備の観点で、菜園としての土地の耕作と小規模な動物の飼育による自給によって、居住者の収入に相当な補完を提供するように用いられ、また、それに適している入植地」（第一〇条第一項）と、それぞれ定義されていた。

こうした所有政策としての持ち家政策を支えていたのが、自由で自律的な人格の基盤として所有を位置付けるカトリック社会教義の所有概念であった。リュッケは、「個人の自由と私的所有はつねにわれわれの西洋文化の支柱であり、片方なしの、もう片方は考えられない。それらはともに、真の人格の形成をもたらし保証する」[57]と、人格と所有の結び付きを強調している。こうしたリュッケの所有概念と結び付き、所有政策としての持ち家政策の立論を支えているのが、冷戦体制下での反東側陣営、反社会主義の言説である。具体的には、東側陣営で進行する集団化によってもたらされる、個性の抹消という脅威と、その脅威に対抗する政策の必要性が強調される。リュッケは、「東では個人の自由の抹殺と私的所有の根絶が手と手を携えて進行して」おり、「東からわれわれを脅かす個性の抹消を食い止めることができる」のが、この「真の人格」であると説く[58]。カトリック社会教義の所有概念にとって、東側で進む私的所有の廃止は人格としての人間存在の基盤を脅かすものであり、逆に所有の廃絶により東側で生じている個性の抹消に対抗するには、人格とその基盤たる所有の擁護が不可欠となる。こうしてリュッケは、「新しい財産と国家を担う小所有層の創出により、差し迫った個性の抹消に対抗し、根なし草となった仲間を危機に耐えうるようにし、そうして、われわれの家族を構築する基礎を作り出すこと」[59]を要求した。

家族と持ち家

第二に、リュッケの持ち家政策は家族政策としても位置付けられていた。リュッケは住宅政策の現状を家族の発展の阻害という視点から批判する。「住宅政策全体の考察の中心には、活気ある共同体としての家族が位置しなければならない」にもかかわらず、「今日、われわれが目の当たりにしなければならないのは、家族にふさわしい家のかわりに、……最小住宅が建てられているという憂慮すべき」状況である。そして、この「最小住宅とそれと結び付いた家族の弱体化」が、「最小家族、つまり子どもがいないか、子ども二人までの家族が、しだいにドイツの家族の標準になろうとしている」趨勢を招いている。[60] こうして、リュッケは、社会的住宅建設の開始後も大量に供給された狭く小さな住宅を、家族の発展を阻害し子どもの数の減少をもたらしていると批判し、住宅政策の転換を要求する。すなわち、「可能な限り庭と畑を備えた家族にふさわしい家」[61] が求められる。このように、健全な家族の存続のためという論理によっても、持ち家建設の優先が訴えられた。

第二次住宅建設法では、すでに前項でみたように、持ち家と小規模住宅という促進される所有形成のかたちに、「家族住宅」という名称が与えられていた。これに加えて、同法では、「家族住宅」を通じて「子だくさん家族に対して健全な家庭生活の発展を保証する住宅が、十分な規模で助成されなければならない」(第一条第二項)ことが定められ、さらに、優先的に助成をうける「子だくさん家族」は、「三人またはそれ以上の子どもをもつ家族」(第八条)とされた。

こうしたリュッケの家族に関する主張は、「子だくさん」の称揚と、持ち家建設促進における「所有」と「家族」の関連付け、の二つに整理することができる。まず、カトリシズムにとって、自然に基づく婚姻と神の命じた生殖とによって形成される家族の「子だくさん」は、称揚され実現されるべきことである。しかし、それ以上に、「家族住宅」という概念で所有形成のかたちが示され、所有政策と家族政策が結び付けられていることは、リュッケの政策理念を理解するうえで非常に重要である。前節でみたように、カトリック社会教義において、家族は国家に先行する存在として重要な位置を占め、その家族を守り統治するという父権が負う義務は、所有により履行が保証されるものであった。所有と家族の結び付きは、カトリック社会教義における、この家族の位置付けを反映する重要な意味をもつ。

また、リュッケは、「ヨーロッパは、健全な家族政策に回帰するときのみ存続しうるということが、ソヴィエト・ロシアをひとめ見れば明確になる」[62]とも述べており、家族政策としての持ち家政策も、東側への対抗という文脈でその必要性が訴えられていることが注目される。社会主義は、家族を守り統治するという父権が負う自然法的義務の履行を支える、所有を脅かすものであり、また、社会への国家の全面的介入を進めることで、家族の自然性、すなわち国家先行性を侵すものでもある。カトリック社会教義における家族の位置付けにとって、社会主義はこの二重の意味で対抗すべき脅威であった。

自助と持ち家の建設

リュッケの住宅政策の第三の特徴として、住宅建設に際しての自助の強調を指摘することができる。リュッケは、戸建ての持ち家住宅は、賃貸住宅に比べ建設が割高になるという批判に反論し、菜園と家畜小屋を備えた住宅には、ある程度の自給を可能にすることで「家族を危機に強い」ものにするという意義があり、「国民経済的」にも「優先権が認められなければならない」と主張する[63]。そのうえで、そうした意義ある住宅が費用を抑えて建設され、低所得者も手にすることができるよう、「今まで必要であった以上に、あらゆる可能な形式における自助が活性化され、投入されなければならない」[64]と、施工主自身が建築工程の一部ないし全部を自ら施工することを自助として奨励した。CDU法案も住宅建設のあり方として、個人施工主の自助による家族住宅の建設を想定しており、第二次住宅建設法にも、低所得層に持ち家建設を可能にする方策の一つとして、公的助成金を優先的に受け取るために必要な自己負担分を算出する際に、自助による作業も自己負担分に算入できることが定められた(第三六条)。

さらに、リュッケの構想では、自助には、国家介入の原則を示す意味も託されていた。リュッケは、家族団体を前にした演説で、誰もが「自身の負担能力の枠内で、手でおこなう自助」によって、目的に到達するよう貢献することが求められ、そのあとにはじめて「国家がその援助の手を差し伸べる」と述べている[65]。ここには、まず自助がおこなわれてから国家の介入があるべきというリュッケの原則が示されている。そして、この原則に、カトリシズムにおける自然法から導かれる自助の重視の反映と、そうした自助をそこなう、東側陣営にみられる国家の全面的な管理と統制という扶養国家的発展への警戒をみてとることができる。

リュッケの構想とカトリック社会教義

ここまでみてきたように、リュッケの構想は、持ち家建設を推進する住宅政策に、所有政策と家族政策としての意義を付与し、住宅の建設に際しては自助を強調するものであった。所有政策としての構想は、人格としての人間存在の基盤として所有を位置付けるカトリック社会教義の所有概念が背景にあり、東側で進行する所有の廃絶と個性の抹殺に対抗しうる所有と人格を形成するものであった。家族政策としての構想は、所有形成のかたちを示す「家族住宅」概念によって所有政策と結び付けられた。この両者の結合は、家族を守り統治するという父権が負う自然法的義務は所有によって履行が保証されるという、カトリック社会教義の家族観を反映するものである。また、自助の強調は、低所得層にも家族住宅建設を可能にするという実践的な意味に加え、国家の介入の前に自助があるべきという国家介入についての原則を反映していた。

これらの理念は、社会主義に対抗する独自の社会改革の模索というカトリック社会教義の基本的性格に従い、冷戦体制下の東側への対抗という文脈に埋め込まれて語られていた。東側陣営での所有の廃絶は、自律的な人格や家族の存在の基盤を奪うものであり、また、全面的な統制という国家介入は、国家先行的な家族の位置付けと自助の意義を脅かすものであり、それぞれに対し対抗する言説が展開された。

この社会主義への対抗という側面は、現実の政治状況と結び付いて、より前面にでることもあった。例えば、一九五四年一月に連邦議会本会議第一読会でリュッケがＣＤＵ法案の趣旨説明をおこなった際には、前年の五三年に東ベルリンで起きた六月十七日事件を引き合いに出しつつ、東側の集団主義に対抗する所有の意義を訴えていた。そこでは、国民はもはや所有を望んでいないと主張する批判者の意見を取り上げたうえで、「この批判者に対して、長期的に何らかのかたちで財産に基づいている時だけ個人の自由は可能になる、ということを何度も何度も繰り返していわねばならない」として、

> ボルシェヴィズムは、その支配を確立するために、どこにおいてもまず個々人のもつ個人財産を根絶しなければならなかったということが、よりにもよってドイツにおいて忘れられてしまったのだろうか。六月十七日に東ドイツで蜂起した労働者が国営商店を打ち壊したことを忘れてしまったのか。あの労働者たちが、「私有財産」という言葉を掲げた商店を無傷のままにした、ささやかだが刺激的な光景に言及せずにはいられない。われわれの家族に所有の喜びを呼びさまし促進しなければ、東からわれわれを脅かしてくるこの集団主義体制に対し、長期的かつ効果的に立ち向かうことはできないだろう。

と述べていた[66]。このように、社会主義への対抗が求められる具体的な政治状況を強調することで、自由な人格の基盤としての所有の意義が、より鮮明に打ち出されることになった。

ただ、こうした反東側陣営の言説は、これだけを取り出してみた場合、リュッケにとっては、東西対立の時代状況に要請される社会主義への対抗が先にあり、ここまでみてきたカトリシズムの議論はそのためのレトリックとして利用されただけ、という解釈も成り立つかもしれない。しかし、すでにみたように、リュッケはカトリックの世界観との結び付きのなかで住宅に関心を寄せ、また、家族住宅創出法案の立案もカトリックの知識人や実践家とともにおこなわれて

おり、リュッケの住宅政策の構想とカトリシズムとの結び付きは内実のあるものであって、そうしたとらえ方は妥当ではない。

4 カトリック知識人および実践家の住宅に関する議論

アルテンベルク集会とコンセンサスの形成

第一次住宅建設法による社会的住宅建設の開始後、カトリックの政治家、知識人および実践家のあいだで、住宅政策の方向性がはっきりと打ち出されたのが、カトリック教徒大会の「婚姻と家族」グループによって組織され、首相アデナウアーも出席して開催された一九五一年のアルテンベルク集会であった。ケルン近郊のアルテンベルク大聖堂が建つ小村で開催されたことから、この名前で呼ばれている。この集会で、リュッケは住宅建設の現状について報告し、「賃貸住宅建設を通じて、ドイツにおいていまだかつてなかった規模で集団主義が発展している」ことを警告し、「泡沫会社乱立時代のあの不幸な自由主義的所有概念から賃貸兵舎の国が生み出された」が、「今では、新しいより大きな集団主義へとたどり着こうとしている」ことに対し「カトリックの民は態度を明らかにしなければならない」と述べ、賃貸住宅建設に対する対抗を訴えた。[67] さらに、ヴュルツブルク司教デフナーが、「家族の番人としての教会」と題した講演をおこない、「今日、家族は根無し草になったままである。工業化された時代は多くの家族を土、郷土そして財産から引き離し、……健全な家族が成長することができないぞっとする住宅難のなかに追いやった」と述べて、家族の観点から住宅問題を取り上げた。そして、「自分の土地によってもたらされる安定性によって、家族から実り豊かな社会の細胞が作り出され、家族の持続的な結束によって、現在と未来の両性がみごとに結び付けられると主張することは、『レルム・ノヴァルム』の意向にそうものである」という、リュッケが「家族のための持ち家、家族のための土地」と題したメモに引いたピウス十二世の四一年の聖霊降臨祭メッセージの言葉を引用して、「家族の力強い根源」として持ち家の建設を求めた[68]。

これらの議論を踏まえたうえで、集会の締めくくりにおこなわれたアデナウアーの講演で、「家族という概念には、家族住宅への所有権も含まれる。それゆえ持ち家の創出は、国家の住宅政策と家族政策の、社会的にもっとも意義ある、もっとも助成にふさわしい目的として、認知されなければならない」ことが、そしてまた、「財産のない者が、貯蓄と、自助と、公的助成金を通じて持ち家を手にし、そうして、プロレタリア化……から逃れなければならない」ことが確認された[69]。ここには、すでに、「家族住宅」としての持ち家の要求、自助の強調という論点が提示され、さらに、財産形成により労働者問題の解決をめざすというカトリック社会教義のより全体的な社会改革の基本方針が反映されている。すでに述べた一九五二年から五三年にかけてのリュッケの法案の起草は、この精神に従い、集会に参加したカトリックの知識人と実践家とともに進められたものであった。

実際に、一九五四年一月にCDU法案が連邦議会本会議での第一読会を終えたあと、同年三月に開かれた各地のカトリックの入植団体が集まった集会の講演で「家族住宅法の歴史」が回顧された際には、「家族住宅法案の基本思想は、すでに一九五一年にアルテンベルク集会によって詳述され確認されたものである。……このアルテンベルクの基本思想が、一九五二年の晩夏に法案化されたのだ」と述べられており、カトリックの実践家たちには、アルテンベルク集会においてカトリックの政治家、知識人、実践家のあいだに住宅政策の方向性についてのコンセンサスが形成され、その精神に従ってCDU法案が立案されたと理解されていた[70]。

所有と自助

所有と自律的な人格との結び付きは、回勅「レルム・ノヴァルム」で明示されたのちも、カトリックの知識人によって繰り返し強調された論点であった。[71]このことは、住宅に関する議論にもあてはまる。とくに、自助による住宅建設の実践の場では、人格の基盤となる所有の意義が、自助の理念と結び付き、自助によって持ち家を建設することが、回勅の理念を現実化することになるという理解が生まれていた。こうした議論は、リュッケを中心とする法案起草に参加したエーレンの言説と活動から知ることができる。

エーレンは持ち家と小規模住宅の建設推進を訴える論稿で、第二次世界大戦後、住宅建設を始めた神父の活動を紹介し、その活動を、自助による住宅建設を通じて回勅の理念を現実化するものと位置付けている。

戦争が終わって以来、この神父〔タイス神父〕は、人びとをカリタス協会に集め、回勅についてじっくりと語り、回勅の社会政策上の理念を実践において実現する道を探した。……そして今、タイス神父は、教区民に力を貸して、健全な生活の基盤であるだけでなく、司牧と人格の自由の基盤でもある自分の家を獲得させてやりたいと望んでいる。……タイス神父は、急場しのぎの解決策はおこなわない。なぜなら、彼は、賃貸住宅、とくに賃貸兵舎は人間の個性の消失の象徴であるばかりか、そこへといたる道であることを知っているからである。それに対して、人格の象徴でありその発展の前提であるのが、大きな庭を備えた戸建ての一家族用の家である。これが、回勅が語ったところの労働者の小さな財産である。[72]

このように、個性の消失の象徴とされた賃貸住宅と対比されて、持ち家は人格の象徴とされた。そして、リュッケが訴えていたのと同様に、持ち家は自由な人格の基盤とされ、その持ち家こそが回勅が求めた財産であると論じられた。さらに、その「回勅が語ったところの労働者の小さな財産」たる持ち家を、自助の住宅建設を通じて建設することが、「回勅の社会政策上の理念を実践において実現する」ことであると考えられたのである。

この住宅建設における所有と自助といったテーマは、すでにカトリック教徒大会でも取り上げられていた。例えば、一九四九年ボーフム・カトリック教徒大会では、法案起草グループのひとり、ノインデルファーが、このテーマに焦点を絞った講演をおこなっている。十九世紀以来の工業化の過程で生み出された貧困層に、「破壊された都市からの数百万の疎開者、戦争に扶養者を奪われた子どもをかかえる数十万の身寄りのない女性たち、数百万の故郷を追われた被追放民」が加わり、「四占領地区の六五〇〇万のドイツ人のうちに、一五〇〇万人の根なし草」が暮らしている。こうした状況認識のもと、「破壊された労働と所有と存在の条件のあいだの自然な連関を新たに作り出す」ことが求められた。[73] その際に重視されたのが建築費用圧縮を越える自助のもつ意義である。すなわち、「われわれが自助と近隣間の援助を必要とするのは、建築資金が不足しているからだけでなく、そこに、自らの存在を自ら築き上げるようとする入植者の意志があらわれているからである。自助、すなわち所有への意志は、運命を自ら引き受ける者と、ただ国家に要求すればいいと思う者のあいだの自然な分離を生み出す[74]」。この講演は、カトリック教会による入植支援事業を統括するカトリック入植協会の会報で取り上げられ、「所有への意志」と位置付けられた自助がカトリックの実践家や入植者に広く訴えられた。[75]

「家族」という考え方

所有や自助と並ぶ論点である、カトリック社会教義の家族観も、カトリックの知識人や実践家とともに、住宅政策に反映させる努力が進められていた。まず、カトリック知識人や実践家の言説に目を向けると、エーレンは、女性の本来の役割を主婦および母親とする女性観を繰り返し表明するとともに、子だくさんを称揚していた。[76] また、法案起草グループのひとりであるネル＝ブロイニンクは、所有のもつ家族政策上の意義について、「どの時代も、家族と所有は一体のものである。家族を望む者は、所有を望まなければならない」と、父権の義務の履行は所有によって保証されるという、カトリック社会教義の議論にそって所有と家族の結び付きを強調し、さらに、この主張について、これは「こうした連関を歪ませるだけであるブルジョア的あるいは資本主義的時代の特徴などではなく、あらゆる地域、あらゆる時代の人間の経験である」と述べ、カトリック社会教義のもつ自由主義とも社会主義とも一線を画す社会論としての方向性に基づき、資本主義的所有を擁護するための主張ではなく、自然法的観点からの普遍的な原則であることを強調していた。[77]

さらに、ネル＝ブロイニンクは、別のところで父権的家族について論じ、「家が父親に属しており、屋根と住まいを提供してくれているのは父親であると意識することは、子どもたちにとって印象的で、彼らに父親の権威を意義深く眼前に示すのに適し、そうして、父親の権威と家族の結束を強めるのにふさわしい」[78]と述べ、カトリック社会教義で家族を統治し外的権力から家族の自然性を保護するとされた父権について、持ち家により、その権威が子どもたちに明確に示され、それによって家族の結束が強められるという意義を強調していた。

ここまでみたように家族という論点では、父権の義務の履行を担保する所有と結び付いて持ち家住宅の意義が強調されるが、それに加えて、家族のための持ち家住宅が、集合住宅のなかの一戸ではなく、戸建て住宅でなければならない理由もまた、このカトリシズムの家族観に基づいて根拠づけられていた。国内植民促進協会の理事長を務め、一九五三年から第二次アデナウアー内閣で食料・農業担当大臣を務めたリュプケが、四九年のボーフム・カトリック教徒大会でおこなった「入植の意義」と題する講演では、回勅「レルム・ノヴァルム」が引かれ、家族を健全に保つためには外界から遮蔽された、家族のための自由な空間が必要であるとし、そのための菜園と家畜小屋を備えた入植地の重要性が強調された。[79]入植地や土と結び付いた住宅は、外界から遮蔽された空間を提供し、父権が外部の権力から家族の自然性を守り統治するという、カトリシズムの家父長主義的家族観を現実化する空間としての意義をもっていたのである。

さらに、住宅についての議論における家族という論点の広がりをとらえるには、家族政策にかかわる団体や省庁と、そのなかでの人的なネットワークにも目を向ける必要がある。まず一九五三年にカトリック家族連盟が設立され、同連盟は、「回勅とその他の教皇による声明に表現された重要な家族政策上の原則に従って、カトリック信徒のなかに、父親と母親の包括的な課題についての理解を呼びさます」[80]ために尽力することを任務とした。その後、第二次住宅建設法の制定に向けた議論がたかまるのと軌を一にして、リュッケが連盟の理事に就任することになる。[81]また、同じ年には連邦家族省が設置され、CDUのカトリック政治家ヴュルメリンクが担当大臣に就任した。[82]ヴュルメリンクによって同年七月ケルンで発表された家族政策プログラムでは、持ち家建設の助成が掲げられていた。その後、第二次住宅建設法成立を目前にした五六年六月十五日におこなわれた演説では、持ち家建設の推進に向けて進展がみられたことが、このケルン・プログラムの成果の一つとしてあげられた。[83]さらに六一年三月十二日のバンベルクでのドイツ・カトリック家族連盟の集会で、ヴュルメリンクは、連邦家族省が設置されてからの立法期間、二期八年を回顧しながらその業績を総括した際にも、家族に公正な賃金、児童手当、婚姻の保護といったテーマと並んで、家族住宅の優先的な助成を取り上げ、第二次住宅建設法によって、原則的にすべての階層にとって集団的な賃貸住宅に対する持ち家の優先が保証されたことを家族政策の大きな成果の一つに位置付けていた。[84]

この連邦家族省の学術顧問には、リュッケとともにCDU法案を起草したメンバーで、家族住宅建設の助成を優先的に受けるために必要な自己負担の条件を、所得と家族の大きさを基準として世帯の一人当り所得によって段階付ける案を作成したノインデルファーが名を連ねていた。さらに、このほかにも、カトリック社会教義の理論家で、のちにケルン大司教となるヘフナーも顧問を務めている。[85]一九五四年には、この顧問会議でリュッケが講演をおこない、審議中の第二次住宅建設法について、「家族は財産を所有するべきである」と持ち家政策への支持を訴え、その結果、家族住宅としての持ち家建設を推進する意見書がまとめられていた。[86]

このように、CDUの住宅政策は、家族政策の分野で影響力のあるカトリックの聖職者や知識人と連携しつつ、その実現に向けた努力が重ねられていた。もっとも、こうした人的なネットワークの結び付きについて、住宅政策のために家族政策の専門家や家族団体が協力したというような一方向的な関係をみるだけでは不十分である。むしろ、両者の関係が示しているのは、連邦住宅建設省や連邦家族省といった政策領域の制度化の枠組みを越え、住宅というテーマと家族というテーマが有機的に結びついて一つの全体を形成するような、そうしたカトリシズムの世界観の特徴である。すなわち、カトリシズムの世界観のなかでは、住宅のあり方と家族のあり方は一体のものとして、総体的にとらえられていたことを、この結び付きから読み取ることができるだろう。

ここまでの検討から、同時代のカトリシズムの議論に即してつぎの二つの点を指摘することができる。まず、前節の考察でみえてきたリュッケの構想にあらわれていたカトリック社会教義の諸原則は、カトリックの知識人や実践家によっても議論されており、リュッケの構想は同時代のカトリシズムの議論に支えられたものであった。さらに、リュッケというひとりの人物だけでなく、複数の人物の議論をまとめてみることで、所有、家族、自助という三つの論点が、互いに結び付けられて論じられているさまを明らかにすることができた。住宅政策と家族政策の人的なネットワークに加え、所有の論点と家族の論点、住宅のあり方と家族のあり方が総体的にとらえられていたことは、こうした結び付きを端的に反映したものである。理想とする住宅が「家族住宅」という概念で表現され、その建設が推進された背景を、こうした角度からも理解することができよう。また、他の論点についても、所有と自助が結び付けられ、実践の現場に影響を与えていた。

5　カトリック教会の住宅建設支援事業

住宅建設事業と入植事業

ここまで、ＣＤＵの住宅政策の理念がカトリック社会教義の諸原則に基づくものであることを、リュッケの周囲の知識人と実践家の議論を中心にみてきた。本章の最後に、カトリック社会教義を育んできた教会についても考察したい。教会による住宅建設と入植の支援事業の中心に位置したのが、リュッケを支えたカトリックの知識人と実践家のグループのひとりヴォスニツァが理事長を務める、カトリック入植協会であった。

まず、カトリック信徒による住宅建設事業と入植事業の歴史を振り返っておこう。そうした動きは、一八九一年の回勅「レルム・ノヴァルム」の影響のもとで開始され、階級闘争ではなく無産者のための財産形成の促進によって脱プロレタリア化が達成されるというヴィジョン、さらに、そのなかで語られた「その上に家族が住み、その実りによって全部にせよ部分的にせよ生計を立てる一片の土地よりも自然に即した財産はない」という回勅のメッセージが駆動力となった。九八年には、カトリック労働運動の提案を受けて、ミュンヘンで最初の住宅建設協同組合が設立され、その後も、コルピング協会のカトリック労働者を中心に住宅建設協会や住宅建設協同組合が組織された。第一次世界大戦後には、こうした事業はさらに拡大し、ベルリン、ラインラント、シュトゥットガルト、フライブルクなどで住宅建設や入植の事業が展開された。さらに、東部の農村への入植事業も進められ、メクレンブルクや東プロイセン、シュレジエンの農村への入植もおこなわれた。[87]

こうした住宅建設事業と入植事業の拡大によって、これらの事業のあいだの調整をおこなう組織が必要になり、一九二六年には住宅建設と入植を進めるカトリック諸団体の作業共同体が設置され、さらに三〇年には、ドイツ司教会議が、すべての事業を新たに設置する組織のもとで統括することを決定し、そのための組織としてカトリック入植協会が設立された。しかし、その後のナチ体制下においては、住宅建設事業と入植事業の多くは解散を余儀なくされ、四一年五月にはベルリンのカトリック入植協会本部を差し押さえられ活動停止に追い込まれることになった。[88]

第二次世界大戦後には、一九四七年に、ドイツ司教会議の入植問題担当司教カラーによりカトリック入植協会の再建が決定された。[89] このカラーは、東プロイセンのエルムラント(現ポーランドのヴァルミア)司教として、戦間期には東部への入植事業で主導的な役割をはたし、戦後西ドイツへと追放されたのちには、教皇ピウス十二世により被追放民問題の担当司教に任命された人物であった[90]。被追放民への対応について、カトリック教会は、宗派ごと、出身地ごとに、まとまって新たな移住先に定住させることを企図していたが(第一章)、これを可能にするための住宅建設を支援することも、カトリック入植協会の課題となった[91]。

しかし、この決定の直後に担当司教のカラーは急死し、再建のための準備は、後任の入植問題担当司教となったアーヘン司教ファン・デア・フェルデンによって進められた。一九四九年に社団登記された協会として再建され、これにともない、シュレジエンのカトヴィッツ司教区で戦後復興問題を担当していた経験をかわれたヴォスニツァが、協会の理事長に任命された。翌年には、カトリック入植協会は本格的に活動を再開するとともに、連邦政府の住宅政策に影響を与えるうえで有利な立地を求め、本部をケルンに定めることになった[92]。

この間、すでに第二次世界大戦の終結直後から、各地の教区において、教区司祭の指導のもと、瓦礫の片付けと新たな住まいの設営の努力が開始されていた。さらに、住宅不足が危機的な状況にあるなかで、住宅問題への取り組みを求めるさまざまな司教教書が発せられ、そのなかでも、「今日、住宅の建設は大聖堂の建設である。住宅への配慮は魂への配慮であり、司教の切実な関心事である[93]」と述べたヴュルツブルク司教デフナーの言葉が、住宅問題に関心を寄せるカトリックの信徒や団体によって頻繁に引用された。これらの司教教書は、各地の教会に対して、所有する土地の提供、公益的住宅企業を設立するための資金の提供、また、資金の足りない個人施工主や入植者を支援するための基金の設置などを求めた[94]。

こうした各地の教会の努力により、一九四七年の終わりから翌年の初頭には、すべての司教区で住宅建設と入植を支援する事業が開始され、おもに以下の三点がこれらの事業の任務となった。第一に、入植と住宅建設の「指導」の役割を引き受け、個人施工主や入植者の委託を受けて、建設計画の立案、技術的な監督、資金調達の管理をおこなうこと。

また、州に対して公正な建設資金の提供を要求すること。第二に、自助による住宅建設や入植事業の宣伝をおこなうとともに、募金集会を開催し、集まった資金を建設貸付金として資金の足りない施工主や入植者に提供すること。第三に、自助で作業をおこなうグループの組織化を助け、作業のための講習をおこなうとともに、相互の助け合いを促進すること。さらに、五三年以降には、第二次世界大戦前におこなわれていた農業入植事業が再開され入植希望者への農場の紹介がおこなわれた。その際に、この事業の支援対象として大きな意味をもったのが農業に従事していた被追放民であった。これらの教会による支援事業は、各司教区が技術面や資金面での支援を担当したのに対し、それを統括するカトリック入植協会は、支援事業に関する情報の交換と、行政や立法、公衆への働きかけを担当し、さらに、教会による支援事業の理念上の方向性を示すことを任務とした[95]。以上のような、カトリック教会の支援事業によって、五五年までに、八万五〇〇〇戸の住宅が新たに建設された。そのうちの七八%が持ち家ないし小規模住宅のかたちで建設され、入植者のおよそ三〇%が被追放民であった[96]。

カトリック教徒大会記念入植地の建設

こうした司教区単位の支援事業と並んで重要な役割をはたしたのが、カトリック教徒大会記念入植地の建設であった。これは、一九四九年のボーフムでのドイツ・カトリック教徒大会で始められ、その後も、カトリック教徒大会ごとに記念入植地が建設された。

まず、一九四九年ボーフム大会で、リュッケにも大きな影響を与えた指導的実践家であるエーレンの提案に基づき、カトリック教徒大会を記念する入植集落建設のための募金活動がおこなわれた[97]。聖職者やこの計画の賛同者が、「入植は社会問題解決の鍵」と書かれた小さな家のかたちをした募金箱を首からぶらさげて、大会のさまざまな集会を回り、大会参加者から寄付を募ったのである。ここで集められた寄付金を資金として、カトリック教徒大会記念入植地が建設

図5　教会の支援事業で建設された住宅とその集落
出典：Franz Wosnitza, Gestalt und Leistung Katholischer Siedlungsarbeit, in: *Die Volksheimstätte*, 9/1956, S. 4.

された。大会期間中の最大の集会では、ケルン大司教や各地の司教、さらに首相アデナウアーもこの募金箱をさげて募金活動をおこない、こうした活動はメディアを通じて報道され、住宅建設や入植のための資金や土地の提供に対する関心が喚起された。[98]

このカトリック教徒大会記念入植地の建設の意義は、それがもつ象徴としての力にあった。すなわち、演説や講演のように消えてなくなってしまうことなく、信徒の寄付によって建設された記念入植地によって、カトリシズムの理念を長期にわたって目にみえるかたちで示し続けることができるのである。[99]

ボーフム大会の記念入植地で建設されたのは、庭と家畜小屋を備えた二戸建て一棟の住宅で、地階に三部屋、屋根裏に二部屋または三部屋が設けられ、入植者の自助によって建設された。入植地は郊外のボーフム・ハーペンに求められた。まず教区から土地が譲渡され、その後、市行政の援助を受けてその土地を交換あるいは売却することで建設用地を拡大した。最初の四〇戸が完成し入居が始まると、パーダーボルン大司教イェーガーが出席して聖別式がおこなわれた。[100] さらに、記念入植地の建設は、ボーフムとその隣接地域において新しい自助による住宅建設の実践グループや入植者共同体が組織されるきっかけとなり、「適切な父の家は、解約可能な賃貸住宅ではなく、自分の土地の上の家族住宅でしかありえないということを、何千もの人びとに確信させた」と宣伝された。[101]

また、一九五四年フルダ大会では、記念入植地としてフルダから北北東に五〇キロほど離れた東西ドイツの国境に近いヴァルトカッペルにボニファティウス集落が建設された。ボニファティウスは「ドイツ人の使徒」とも呼ばれ、ドイツ人にとって守護聖人という重要な意味があった。すでに、フルダ大会の開催に合わせ同地で各地のカトリック入植組織を集めた集会が開かれ、その際に、ボニファティウス殉教一二〇〇年を記念して、一二一〇年前にフルダ修道院が設立されたのと同じ日に、子だくさん家族向けの持ち家の建設と、ボニファティウスによるフルダ修道院の建設とを重ね合わせて、住宅建設の鍬入れの行事がおこなわれていた。[102] このヴァルトカッペルの記念入植地には、募金活動と集落の建設が「建築修道会」によって担われたという特徴がある。建築修道会は、ファン・シュトラーテン神父が五二年にカトリック青年に対し住宅不足との戦いを呼びかけたことを契機に組織されたもので、翌春には、ミュンスターに被追放民の入植を援助する最初のグループが派遣され無報酬で作業をおこなった。この建築修道会の特徴は、ドイツ、オーストリア、ベルギー、フランスなどのヨーロッパ各国出身の若い建築職人から構成されているという国際性にあった。[103] このヴァルトカッペルの記念入植地に関して、他の記念入植地は開催都市の近郊に建設されたにもかかわらず、また、フルダにはボニファティウスとの結び付きがあり、司教会議が開催される都市という象徴的意味があるにもかかわらず、五〇キロ離れた旧東ドイツとの国境に近い小都市に記念入植地が建設されたこと、さらに、その入植地の建設がカトリックの国際的な広がりを背景とした組織によって担われたということは注目すべき特徴であろう。ここに、コミンフォルムにみられるような同時代の東側での国際的な広がりに対し、カトリックの国際的広がりを対置する意図を読みとることができるように思われる。

そして、一九五六年ケルン大会では、ケルン郊外に田園都市ケルン・ノルトが建設された。ケルン大会では、これまでの記念入植地を上回る大規模な集落となった。これは、ケルン大会が「今日、どこで教会の姿は目にみえるか」というテーマで開催されたのに合わせて、教会の入植事業の展示が計画され、さらに、記念入植地もより目につくかたちで建設されることが決定されたためである。[104] この記念入植地への入居希望者については、いくつかの史料が残されている。入居希望者は、ごく少数のプロテスタントとの異宗派婚の者を除き、ほぼカトリック信徒であった。出身地別ではおよそ八割をケルン周辺の地元のカトリック信徒が占め、残りの二割は被追放民である。職業については、大学教育を受けた医師や教師などはごく少数で、大半を職人、手工業者、職員ないし官吏といった中間層が占めるという特徴があり、さらに、家族状況については、子ども三人以上の子だくさん家族が半数近くを占めていた。[105] この後、記念入植地は、三つの工期にわけて建設が進められ、五八年九月の時点で完成した住宅は四八七戸で、入居者は計三〇三八人であった。そのうち一七一七人が子どもで、全体の半数以上を占め、子だくさん家族用の持ち家建設が中心となった。[106]

それでは、ここまでみてきた、カトリック入植協会に統括された司教区単位の支援事業と、カトリック教徒大会の記念入植地の建設といった実践は、どのような理念に基づいて進められたのだろうか。まず、入植と住宅建設に対するカトリック教会の支援事業において、もっとも価値のある住宅の形態は、持ち家と小規模住宅であると認識されていた。さらに、第二次世界大戦による未曾有の破壊からの復興のなかに、カトリシズムの理念を現実化する機会が見出されていた。そして、そのカトリシズムの理念は、すでに世紀転換期のカトリック信徒による住宅建設事業と入植事業の始まりがそうであったように、回勅「レルム・ノヴァルム」以来のカトリック社会教義に即したものであった。

これを示すのが、ケルン大司教フリングスが一九五四年二月二十八日に入植のための寄付を呼びかけた司教教書である。このなかで、フリングスは、「復興の負担と同時に、われわれの家と住居によって、また、そのなかにおいて、新しい健全な社会秩序を打ち立てるまたとない一度限りの機会が提供された。すべての人間生活と共同体の出発点は、異論の余地なく、家族である。家族が精神的に健全であるならば、教会と国家における公的生活もまた健全になる」と述べ、戦後復興のなかの住宅建設をカトリシズムの理念を現実化する機会としてとらえていた。より具体的には、「われわれは、キリスト者としての良心から、復興とともに家族の健全化の基盤が築かれるように配慮しなければならない。この目的に第一に資するのが、財産を創出することと、土地へ根付かせることである」として、健全な社会秩序の礎と考えられた家族のための住宅建設の支援を求めた。[107]

さらに、カトリック入植協会の第二次世界大戦後一〇年間の業績を回顧する記念刊行物は、「われわれは、入植事業を小規模住宅と持ち家の創出と理解している。われわれにとって重要なのは、所有された家族住宅である。この家族のための持ち家の意義を模範として示しているのが、教皇ピウス十二世が回勅「レルム・ノヴァルム」五〇周年を記念して一九四一年に述べた以下の言葉である」[108]とし、小規模住宅と持ち家の建設がその事業の中心であることを明言するとともに、この事業の理念をあらわすものとしてピウス十二世の「レルム・ノヴァルム」五〇周年のメッセージを掲げた。このつづきで引用されたのは、リュッケがカトリック社会教義についてまとめたメモ「家族のための持ち家、家族のための土地」のなかで引用されたのと同じ文言である。すなわち、

> 「レルム・ノヴァルム」の教えによれば、私有財産に含まれるあらゆる財のなかで、その上に家族が住み、その実りによって全部にせよ部分的にせよ生計を立てる一片の土地よりも自然に即した財産はない。みずからの土地によってもたらされる安定性によって、家族から実り豊かな社会の細胞が作り出され、家族の持続的な結束によって、現在と未来の両性がみごとに結び付けられると主張することは、「レルム・ノヴァルム」の意向にそうものである。

とし、さらに、「今日、「生活圏」の創出が社会政策の思考と計画の中心に位置するのならば、何よりもまずこの家族の生活圏を考えなければならないのではないか。自分の家と竈がまったく意識されない状況から家族を抜け出させなければならないのではないか」と問いかけたピウス十二世の言葉である。ここから、「レルム・ノヴァルム」とその五〇周年のメッセージが、カトリック・ミリューのなかで規範的な意味をもつテクストとなっており、それを共有することで

ミリューが機能していたことを読み取ることができる。このように、カトリック教会の支援事業は、「レルム・ノヴァルム」以来のカトリック社会教義によって支えられており、ＣＤＵの住宅政策を支える理念と連続的なものであった。

第五章　カトリック・ミリューにおける住宅建設の実践

これまで、ＣＤＵの住宅政策を主導した政治家リュッケの政策構想と、リュッケを支えたカトリックの知識人および実践家の議論を取り上げて、ＣＤＵの住宅政策がカトリック社会教義に支えられていることを明らかにした。さらに、カトリック社会教義を育んできた教会についても検討した。それでは、実際におこなわれたカトリックの一般信徒による住宅建設の実践はどのような理念に立脚していたのだろうか。ここでは、カトリック・ミリューにおける実践について、その具体的な姿を明らかにするとともに、実践を支えた理念とカトリック社会教義との関係に迫りたい。

そのために、入植と住宅建設の指導的実践家であるエーレンに注目する。エーレンは、ＣＤＵ法案の立案に加わるとともに、その実践はリュッケに大きな影響を与え、さらに、カトリック・ミリューにおいてモデルとして広く認知されていた。このように、ＣＤＵの住宅政策の立案とカトリック・ミリューにおける住宅建設の実践の双方に大きな役割をはたしたエーレンは、ここでの考察に多くの示唆を与えてくれるはずである。

1　エーレンとドイツ入植者会

エーレンとリュッケ

カトリックの住宅建設の実践家エーレンは、CDUの住宅政策を主導したリュッケと深い親交があり、その住宅政策の構想にも影響を与えていた。[1]まず、すでに述べたように、エーレンは、一九五二年秋から進められたリュッケを中心としたCDUの家族住宅創出法案の起草者のひとりであった。さらに、四七年、まだエンゲルスキルヘンの行政長であった頃にリュッケはエーレンと出会い、その自助による住宅建設の実践に魅了され、実際に自助による住宅建設を実践していた。エーレンとの出会いと、自助による住宅建設を成功に導いた自治体行政の経験は、のちにリュッケがCDUの住宅政策の内容を形作るうえで重要な参照点となった。[2]カトリックの政治家、聖職者、知識人、実践家が一堂に会し、住宅問題についてのカトリシズムの基本方針が話し合われた五一年のアルテンベルク集会での講演で、リュッケは、エーレンの名前をあげて、「瓦礫の山のなかで復興を始め、入植のなかに社会問題を解決する鍵があるという命題をたてた、あの入植者の父の傑出した先駆的な事業」[3]と、その実践を称えていた。

リュッケは、そもそも政治家になる際にもエーレンの助言を求めていた。CDU地域支部から連邦議会選挙に立候補するよう提案を受けると、受諾して立候補するべきかエーレンに相談したのである。[4]さらに、連邦議会議員に当選したのち、リュッケが希望していた住宅政策を担当する復興・住宅制度委員会の委員長に就任すると、エーレンは「もっとも重要な委員会の委員長になった」[5]と祝辞を送るとともに、講演などを通じて、リュッケの議会での活動を支援する準備ができていることを述べていた。[6]リュッケもエーレンを「この分野における、もっとも偉大な、そしてもっとも経験豊かな専門家のひとり」[7]と呼び、別の書簡でも「もし私に、あなたと、……ダマシュケの経験があれば、ここボンでの仕事のいくつかをより簡単に進められただろうに」[8]と書くなど、深い信頼を寄せ、多くの助言を求めていた。また、リュッケから「入植者の父」と呼ばれたように、エーレンの実践は、多くの入植グループからモデルとみなされ、エーレンもまたそうしたグループを組織し、自らの経験に基づいた住宅建設の実践方法を広めることを試みた。[9]

リュッケに大きな感銘を与えたエーレンの自助による住宅建設の実践は、リュッケの故郷オーバー・ベルクにほど近いニーダー・ベルク地方のフェルバートを舞台に、すでに戦間期に開始されていた。この事業が開始される契機となったのが、失業者対策として失業者の入植を助成し、都市郊外での小規模住宅の建設を推進した一九三一年のブリューニング内閣の第三次大統領緊急令であった(第三章第三節)。フェルバート市でも郊外入植者による作業共同体が生まれ、郊外のランゲンホルストに市から未開拓地の提供を受けると、同地への入植をおこなった。教師としてフェルバートに赴任していたエーレンは、この作業共同体を指導し、社団登記して法的な基盤を固めるとともに、一〇〇人ほどの入植希望者とともに広範な自助の投入によって、まず二〇戸の小規模住宅を建設した。その後、第二次世界大戦によって作業が困難になるまで、さらに九〇戸の小規模住宅を完成させた。[10]

戦争が終結し米軍により新たな市長が任命されると、一九四五年五月末にはランゲンホルストでの入植者共同体の作業を再開した。市からさらに土地の提供を受け、まず四〇戸の住宅が建設された。通貨改革後、さらに多くの住宅が建設され、五二年までに九〇戸が、五三年と五四年にそれぞれ四〇戸が完成した。[11] こうして第二次世界大戦後に住宅建設が進んだことで、ランゲンホルストは一つの村にまで成長し、五五年には小さな教会が建立された。[12]

入植者の組織化

こうした実践の進展によって、エーレンは、一九五一年に連邦住宅建設省から「入植と住宅建設における自助」に関する研究報告を委託された。この報告の作成に際して、リュッケは「家賃奴隷制に対する、また、巨大な公益的住宅企

図6　ランゲンホルストの集落

出典：Barbara Wolandt/Gerd Wolandt, *Nikolaus Ehlen*, Velbert, 1986, S. 34.

業連合会の賃貸兵舎政策の悪に対する告発」の機会として、「入植と持ち家建設における実践上また理念上の経験を強く打ち出す」ことを勧めていた。[13] こうした背景から、連邦住宅建設省に提出された報告書は、住宅政策に自助による住宅建設の重要性が反映されることを期待して、入植者共同体の活動をまとめたものと考えられる。そのなかで、エーレンは、自助による住宅建設によって、国民経済的に重要な価値の創出がおこなわれていることを強調し、自助による入植を奨励し促進するため、模範となる入植地を広い範囲で建設することを提案している。ここで、より具体的に、報告で取り上げられたランゲンホルストをモデルとした七つの入植者共同体の実践の姿をみると、合計で二八〇戸が建設され、そのうち、配管や外壁のしっくい塗り、窓や戸、階段などの複雑な構造部分は、専門の職人か住宅建設会社に施工が依頼されたものの、それ以外の部分は自助によって建築された。こうすることで、これらの住宅の建設のために合計で二九四万マルクの自己負担が入植者に求められたが、そのうちの二二〇万五〇〇〇マルク、全体の七五％に相当する分が入植者の自助の作業によってまかなわれた。エーレンは、この実績を「現代における積極的で人間的な庶民の記念碑」と称賛し、自助による住宅建設の意義を強調した。[14]

さらに、報告書による紹介にとどまらず、ランゲンホルストの集落を、多くの人びとが直接、視察に訪れるようになった。一九五九年に刊行されたこの集落の記念刊行物が、

視察の列は途切れることなく、連邦共和国のあらゆる地域から、つぎからつぎへと押し寄せた。無名の入植者だけでなく、市の建設参事官や市議会事務総長、市長や郡長、さらに大臣や司教まで訪れた。ケルンの大司教、アーヘン、ミュンスター、ヒルデスハイムの司教。こうした人びとがみなランゲンホルストにやってくることで、この事業が全国に、また国境を越えて強い刺激を与えることになった。……パウル・リュッケもまた、まだエンゲルスキルヘンの行政長であった当時にここにやって来た。[15]

と回顧するように、エーレンの実践は、自助による入植や住宅建設のモデルとしての意味をもつようになったのである。

第二次世界大戦後、各地に生まれた自助による住宅建設や入植をおこなうグループの多くは、社団登記された入植者共同体とよばれる公益的協会を組織して活動していた。[16] エーレンは、ランゲンホルストの集落をモデルとして、こうした入植者共同体の連携を可能にするため、一九四八年に公益的協会ドイツ入植者会を設立した。同協会は、定款で、「入植者共同体における自助と隣人の助け合いの活性化によってドイツ人の困窮という社会の趨勢を変えること」を目的とし、具体的な課題としては、「用地の調達、土地の耕作、家屋の建築、野菜や果樹の栽培によって生計をたてる機会について入植者共同体を支援すること」「入植希望者と入植者の講習」「加盟する入植者共同体にあらゆる入植に関する問題の助言を与え、立法機関と行政機関に対し利益を代表すること」「講演や著作による啓蒙を通じて世論に働きかけること」を掲げた。[17] 実際に、エーレン自身が各地をまわって助言を与え、さらに、ランゲンホルストでの実践が講演や著作で紹介された。[18] また、ドイツ入植者会は、傘下の入植者共同体に、社団登記するために必要な協会の定款のモデ

ルや、自助の作業を進めていくうえで必要になる入植者規則や作業規則のモデルを提供し、入植の経験の伝達に努めた。[19]五二年には約一〇〇の入植者共同体がドイツ入植者会に加盟しており、六五年にはその数は約六〇〇〇にまで達した。こうした連携の拡大のために、五〇年には月刊の機関誌 *Vaterland* が創刊され、五四年には五一七二部が発行されていた。[20]

このドイツ入植者会とカトリック教会との関係をみると、同協会の活動は、西部ドイツの司教から宗教的に動機付けられた活動として高い評価を受けていた。そのなかでも、フルダ司教会議の入植問題担当司教としてカトリック入植協会を再建したアーヘン司教ファン・デア・フェルデンとは、とくに良好な関係が築かれていた。さらに、一九五一年のドルトムントで開催されたドイツ入植者会総会の閉会の辞が「神のわれわれへの慈悲は強められ、神への忠誠は永遠に続く」という言葉で閉じられていることが示すように、ドイツ入植者会のなかにもカトリックの信仰を紐帯とした団体という自己理解が存在し、実際に、五三年の時点で会員の九〇％以上がカトリックであった。[21]

こうしたカトリックの信仰を紐帯とした結び付きによって、実際の実践活動に、さまざまな支援がもたらされた。入植者共同体の資金調達は、一般には、共同体のメンバーである個人施工主によって、社会的住宅建設の基本的な資金調達のモデル、すなわち、公的な貸付金、金融機関からの担保貸付金、施工主の自己負担によっておこなわれたが、エーレンは、さらに教会の入植事業からの支援を受けることができたと述べている。[22]さらに、ドイツ入植者会の事務局に寄せられた経験報告や活動報告では、実際の自助による建設作業においても、さまざまなカトリック社会事業団体による支援がおこなわれたことが報告されている。[23]例えば、戦争で夫や父を失った家族や戦災で身体に障害を負った人びとのために、地元のカトリック青年組織や、カトリックの社会福祉団体であるコルピング協会によって自助の住宅建設作業の支援がおこなわれた。そのなかでも、前章でふれた建築修道会は、「入植者の自助の作業を加速させる国際的な民間奉仕」として高く評価された。[24]

ここで、ドイツ入植者会の活動を地域的にみると、同会は全国を活動範囲とし、エーレンの講演旅行はドイツ南部さらにオーストリアにまでおよぶこともあったが、実際の入植者共同体との共同作業はドイツ西部を中心としていた。機関誌の購読者の地域的分布は、ノルトライン・ヴェストファーレン州に全体の八五％が集中し、ラインラント・ファルツ州とニーダーザクセン州にそれぞれ五％ずつ、残りすべての州を合わせて五％となり、地域支部の分布も機関誌購読者の分布におおよそ合致し、ニーダー・ライン、ミッテル・ライン、ライン・ヘッセン、フランケン、さらに、ラインラント・ナッサウ、ルール、ザウアーラントに支部が設立された。ドイツ入植者会は、フェルバートを中心としたおよそ一〇〇キロメートル圏内、とくにライン川とルール川流域の入植者共同体によって構成されていた[25]。上述した、エーレンが連邦住宅建設省に提出した研究報告で取り上げた入植者共同体も、ドイツ入植者会の活動が活発な地域の団体である[26]。

こうしたドイツ入植者会の活動の地域的分布から、エーレンの実践をモデルとした入植者共同体が、カトリック信徒の多いライン川流域を中心に広がっていたことがわかる。エーレンの実践は広くモデルとされたが、このドイツ入植者会による組織化の広がりと、上述した西部ドイツの司教との良好な関係から、実際にはラインラントのカトリック・ミリューに基づくものであったということができる。

他方で、これは、ラインラントと並ぶカトリックの牙城であるバイエルンにはドイツ入植者会による組織化が広がらなかったことも示している[27]。この理由としては、まず、実践の本拠地からの距離をあげることができる。それと同時に、被追放民受け入れ州であるバイエルンでの状況はほかの地域と比較してより困難なものであり、自助による持ち家と小規模住宅の建設の実践も容易ではなかったことを指摘できる（第二章第四節）。カトリック教会の事業も、バイエルンの司教区では、他の地域の司教区とは異なり、賃貸住宅として用いられる集合住宅も建設され、「家族にふさわしい賃貸住宅」という方向性も追求されていた[28]。ケルン大司教フリングスも教会の住宅建設の支援事業の形態について述べた際に、バイエルンのおかれた状況に鑑み、「賃貸兵舎でもウィーン風の集合住宅でもなく」という言葉を用いて、十九世紀の自由放任の自由主義がもたらした大都市の賃貸兵舎と、赤いウィーンと呼ばれた社会民主党市政のもとで建設されたカール・マルクス・ホーフに代表される労働者集合住宅の双方をしりぞけながら、しかし「この両極のあいだに、許容できる一連の形態がある」と述べて、自由主義と社会主義の双方の集合住宅とは一線を画したものとして、「家族にふさわしい賃貸住宅」という住宅のあり方を正当化することを試み、バイエルンでの状況を容認していた。[29]

このように、バイエルンには被追放民受け入れ州という特別な事情があり、ドイツ入植者会による組織化が広がらなかったが、すでにみたように、フェルバートでのエーレンの実践は多くの入植者共同体のモデルとみなされ、エーレンもドイツ入植者会を組織することでそうした入植者共同体を支援し、実際に西部ドイツのラインラントのカトリック・ミリューのなかに定着していた。以下では、このエーレンの実践を取り上げて考察を進める。

2 自助による住宅建設の実践

入植者共同体と住宅建設

エーレンは、第二次世界大戦後すぐに再開されたフェルバートでの自助による住宅建設の実践を著作や講演で紹介し、また、社団登記に必要な協会の定款や入植者規則、作業規則のモデルをつくり、ドイツ入植者会に加盟した入植者共同体に提供していた。[30] こうした著作や定款、入植者規則、また、ドイツ入植者会に寄せられた活動報告から、エーレンの実践をモデルとした自助の住宅建設の実践のあり方に迫ることができる。

まず、入植者共同体は協会として社団名簿に登記され、「全体の計画の作成、園芸施設の世話と小型家畜の飼育に関して、互いに助言し知識を交換しながら、自助により構成員の小規模住宅と持ち家の建設を助成すること」を課題とする。その構成員は、「小規模住宅または持ち家を手にしようと努力する志願者」と「理念上また実際上の援助、とくに財政上の援助により、協会の目的の達成を支援する個人、法人、企業」から構成された。[31] また、入植者共同体は、自助による建設を進めるうえで、建築技術的に問題のない設計と作業計画の立案、さらに、自助の作業だけでは施工不可能な専門的な作業について住宅企業と指導契約や施工契約を結んだ。[32] こうした指導は、すでにみたように司教区単位の教会の入植事業もおこなっていたが、こうした業務をおもな任務とする住宅企業である公益的住宅扶助会社「家産住宅」や農村入植会社とも契約が結ばれ、その指導を受けた。こうした住宅建設の進め方は、個人施工主の自助と、公益的な指導企業による支援という、CDUの住宅政策が想定していた家族住宅建設のあり方と合致するものである。

入植者共同体の実際の作業は、一二人ほどのグループ単位で作業がおこなわれ、グループ長がグループの作業と各メンバーの作業時間を管理した。各メンバーが作業した時間は毎日正確に記録され、建築現場に掲示され全員に知らされた。[33] グループのメンバーは共同で家を建設し、メンバーのうちの最後の家が完成するまでともに作業し、ほかのメンバーを助けることが義務付けられていた。[34] このため、各メンバーは、家の所有者となる前に、少なくとも三〇〇〇時間程度の作業を求められた。一方で、共同の作業と助け合いが重視されるのと同時に、メンバーの自発性と業績も重視され、もっとも多くの作業時間をこなした者が最初の家を手にすることも定められた。[35]

こうした自分のグループの家を建てるための作業のほかに、子だくさんの家族、戦争で父親を失った家族、まだ帰国していない兵士の家族のための作業もあり、他のメンバーがこなした作業時間がこうした家族の作業時間に加算された。さらに、必要な場合には、つぎの建設区画の作業グループも加わり共同作業がおこなわれた。例えば、建設用地の開発など将来の建設計画にも必要な作業には、入植候補者も加わり、入植者共同体全体の作業としておこなわれた。[36]

自助によって持ち家を建築する作業に必要なものとしては、「持ち家を手にする前提条件は、自ら持ち家を手にしようと望むことである。この意志なしには何もうまくいかない」と、意志の強さが強調された。この意志の強さの具体的な姿については、「必要とされているのは、強靭な夫の強い意志であり、これだけが自分の家を手にすることを可能にする。同じことは入植者の妻にも当てはまる。強靭な夫の姿にふさわしく、そして、〔旧約聖書の〕知恵の書が描くような強い妻の模範を自ら体現しなければ、持ち家から正しいことは何ももたらされない。しかし、この両方が当てはまるところでは、資力の劣る者にとっても、永続的な財産である家族にふさわしい家を手にすることは難しくない」とされた。[37] ここで求められている意志の強さは、家族の父親あるいは夫の意志であり、持ち家を建設する主体として想定されているのは家長であった。妻にも強靭な意志が求められているが、それは、あくまで聖書の模範にのっとり、立派な家長の姿にふさわしい姿を示すことが求められているのであり、教会の家父長主義的な家族像を前提としたものであった。

さらに、作業グループを構成する正式なメンバーも、想定されているのは父親または夫であった。多くの作業時間をこなすために作業可能な家族を作業に参加させることも期待されたが、家族がこなした作業時間は、作業グループを構成する正式なメンバーである父親または夫の名義で記録された。さらに、この家族がおこなう作業について、入植者規則には、女性は「その作業能力にふさわしい作業にだけ参加するべきである」ことが特記されていた。[38]

住宅建設の実践

ここまでみてきたように、自助による住宅建設は、実際には入植者共同体という公益的協会を組織し、そのなかで遂行されるものであった。こうした入植者共同体における自助の意味について、戦間期の自助による住宅建設の実践以来、設計者として、また、建築監督としてエーレンを支えてきた建築家のフォスは、

家族が土地を手にすれば、家を建てようとする。家族は、それを、他の家族との共同体のなかでだけ達成することができる。こうした家を建てようとする者たちの連合の過程を「自助」と呼ぶことが定着した。私は、この表現は正確さを欠いたものであると思う。この過程は、その名前が述べるのと逆のものだ。入植の成功の秘訣は、「隣

人の助け合い」なのである。[39]

と述べ、自助は共同体の存在を前提とし、実際には、その本質は隣人の助け合いであることを指摘している。

こうした隣人の助け合いとしての自助という、住宅建設の実践における自助の位置付けについて、エーレンも、すでに最初の住宅建設の実践の際に自覚的であった。最初の二〇戸が完成し、つぎの二四戸の建設が始まると、先に完成したグループが後続のグループのために無報酬の作業をおこなった。エーレンは、こうすることで二つのグループの作業は相互的なものとなり、全体の過程を通じて二つのグループが深く結び付けられたことを指摘し、「この自助は隣人愛の要素をずっと強く含んでいる」と述べ、自助を隣人愛と関連付けている。住宅建設の実践にとって「決定的に重要なのは、自助と、共同体の形成と、隣人関係」であり、自助は孤立した営みではなく、志を同じくする者との共同作業のなかでおこなわれるものとして理解されていた。[40]

回勅「レルム・ノヴァルム」は、自律的な団体の形成による問題の解決、すなわち、自然権としての結社の自由という文脈で自助を論じており、カトリック社会教義において、人格のもつ自律性と社会性という二つの特性のあらわれとして自助の意義は理解されていた(第四章第二節)。上述した住宅建設の実践における自助のあり方も、こうした自律性とともに社会性を含む自助の意義と合致するものとして理解することができる。

また、自助が隣人の助け合いとしてとらえられ、さらに隣人愛へと結び付けられることで、自助による住宅建設の実践過程じたいに、教育事業という意味も見出されるようになった。実際に、エーレンは、「人間、芸術家、真の教育者、よき母親の内面生活、そして、公共の団体を構築する精神性と献身的な愛に必要なもの。こうしたものを、健全な入植よりも具現化することに成功したものはない」と述べ、住宅建設の実践がもつ内面の教育という側面を強調していた。さらに、「人間の尊厳と生の尊厳にふさわしい入植地の建設には、技術以上のものが必要であり、その必要とされているものとは、貧しく苦しんでいる者への愛」であり、そのために求められるのが「継続的な相互の教育と自己教育」であると主張した[41]。自助による住宅建設は、理想とする家を建設するという、正しい目的に資する行為としてだけでなく、その建設の過程そのものが献身や隣人愛といった精神を涵養する機会として、つまり、過程じたいにも価値があるものとして理解されていたのである。

こうしたとらえ方は、エーレンの実践をモデルとした入植者共同体にも共有されていた。例えば、ドイツ入植者会事務局に活動報告を寄せた入植者共同体は、「現代でもっとも驚愕させるものは、物質的な廃墟ではなく、人間的な廃墟である。新しい秩序は、物質的なものによってではなく、人間的なものによって規定されなければならない」としたうえで、「物質的な廃墟から持ち家建設のための建築資材を救い出し、〔家を〕建築することを通じて新しい秩序のために参加している人間を内面的に変化させることが企図された。〔そして、完成した〕新しい家のなかに人びとは居所を見つけ、内面生活において現代の有害な影響から離れることになる」と述べている。ここでは、完成した新しい家での生活により健全な内面生活が可能になるということと並んで、「建築することを通じて新しい秩序のために参加している人間を内面的に変化させる」という、建築作業そのものと内面の変化との結び付きにも言及している。さらに、これにつづけて、「〔入植の〕作業は、期待される内面の変化の基礎である。〔入植の〕作業は、教育手段、一つの生活態度の表現形式、共同体に対する道徳的義務」と述べ、建築作業そのものを、内面の変化をもたらす道徳的教育としてとらえている[42]。

この住宅建設の実践と教育や道徳を結び付ける考え方は、司教区単位でおこなわれたカトリック教会の住宅建設支援事業のなかにもみられた。例えば、ケルン司教区の事業は、「入植の開始と終了に位置しているのが教育事業である。真の自助と近隣の助け合いを通じて、われわれは、入植者を、労働の投入を越えて存続する、そして、そこから子どもたちが世界を正しくみることができる、生活共同体に統合する。自らの土地の上の新しい家への道を通じて、入植者を、持続的で強固な教区共同体に統合し、入植者とその家族に真の故郷を与える」[43]と述べている。ただし、ここでは、これまでの議論とは異なった側面も教育という同じ範疇で語られている。すなわち、共同作業を通して育まれた紐帯によって、住宅や集落が完成したあとも共同体が維持され、それが教区共同体として機能し続けるという効果である。入植と住宅建設の実践の現場での議論では、自助と隣人の助け合いによってもたらされる内面の変化と道徳的教育が中心にあったが、ここでは、共同作業の紐帯を通して教区共同体を形成し維持することが、より重視されている。

それでは、前者の入植と住宅建設の実践の現場における、献身や隣人愛といった道徳を強調する独自の解釈にはどのような背景があるのだろうか。カトリック社会教義の基本的性格は、それまでの教会の近代を全否定する態度を転換し、近代に適合したうえで近代の諸問題の独自の解決を模索するというものであった(第四章第二節)。しかし、こうした方向に転換する以前に、十九世紀初頭から半ばにかけて、キリスト教道徳に直接的に立脚した近代の批判者たちによる社会問題への取り組みがあり、愛徳を強調する潮流の影響はその後も長く残った。ここで、実践の現場における献身や隣人愛といった道徳の強調という独自の解釈の背景を考えるうえで重要なのは、回勅「レルム・ノヴァルム」やそれに先行するケテラーによって上述の方向への転換があったあと、こうした流れは後景に退くことになったものの、決して消えたわけではないということである。[44] この流れは、いわば伏流水のように、その後も社会カトリシズムの背後に存在し、ここでみた実践の現場のような、第二次世界大戦後の生活再建といった場面で表面に浮上し、独自の役割をはたすことになったと位置付けることができる。

ここまで、エーレンの実践をモデルとする入植者共同体の作業の進め方を取り上げ、住宅建設の実践と、CDUの住宅政策の内容との関係、および、カトリック社会教義の理念との関わりを検討してきた。まず、入植者共同体という公益的協会を組織して、自助によって住宅建設を進めることは、個人施工主による家族住宅の建設というCDUの住宅政策が想定していた住宅建設のあり方と合致するものであった。また、カトリック社会教義の理念との関係をみると、持ち家を建設する主体として想定されているのは家長であり家父長主義的な家族像が前提とされていたこと、さらに、人格のもつ自律性と社会性という二つの特性のあらわれとして、隣人の助け合いとしての自助が重視されていたことからわかるように、家族と自助という論点で連続的なものであった。他方で、住宅建設の実践の現場においては、住宅を建設する過程そのものが献身や隣人愛といった精神を涵養する機会であるという独自の意味が見出されていた。

3　家族にふさわしい家のイメージと庭の重視

「家族にふさわしい家」

自助による住宅建設によって建設される住宅のあり方を考える際、重要なのは、エーレンが、つねに「家族にふさわしい家」(familiengerechtes Heim)という言葉を用い、Wohnung ではなく Heim という語を意識的に使用していたことである。これについて、エーレンは、リュッケに宛てた書簡のなかで、家族の発展にとって庭が本質的な意味をもつこと、それゆえ、家族にふさわしい住まいの形態を考えるうえで庭を断念してはならないことを強調しながら、「庭がなければ、家屋は容器のままであり Heim ではない。この容器を Wohnung と呼んでもかまわないが、Heim と呼ぶことはできない」と述べている[45]。

この点について、エーレンは、自身がイメージする家の姿がカトリック社会教義の理念を反映した理想の家であるという強い信念をいだいていた。その確信の強さを示しているのが、ケルン大司教フリングスが、入植と住宅建設のための募金を呼びかけた司牧書簡のなかで、「家族にふさわしい住宅[46]」(familiengerechte Wohnung)という言葉を用いた際のエーレンの反応である。エーレンは枢機卿でもあるフリングスに抗議の書簡を送り、そのなかで、

私の心を暗くしたのは、「家族にふさわしい *Wohnung*」という表現です。家族にふさわしい *Heim* は存在しても、家族にふさわしい *Wohnung* というものは存在しません。こうした〔司牧書簡の〕表現は、何が大事であり、何が歴代の教皇の希望と神の命令に合致するのかを、明確に述べるものでなければなりません。枢機卿猊下、私は

数十年にわたりこの問題について哲学的そして神学的に考え抜いてきました。こうしたことを為した者はわずかです。たいていの神学者はこうしたことを為し遂げてはいません。それゆえ、彼らは神学においても実践においても何もわかっておらず、それどころか、そうと知らずに最前線で集団化と戦っている者たちの背後を襲うのです。こうしたことが、「家族にふさわしいWohnung」という言葉に関しても起こってしまった。……われわれを共産主義へと誘う者たちにとって、この言葉は思うつぼです。というのも、彼らはこれを、賃貸兵舎と賃貸住宅のかたちで建てるからです。司教たちがこうした言葉を用い、混乱と無知を拡大するならば、彼らは拍手してさらに味方を増やすでしょう。[47]

（傍点・イタリック体は原文の強調）

と述べ、カトリック・ミリューにおいて大きな影響力をもつフリングスも含め、聖職者や神学者よりもエーレン自身のほうが、カトリシズムの世界観における理想の家の姿をより深く理解しており、さらに、その実現のための努力の先頭にも立っているという自負を示していた。

もっとも、こうした批判について、ネル＝ブロイニンクは、各地の司教によって主導された住宅建設の支援事業を阻害するものと受け止め、エーレンに誇張した表現を用いるのをやめるよう忠告していた[48]。さらに、エーレンのフリングス批判と同じ時期には、連邦住宅建設省の学術顧問として、庭付きの戸建て持ち家住宅とそれに合致する家族が、住宅と家族のあり方としてもっとも望ましいとしながら、実際の家族はさまざまな条件のもとで多様な姿にならざるをえない現実があることをみとめ、それゆえ、戸建て持ち家住宅が「家族にふさわしい家の唯一の正しい現実化」とまではいえないという留保を付した意見書を提出していた[49]。このように、リュッケとともにCDUの住宅政策を立案したカトリックのグループのなかでも、理念と現実のずれのとらえ方には差異が存在していた。ネル＝ブロイニンクは、カトリックの代表的知識人として、連邦住宅建設省の学術顧問の役割をはたすうえで、ときとして現実への譲歩を求められ、より柔軟な態度を示さざるをえなかった。これに対して、エーレンは、カトリック・ミリューで広くモデルとみなされていたとはいえ、公的な地位に束縛されていないこともあり、妥協を排して理想の実現を追求したということができる。

エーレンの「理想の家」

それでは、エーレンが、これほどの強い確信をもってカトリシズムの世界観を反映したと考える理想の家とは、どのような姿の家であろうか。エーレンは、一九四九年ボーフムで開催されたドイツ・カトリック教徒大会での講演で理想とする住まいの姿を、まとまったかたちで描写している。ここでの描写も、Heim と Wohnung は異なるものであり、Wohnung はただの容器であるのに対して Heim にはそれ以上の意味があるという区別から始まる。やや長くなるがこの講演を引用して理想とする住まいの姿をみてみよう。

住居(Wohnung)だけでは、それはまだ家(Heim)ではない。ほとんどは代用物、宿泊所、人間用の容器にすぎない。……私が家について語るとき、それが意味するのは、神が人間を男と女、すなわち多くの健康な子どもの父と母として創造したのに従って、有機的・精神的に人間に付属するもののことである。……誕生と死、喜びの日々と悲しみの日々、労働と余暇、この間にあるすべてのものが一つの場所を必要としている。その場所が家である。それは、家族をおおうものであり、貴重な種をおおい、守り、成熟させる木の実の皮〔のようなものである〕[50]。

私は今、この皮を描写しようと思う。それは、われわれがフェルバートのすでに半分ほど完成した村の真ん中に建てた家である。その家は二〇〇戸ほどの家々の一つである。以下に述べるように、この家を建てたのは、それが、誰かの意思、あるいはどこかの役所の意思ではなく、神の意思にかなうとわれわれが考えたからである[51]。

この家は約七五平方メートルの土地の上に建っている。約一〇平方メートルの大きさの台所に入ると、そこには水道の蛇口が備わった洗い場、石炭竈、ガスコンロ、ときには電気コンロがある。台所の隣には二〇平方メートルの居間があり、そこで家族の生活が営まれる。歌が歌われ、糸が紡がれ、作業がおこなわれ、祈りが捧げられる。

居間の隣には一六平方メートルほどの親の寝室がある。親のベッド、まだ幼い子ども用の小型のベッド、戸棚と化粧台をおくのに十分な大きさである。台所の裏には広々とした家畜小屋がある。屋根裏にはそれぞれ四人ずつ〔合わせて八人の子どもが〕はいれる二つの子ども部屋がある。〔子どもたちでいっぱいになり〕木製のベッドが上下に重なり合っているならばとくに素晴らしい。二つの部屋は、冬には洗濯物の乾燥に使うことができる空間で隔てられている。屋根の傾斜は羊のための干し草と藁の収納に役立つ。屋根の先端には、木箱をしまうための空間がある。この家には家畜小屋の部分をのぞいて、地下室が備わっている。三つのスペースのうち、一つ目は洗濯場と浴室であり、二つ目は用具類、薪、石炭の保管、工作と大工仕事に使われる。三つ目がジャガイモと保存用漬物瓶の貯蔵室である。造りは堅牢な三八年型レンガ細工で、漆喰が塗られレンガで覆われている。[52]

この健全な労働者家族の家は半モルゲン〔約一二五〇平方メートル〕の大きさの庭のなかにあり、さらに約八〇〇〜一〇〇〇平方メートルの羊のための牧草地が加わる。庭は家に必要不可欠なものである。……神は人間をエデンの園におき、大地を耕すよう命じられた。この掟に従わないことで、人間は病み、男も女も実を結ばなくなる。……父と母と子どもたちが庭で余暇を過ごすことで、彼らは一体となり、光と日光に満ちた空気を分かち合うことになる。[53]

庭はまた、家族に経済的な自由と安定をもたらす。自分の家と自分の庭が、教皇の回勅が語った、あの小さな財産であり、これが、労働者の家族に限らず、あらゆる家族に対し健全に成長する基盤を与える。この財産が文化の前提である。すなわち、土地を耕すことと神を賛美することの統一の前提である。人間が肉と霊の統一であるように、両者は互いに補完して一つの全体を成している。われわれには、西洋文化の父、ヌルシアのベネディクトの「祈り、かつ働け」という標語がある。この二つもまた、互いに補完して一つの全体を成しているのだ。[54]

この理想の家の描写は、屋内の間取り、部屋の大きさ、設備、調度について、同じイメージがエーレンのさまざまな著作で繰り返し提示された[55]。

それでは、この家の姿がもつ意義、またこの理想を支えている理念はどのようなものだろうか。ここでまず注目されるのが、上記の理想の家の描写の最後の部分で、この庭と一体となった家に、教皇の回勅が要求していた、家族の健全な成長の基盤となる財産としての位置付けが与えられ、回勅を通じて提示されてきたカトリック社会教義に接続されていることである。ここでは、家族に自律と自由をもたらす財産としての意味が、この家の姿に読み込まれている。

さらに、回勅が要求した財産としての位置付けに関連して注目されるのが、エーレンを支えた建築家フォスによる、入植者共同体で建設される住宅を「真の正しい財産」と位置付けた議論である。フォスは、「これ〔入植者共同体で建設される住宅〕は、稼ぎ蓄えた財産でかつての都市市民の後を追い、ブルジョワ的エゴイズムの悪趣味を建築において表現することになった、あの一九〇〇年頃のブルジョワ的発展のカリカチュアとは、鋭い対照をなすものである。こうした〔ブルジョワの〕屋敷町は、現代の建築観の表現であり、自らの存在が民間の協同組合による高層賃貸住宅によって日々ますます脅かされていることに気付くこともなく、ひどく歪んだものになりはてている。それゆえ私には、隣人への奉仕からのみ真に正しい財産が生まれるように思われるのだ[56]」と論じた。

ここでは、すでにカリカチュアに堕した個人主義的自由主義を象徴するブルジョワの屋敷町と、今まさに日々脅威として迫ってくる集団主義的社会主義を象徴する高層賃貸住宅の二つに対して、隣人への奉仕によって建設された「真に正しい財産」が対置される。この対抗関係での位置付けは、自由主義と社会主義の両者に対抗するカトリック社会教義の位置付けと合致するものであり、自助と隣人への奉仕により建設された家は、カトリック社会教義の理念を反映するものとして「真に正しい財産」と位置付けられる。

「家」と「土」の結びつき

回勅が要求した財産としての位置付けと並んで、この家のイメージで重要なのが、家と土との結び付きの強調である。家と土との結び付きについても、屋内の間取りと同じく、エーレンは、さまざまな著作を通じて同じイメージを繰り返し提示した。すなわち、数多くの実践の試みを通じて確定されたこととして、家族にふさわしい小規模住宅に付属する土地の大きさは二〇〇〇平方メートルとされ、このうちの一二〇〇平方メートルは庭ないし菜園として、八〇〇平方メートルが羊のための牧草地として用いられる。[57] ただし、こうした小規模住宅は、完全に健全で子どもを好む家族のものであり、今日ではこうした家を望み、また、管理する能力があるのは全体の一〇%ほどであるという。こうした小規模住宅にまでいたらないが、四〇〇〜八〇〇平方メートルの庭を望む家族が存在し、この第二のグループは全体の約三〇%を占め、このグループのために庭のついた持ち家が想定される。これに対して、全体の約六〇%を占める残りの家族は、土地を断念した家族と考えられた。しかし、エーレンは、そうであるからといって、この家族に賃貸住宅を提供するのではなく、その代わりに、一〇〇〜二〇〇平方メートルの庭がついた一家族用のテラスハウスを建設することで、多くの家族を神の意志にかなった健全な発展に連れ戻すことができると主張した。[58]

このように、エーレンは、可能な限り家と土との結び付きを実現しようと試みた。その一方で、家と土との結び付きが実現されない住宅については、つぎのように論じられていた。エーレンの実践を支えた建築家フォスはエーレン宛ての書簡のなかで、「土を耕せと命じた神の言いつけに反して人間が経験した歪み」について論じる文脈で、その歪みを是正するためには「人間にとって真に正しい生の技術を形成することが重要であるのに、技術的発展を追いかけることに満足することで、モダニズム建築の概念がどれほど歪んだものになったか君も知っているだろう[59]」と述べて、モダニズム建築を、真に求められる生から乖離したものとして批判していた。

こうした家と土との結び付きにはどのような意味が見出されていたのだろうか。上述の描写に戻ると、神が人間をエデンの園におき大地を耕すよう命じたことをあげ、土地を耕すことと神を賛美することの統一が語られていた。これについて、エーレンは、第二次世界大戦終結後まもなくの頃、ケルン大司教フリングス宛ての書簡で、「主は掟と神聖な例を残されました。主は人間を創造し、その後、エデンの園の真ん中においたのです。われわれもこれと同じことをおこなわなければなりません。それが文化の始まりです。……家と庭は、神がわれわれに示した、〔家族の〕健全な発展の前提なのです」[60]と語っていた。さらに、戦間期にも、「家はたんなる住居以上のものである。家は深遠なものであり、神がいなければ家というものは存在しえず、家を囲む庭がなければ家ではない。家は総体的なものであり、この総体性の欠如ゆえにわれわれは死ぬ。この欠如が人間の荒廃、つまり大都市と瀆神を生み出した」[61]と述べていた。エーレンの議論においては、家には庭が不可欠であるということのなかに、神による人間の創造の過程と神から与えられた大地を耕せという命令が織り込まれ、それゆえ、家と庭の一体性を破壊することは瀆神であり人間の本質の破壊とみなされた。その結果、この一体性を解体する賃貸住宅と大都市は、宗教的・道徳的に批判されるべきものとされたのである。

もっとも、カトリックの実践家や実務家が、みなエーレンのように都市を全否定したというわけではなかった。例えば、ラインラント・ファルツ州のカトリックの行政官ギーゼンは、工業と農村の混合を構想した。すなわち、都市機能や商工業施設を農村地域のなかに分散させるとともに、工業労働者の就業地区や商業地区の近郊に、副業としての小規模農業活動が可能な住宅地を開発することが計画された。さらに、こうした計画は、交通手段の発達によって実現可能と考えられていた[62]。このような都市と農村を架橋する試みと比較すると、カトリックの実践家のなかでも、妥協を排した、より原理的な都市への批判がエーレンの特徴ということができる。

ここまでみてきた、家と土との結び付きについてのエーレンの主張を要約すると、人間をエデンの園におき大地を耕すよう命じた神の命令に従い、土のもとにとどまり、精神的な生も肉体的な生も、そのように家族の生活を組織することが、正しい生を営もうとする人間にとっての課題であった。そして、その外的な前提が家であり、それゆえに、庭は家に必要不可欠なものであった。こうした論理によって理想の家と庭がもつ意味が説かれたのである。

本節ではエーレンの実践で建設される家そのものについて、その具体的なイメージとそれがもつ意味を検討した。まず、エーレンが語る家族にふさわしい家は、回勅が要求した家族の健全な成長の基盤となる財産として位置付けられカトリック社会教義の原則と連続的なものであった。さらに、エーレンは、土との結び付き、庭が家にとって不可欠であることを強調し、ここでは、『創世記』とのアナロジーが語られ、大地を耕せと命じた神の命令に従った生活を送ることを求めた。

4 住宅建設の実践と生改革運動

エーレンの実践と生改革運動

エーレンの第二次世界大戦後にまで続く自助による住宅建設の実践が開始される契機となったのは、一九三一年のブリューニング内閣の第三次大統領緊急令であった。この緊急令は、もともと恐慌期の大量失業への対策として考案された都市郊外への失業者の入植を助成するものであったが、その本来の意図を越えて、都市から労働者を引き離し土や自然と結び付いた健全な生活を可能にするという生改革的要素が加わった入植運動の出発の契機となったことを、失業者入植の発案者であるライヒ財務省の官僚本人が回顧していた（第三章第三節）。

エーレンは、この緊急令について、「失業者の子どもたちが再び土へと帰る機会になる」とし、「これは、戦後（第一次世界大戦後）ドイツ国民の身に起きた最善のことである」と述べて歓迎していた[63]。また、上記のエーレンの理想とする家の姿の描写でも「父と母と子どもたちが庭で余暇を過ごすことで、彼らは一体となり、光と日光に満ちた空気を分かち合う」といったイメージが語られた。大地を耕せと命じた神の命令に従うこととして、家と土との結び付きを前節でみたが、こうした自然との結び付きについて、世紀転換期や戦間期の生改革的な運動との関係も検討する必要があるように思われる。エーレンの実践、そして、カトリック・ミリューの住宅建設の実践と生改革的要素との関係はどのように整理することができるだろうか。

エーレンの実践と生改革との関わりに関心が向くのには、もう一つ理由がある。それは、エーレン自身が、第二次世界大戦後の住宅建設の実践を、生改革運動との結び付きが深い青年運動の延長として位置付けていたからである。青年運動のピークとなった一九一三年のホーエ・マイスナー集会の五〇周年記念集会が六三年に開催されると、エーレンは、青年運動の意義を回顧しつつ、青年運動と彼の住宅建設の実践の関係を論じた。

エーレンは、この五〇周年記念集会について、「この集会は青年運動がいまだ滅びていないことを示した[64]」としたうえで、「われわれは人生の伴侶と出会い、自分の子どもの父となり、母となった。……これはそれまでの人生の終わりを意味するのだろうか。マイスナー宣言はもはや適用されないのであろうか[65]」と問う。これに対して、「グループでの生活が青年の生活に必要不可欠であるように、家族にふさわしい庭付きの家が、青年運動の生活を婚姻による共同生活のなかで継続するための必要不可欠な前提条件なのだ。なぜなら、そこでは、家族が自然と結び付けられ、この小さな財産のなかで健全に成長していくのだから[66]」と述べて、庭の付いた家における家庭生活を青年運動での生活の継続、また、青年運動の理念を体現したものと位置付けていた。

こうした青年運動との連続性の強調は、エーレンとともに住宅建設の実践を進めた指導者にもみられるものであった。ドイツ入植者会の事務局長としてエーレンの事業を支えたゲーレも、一九一三年のホーエ・マイスナー集会の参加者のひとりであり、その五〇周年を記念して協会の機関誌で青年運動を回顧し、ドイツ入植者会や入植者共同体と青年運動との連続性を強調している。すなわち、「今世紀の最初の数十年における、あの青年による小市民的社会秩序からの離脱の試み」の影響は今なお残っており、入植組織の古参メンバーには、青年運動によって陶冶され、今日もなお〔その理念を〕公然と支持する者が多い。……名誉会長としてドイツ入植者会に積極的な影響を与えている、かつてホーエ・マイスナーに集った青年のひとりニコラウス・エーレンに限らず、入植者共同体、地方支部、協会の指導層でも、いたるところに自由ドイツ青年団、ワンダーフォーゲル、湧泉、十字軍参加者団、若き泉……といった団体に属していたかつての青年運動家を見出すことができる。[67]

と人的な連続性を指摘している。さらに、

もともと、〔青年運動の〕全体的な基本傾向に従えば、青年期から結婚と家族の形成への移行とともに、青年運動は入植運動に帰着するはずのものであった。実際に個々のグループによって、多くの入植の試みがおこなわれた。[68]

と述べ、すでにエーレンが述べていたように、青年運動の継続としての入植運動という位置付けをしていた。

生改革運動というと菜食主義や裸体運動、禁酒運動、有機農法など多様な方向性の運動が想起され、さらに、その背景にある理念や残した影響についてさまざまな議論がなされており、ここで、それらを真正面から論じることは、本書の問題設定を大きく越えることになる。ここでは、直接にそれらの運動との関連を問題とするのではなく、不健康とみなす都市や近代文明の影響を離れ、自然との結び付きによって、健康な生活を実現する方向性をもった試みを、広く「生改革的」なものととらえて、そうした要素との関係を検討したい。世紀転換期から戦間期の青年運動のなかには、こうした意味での生改革的な方向性の試みが多くみられた。

また、青年運動や生改革的な運動においては、「宗教性」が重視されることはあっても、伝統的な宗教的規範を独占する「教会」に対しては批判的な姿勢がとられることが多かった。一方で、ここまでみてきたように、エーレンの住宅建設の実践の理念はカトリック社会教義によって支えられたもので、教会とその教義にそって活動が展開していた。青年運動でのエーレンの活動において、この両者はどのような関係にあったのであろうか。[69]

エーレンにみる生改革的要素

まず、第二次世界大戦後のエーレンの実践には、実際に、生改革的な要素がみられた。例えば、エーレンは、入植者共同体における自助による住宅建設の意義について、

細分化が進んだ現代においても、人間は人間である、そして、それと同時に、肉と霊の統一という不変の本質から生じる原初の要求、すなわち、生き生きとした身体の要求も、存在し続けている。この視点からのみ、家族にふさわしい家を理解し、貫徹することができる。一度、近代文明の影響から自由にならなければならない、そうすれば、肉と霊の統一を健全に保つことに何が必要なのか容易に認識できるだろう。[70]

と述べていた。ここで語られているのは、「近代文明の影響から自由になる」ことで、失われた「肉と霊の統一」を取り戻し、「生き生きとした身体」を再生するということであり、ここに、生改革的な論理の一つをみてとることができるだろう。

さらにほかにも、第二次世界大戦後のエーレンの実践には、青年運動の影響を思わせる側面が存在した。例えば、入植者共同体での活動では、自助の作業と並行してメンバーが参加しておこなわれる集会が重視されていた。フェルバートでの実践をエーレンが紹介している。集会は、みなが集まり一分間の沈黙とともに始まる。そして、一五分から三〇分ほどかけて、歌の習得をおこなう。その後、作業の状況について現場監督や作業グループからの報告がおこなわれ、一時間ほどかけて、問題の対処法が話し合われ、作業に関して不明瞭な点を明確にする議論がおこなわれる。その後、短い朗読がおこなわれ、さらに本や絵についての議論が一〇分ほどおこなわれる。最後に再びみなで歌を歌い集会を終える。こうした集会によって「再び困難に耐える力が湧いてくるのを互いに感じ、ここで入植の魂が生み出される」と考えられたという。[71]

戦間期の青年運動の活動と論理

青年運動一般と入植の関連をみると、世紀転換期に、社会学者で国民経済学者でもあるオッペンハイマーが唱えていた協同組合的に組織された入植者共同体という構想が、自由ドイツ青年団の関心を引き、一九一三年のホーエ・マイスナー集会にはオッペンハイマー自身が招待され、集会に参加した青年たちも入植運動の構想を議論していた。[72] ホーエ・マイスナー集会の後、自由ドイツ青年団による青年運動統一の試みが失敗に終わり、さまざまな潮流へと細分化していくなか、小共同体のなかで生活すべく入植グループを形成する流れもあった。こうした共同体は、食料、衣服、住居に関して、必需品以外を放棄する簡素な形式で暮らし、資本主義経済との距離を示すために、生活に必要な物を可能な限り自給することを試みた。[73] 青年運動のなかで入植をおこなった潮流の多くは、土地改革、食の改革、協同組合的組織、友情、自己改革、教育改革などへの関心から入植活動に取り組み、その指導者にはロマン主義文学からの影響も指摘されている。[74] こうした生活共同体の多くは短命に終わったが、これらのグループにみられる簡素な生活などの生改革的な流れは、エーレンの実践と共通するものであり、こうした点に青年運動からの連続性を見出すことができる。[75]

エーレンが青年運動と関わる契機となったのは、カトリック聖職者で詩人であり、さらに社会カトリシズムの指導者ゾンネンシャインの助手のひとりでもあったトラーゾルトとの交友関係であった。エーレンとトラーゾルトは、幼い頃からの友人であり、同郷の絆で結ばれていた。エーレンは、トラーゾルトについて、「このような人間と出会い、その大きさと深みを経験することを許されたのはなんという祝福と恩寵であろうか。彼の実家は私の実家も同然であった。彼の親もまた、私の親と同じく、ブドウ栽培農家である」[76]と回顧している。

トラーゾルトは、ゾンネンシャインのもと、カトリック国民協会で活動し、一九〇九年からは同協会が発行する青年雑誌 *Efeuranken* の編集を担当した。ここで、青年運動をテーマとして取り上げ、風紀の退廃を批判し宗教的な刷新を訴えた。この呼びかけは、カトリック青年運動の萌芽の一つであった。さらに、一一年には、この雑誌の編集にエーレンも参加することになる。その後、トラーゾルトは、一三年にホーエ・マイスナー集会に参加するとともに、カトリック国民協会から独立した独自の雑誌 *Heilige Feuer* を発行して、一切の妥協を排した宗教的・カトリック的生活の実践を呼びかけた。[77] この流れのなかで、エーレンも、一五年にこの雑誌の付録雑誌として、*Grossdeutsche Jugend* 誌の発行を始め、さらに、大ドイツ青年団を組織した。ただし、この組織は、社団登記されるような協会を形成するものではなく、雑誌を核として志を共有する青年が集まり、「思想＝行動共同体」として活動するものであった。[78]

エーレンの手になる *Grossdeutsche Jugend* 誌創刊号の活動方針は、「自然への回帰」「ドイツ的思考」「教会的キリスト教的宗教性」という三つの原則を掲げている。まず、「自然への回帰」とは、「人間をその物質的な基盤でありその存在の根源である自然と結び付ける」ことである。そのためには、「自分の土地の上での作業を通じて、人間が自然にしっかりと根をおろすこと」が必要であるとし、「開墾と国内植民、土地改革と住宅改革、田園都市運動とシュレーバーガルテン運動、自然保護と郷土保存、脱工業化ないし工業の分散」への支持を表明した。さらに、自然との結び付きを「社会および人びとの交わりを新たに形成する前提条件」と位置付け、「社会および人びとの交わりの自然な原型、すなわち家族、わが家での真の家庭的な生活への回帰」を要求した。[79] 第二の「ドイツ的思考」とは、「金と快適さ、享楽と贅沢にしか関心のない、下品でこせこせとした商人根性とは無縁な、真の偉大なドイツ理想主義の保存」を意味した。[80] さらに、第三の原則として、エーレンは、「教会的キリスト教的宗教性」を強調し、「青年と人間の根源」を「神のなかに求める」と述べ、「長いあいだ教会のもとで育まれ、中世の宗教芸術やドイツの賛美歌」にあらわれている「真の宗教性と敬虔」を生活の基盤にすることを主張した。[81]

ここでは、まず「自然への回帰」という生改革的要素の中心となる要求が掲げられ、さらに、「開墾と国内植民、土地改革と住宅改革、田園都市運動とシュレーバーガルテン運動、自然保護と郷土保存、脱工業化ないし工業の分散」といった、自然との結び付きを回復するさまざまな試みに対して支持が表明されている。そして、そうした自然への回帰が、堕落した文明や不健全で俗物的な都市生活を想起させる「金と快適さ、享楽と贅沢にしか関心のない、下品でこせこせとした商人根性」の否定とともに表明されており、全体として、エーレンの生改革的方向性を読み取ることができる。このなかで、自分の土地の上での作業により人間を自然に根付かせることや、社会の自然な原型として家族を位置付けること、さらに、「わが家」で家庭生活を発展させることなど、その後の入植と住宅建設の実践に結び付く理念がすでに表明されていることを指摘できる。

さらに、ここで注目されるのが、教会的宗教性が肯定的に主張されていることである。すでに指摘したように、青年運動や生改革的な改革運動では、宗教性が肯定されたとしても、伝統的な宗教的規範を独占する教会には否定的な態度がとられることが多いが、エーレンにとって教会は否定の対象ではなかった。「真の宗教性と敬虔」という表現も、むしろ教会の規範に忠実であることとして理解することができる。実際に、この後、一九二六年のフルダ司教会議の決定により、カトリック青年運動組織は、司教から任命された指導司祭を受け入れることと、雑誌は教会の監督を受けることを求められた。この措置に反発して雑誌の発行を停止したり、組織を解散したりする団体もあったが、この時も、エーレンはとくに批判的な見解も述べずにこの措置に従った[82]。

以上のように、エーレンは、自然への回帰といった、青年運動に典型的な生改革的な方向性を示し、そのなかで、その後の入植と住宅建設の実践に結び付く理念を提示していたが、それと同時に、教会の伝統的な宗教的規範性を尊重する姿勢も示していた。ここに、生改革的な要素をもちつつも、教会とその教義にそったかたちで展開されるという、第二次世界大戦後の実践に通じる特徴を見出すことができる。

この後、同誌の発行は、第一次世界大戦の勃発とエーレンの従軍によって、中断されたり、不定期なものとなったりしたが、その主張は、おもにラインラントとヴェストファーレンで形成されたグループへの広がりがみられた[83]。

第一次世界大戦後に、エーレンはベルリンに活動の場を移していたトラーゾルトを訪ね、そこで、ゾンネンシャインとともにベルリンの労働者層の貧困地区を訪れ、劣悪な住宅環境を目の当たりにするとともに、入植によってこの問題を解決するというアイデアをえることになった[84]。また、トラーゾルトを通じて劣悪な住宅環境の原因として土地所有と土地投機の問題に関心をいだき、ダマシュケの土地改革運動と交流をもつことになった[85]。その後、具体的にエーレンが入植組織と関わりをもつことになったのは、一九二四年に入植協同組合を設立したカトリック青年運動組織「十字軍参加者団」との関わりを通じてであった。この青年組織は、大都市問題や労働者問題をかかえるラインラントとヴェストファーレンの工業地域にルーツをもち、その入植組織は、社会問題の解決とともに、工業的世界から、農民的、手工業的な世界への転換をめざしていた[86]。また、この青年組織との関わりのなかで、その指導者のひとりドロステと親交を深めた。ドロステは第二次世界大戦後のエーレンの住宅建設の実践において協力者となり、ドイツ入植者会が設立されると、その機関誌の編集を担うことになる[87]。

ここまで考察してきたように、戦間期の生改革的な青年運動に参加し、それと連続的なかたちで第二次世界大戦後の実践を展開した結果の一つとして、エーレンの戦後の言説には、土、共同体、郷土といった概念が頻繁に用いられている[88]。これらの概念は、本節で考察した生改革運動で重要な役割をはたした概念であるが、同時に、その後ナチズムによっても用いられ、歴史的に負荷のかけられた概念でもある。そこで、最後に、エーレンの実践とナチズムとの関係について若干の指摘をしておきたい。ただし、序章でも述べたように、ナチズムとの関係を考察することは、それじたい大きな課題であるため、ここではエーレンの実践と直接関わる点に限定する。

すでにみたように、エーレンの実践は、世界恐慌後の失業者対策としてブリューニング内閣によって打ち出された、郊外への失業者の入植を契機として開始されたものであった。この政策と連続的な政策は、ナチ党の政権掌握後も、一九三三年から三五年にかけて雇用創出政策の一環としておこなわれ、少なくとも三〇年代の終わりまでは、小規模住宅建設が、ナチ体制の住宅政策のなかで大きなウェイトを占めた[89]。こうした住宅政策の流れのなかで法令の再編成もおこなわれ、このなかで三七年から三八年にかけて制定された小規模住宅に関する諸規則の一部は、第二次世界大戦後も、五六年の第二次住宅建設法という連邦レベルの立法がおこなわれるまで、小規模住宅建設の法的基盤となった[90]。

このように、小規模住宅建設が実践されたことや、法的基盤としてナチ体制下で制定された法令が第二次世界大戦後も適用されていたという点において、本書が考察してきた持ち家政策とのあいだに一定の連続性を指摘することができよう。その一方で、背景にある理念についてみると、リュッケの住宅政策の構想やエーレンの住宅建設の実践がカトリシズムの理念に支えられているのに対し、ナチ体制による土との結び付きの強調は、優生学的に「健全な」ドイツ国民の力を保持し増進させようとする優生学的人口政策や領土的拡張と結び付いたものであり、それぞれ異なる理念に立脚したものということができる[91]。

ただし、エーレンが顧問として協力したドイツ国民家産住宅協会に代表される、住宅を土と結び付けようとする住宅改革の潮流にまで対象を広げてみると、この潮流を構成していた土地改革運動や田園都市運動にはドイツ民族至上主義的な要素がしばしば含まれていたことも指摘されている[92]。この点に関連して重要なのが、序章でもふれたように、ナチズムについて、統一されたイデオロギーではなく、ありとあらゆる、時には相互に矛盾するような要素が混合していることが、その特徴として指摘されていることである[93]。そのため、こうした点については、別途、個々の住宅改革の潮流の事例に即して検討することが必要になる。

本章は、エーレンの実践を軸に、一般信徒に主導されたカトリック・ミリューにおける住宅建設の実践とカトリック社会教義の諸原則との関係を考察した。最後に、本章で明らかになった点をまとめよう。

まず、エーレンの実践は多くの入植者共同体のモデルとみなされ、エーレンもドイツ入植者会を組織することで、自らの実践のあり方を広めることを試みた。同協会にはカトリック信仰を紐帯とする組織という自己理解があり、とくにラインラントを中心とする入植者共同体が組織化されていた。この実践は、ドイツ西部の司教から高く評価され、良好な人間関係が構築されるとともに、実際の作業でもさまざまなカトリック社会団体の支援があった。このように、エーレンの実践は、西部ドイツのカトリック・ミリューのなかに定着した実践であった。

この実践により建設される家は、回勅が要求した家族の健全な成長の基盤となる財産として位置付けられていた。さらに、住宅建設の進め方については、住宅建設の主体として想定されているのは家長であり、教会の家父長主義的な家族像が前提とされていた。また、住宅建設における自助は、隣人の助け合いとして重視され、人格のもつ自律性と社会性という二つの特性を反映するものとされ、カトリック社会教義の諸原則と合致するものであった。

他方で、住宅建設の実践の現場においては、この実践のなかに、カトリック社会教義の諸原則にとどまらない独自の意味も見出されていた。まず、隣人の助け合いに基づく共同作業という住宅建設の過程そのものが、内面の変化を促す教育の機会ととらえられ、献身や隣人愛といった精神を涵養する道徳的教育と結び付けられた。また、家のあり方としては、家と土との結び付きが強調され、そこには、人間をエデンの園におき大地を耕すよう命じた神の意志にかなう生活という意味が見出されていた。この生活の外的な前提が、庭と一体となった家であり、庭は家に必要不可欠なものとされた。その一方で、家と庭の一体性を破壊する賃貸住宅と大都市は、人間の本質の破壊、さらには瀆神とみなされ、宗教的・道徳的に批判されることになった。

こうしたエーレンの実践には、自然との結び付きの強調からもわかるように、生改革的な特徴があった。実際にも、エーレンは戦間期のカトリック青年運動に参加し、生改革的な方向性のなかで第二次世界大戦後の実践につながる提言をしていた。また、青年運動や生改革的な運動においては、伝統的な宗教規範を独占する教会に対して否定的な姿勢が示されることが少なくないが、エーレンの活動は教会の宗教的規範性を尊重するものであり、この結果、戦後の実践は、生改革的特徴を持ちながら、教会とその教義にそうかたちで展開することになったのである。

終章　カトリシズムによる社会改革

本書は、住宅政策には、人びとの暮らしや家庭のありようと密接に結び付いた居住空間を明確な狙いをもって形作ることで、旧西ドイツ社会の市民の規範となるべき人間像や社会像を提示する機能があることに注目した。そして、新国家の発足と冷戦体制下の東西対立という時代状況のなかで、ＣＤＵが住宅政策を通じて示そうとした理念を明らかにした。

ここまで本書が示したことから、まず、ＣＤＵが東側に対抗し旧西ドイツの理念を体現するものとして提示した住宅は、「家族住宅」という概念で構想された、田園地域の庭付きの戸建て持ち家住宅であったということができる。

そして、この住宅のあり方にこめられた理念とは、つぎのようなものであった。すなわち、持ち家には、冷戦下の東側陣営で進行する所有の廃絶とそれにともなって生じる個性の抹殺に対抗する自律的な人格を、所有を通じて形成するという意味が付与されており、この構想を支えていたのが、自律的な人格の基盤として所有を位置付けるカトリック社会教義の所有概念であった。さらに、この持ち家が「家族住宅」という概念で構想されたことで、家族を守り統治するという父権が負う義務は所有によってその履行が保証されるというカトリック社会教義の家族観が、持ち家のもつ意味のなかに織り込まれた。「家族住宅」という概念は、カトリシズムの自律的な人格を基礎づける所有概念と家父長主義的家族像を反映したものであった。また、この住宅の建設の進め方については、自助が重視され、まず自助があってから国家の介入があるべきという見解が示された。実際にも、カトリック・ミリューにおける住宅建設の実践において、住宅の建設を希望する者によって団体が組織され、団体のなかで自助による住宅建設が実践された。

以上の住宅のあり方を通じてCDUが提示した理念とは、自由で自律的な人格による東側の個性を抹殺する集団的均一性に対する対抗、家父長主義的家族の重視、団体の形成と自助による問題の解決といったカトリック社会教義に支えられた理念であった。

こうした、カトリック社会教義に支えられたCDUの社会問題への取り組みの前提となり、政策や実践によってその実現が追求された人間像と社会像は、つぎのようなものであった。

まず、その人間像は、カトリック社会教義が、自由主義とも社会主義とも一線を画して、近代の社会問題を独自に解決することを模索したことと深く関わっていた。すなわち、この独自の解決策を提示する前提として、社会主義の集団主義と、自由主義の個人主義に対し「人格」という人間像が対置される。この人格概念は、集団主義に対抗し人間の自律性を強調するものであり、同時に、人格は家族や教会、社会団体との交わりのなかで完成されるものであるとし、社会性を重視することで個人主義とも一線を画した。この自律性と社会性という二つの原理に立脚する人格概念に基づいて、独自の社会問題の解決が構想されたのである。そのなかで、個性を抹消する集団主義に対抗して、自由で自律的な人間を生み出すことがめざされ、これを達成するために、自律的な人格の基盤と位置付けられた所有の意義が強調された。また、自律性と並ぶ社会性という原理に基づいて、団体の形成が重視された。

ここで社会のあり方に目を向けると、団体の形成とともに注目されるのが、家族の位置付けである。ここでは、つぎの二つの点に改めて注意を喚起したい。一つは、持ち家住宅の意味として、自律的な人格の基盤としての意味とともに、家族を守り統治するという父権が負う義務の履行が保証されるという意味が付与されていたことである。いま一つは、この持ち家住宅が庭付きの戸建て住宅でなければならないことについて、外界から遮蔽された空間が提供され、それによって、父権が外部の権力から家族の自然性を守ることができるという意味付けがされていたことである。こうした住宅政策の構想における家族の位置付けは、家族に特別な地位が与えられた社会像を反映したものであった。父権は外部の権力から家族を守り統治する存在であり、その父権が守り抜くべきものとして重視されているのが家族の自然性である。この家族の自然性とは、国家や社会に先行して存在するものとして家族を位置付けることを意味する。この位置付けに基づいて、家族に対する国家の干渉や公的な介入は、家族の自然性を侵犯するものとして否定された。

この家族の自然性の重視と並んで、別の点でも、家族の重視がみられる。個人に対する人格概念の対置はすでに指摘したが、それと並んで、個人ではなく家族を単位とする考え方を、住宅政策の構想と実践にみることができるのである。まず、ここまで何度もみてきたように、持ち家住宅は「家族住宅」という概念で表現されており、それは、個人の住まいという観点から構想されたものではなく、家族の住まいとして構想されたものであった。また、自助により住宅を建設する実践の場での組織のあり方にも、家族単位の思想があらわれている。作業グループを構成するメンバーは夫ないし父、すなわち家長であり、家族の構成員がおこなった作業時間の記録も、この家長の名義のもとに登記され、家父長主義的家族を単位とする組織原理がみられた。

さらに、社会のあり方とも関わる、社会問題を解決する実践のあり方をみてみると、すでに述べたように、人格の自律性と社会性の二つの原理を前提とし、両者のあらわれとして団体の形成による自助が重視された。ここでさらに確認しておきたいのは、団体のなかでの自助は、相互の助け合いとして実践されたこと、また、その相互の助け合いの実践のなかで、隣人愛や献身といった意味も見出され、道徳や義務との結び付きも生じるようになったということである。

ここで、カトリック社会教義は自由主義とも社会主義とも一線を画した社会改革を模索するものであったことを踏まえ、自由主義および社会主義との差異を確認しておこう。

まず、カトリシズムは人間の自由や自律性を追求する。これは、社会主義と対抗する論点であり、自由主義とは共通するようにみえる。しかし、その内実は自己や自由を絶対的な価値とするような個人主義的な自由ではなく、社会性という原理をあわせもつ存在である「人格」の自由と自律である。自由主義とのあいだに一見して類似性が感じられるものの、立脚する人間像に即してみれば大きな差異が存在することに注意する必要がある。これは自助についてもあてはまる。ここでの自助は、個人の孤独な営みではなく、社会性という原理を含んだ理念であり、団体の形成と、団体のなかでの相互の助け合いを意味する。

これとは逆に、社会主義とのあいだに類似性があるようにみえて決定的な差異が存在するのが、社会問題を解決するうえでの国家の役割である。カトリシズムは、自由主義と一線を画し、社会問題の解決のための国家介入の必要性を認めている。しかし、公的介入が社会問題の解決において中心的な役割を担い、直接的で広い範囲におよぶ介入が要請される社会主義とは異なり、カトリシズムにおいては、国家の役割は補完的で、介入のあり方や介入の範囲も制限される。ここで大きな意味をもつのが、家族の位置付けである。国家や社会に先行する存在として家族の自然性が強調され、その自然性を侵犯する公的介入は否定される。また、家族の位置付けと並んで重要なのが、団体の形成による自助によって社会問題を解決する実践が重視されていることである。こうした社会像によって、社会問題を解決するうえでの国家の役割も規定され、国家干渉に対する国家先行的な存在としての家父長主義的家族の優位と、団体の形成による自助の重視によって、国家干渉や公的介入のあり方とその範囲が限定されることになる。

ここまで、本書が明らかにしたことをまとめてきた。それでは、これを、あらためて一九五〇年代の同時代の文脈のなかで整理し、さらに、その前後の時期を含む、より広いパースペクティヴに位置付けると、CDUの住宅政策とカトリシズムとの結び付きに、どのような歴史的意義が浮かび上がってくるだろうか。

第一に、一九五〇年代における西ドイツの住宅政策を、短期と長期、量的側面と質的側面、理念と実態という三つの軸に即して整理し、CDUの住宅政策の意味を考えたい。一九五〇年の第一次住宅建設法により開始された社会的住宅建設では、まず目前に広がる住宅不足を緩和し、より速くより多くの住居を供給するという、短期的なタイムスパンでの量的な課題の解決が優先された。その結果、社会住宅の多くは集合住宅、賃貸住宅として建設されることになった。これに対し、CDUの住宅政策は、冷戦の体制間競争のなかで西ドイツの理念を体現する住宅を提示するという、長期的なタイムスパンでの質的な課題へと住宅政策を転換したということができる。この転換のなかで、西ドイツの理念を体現する住宅として提示されたのがカトリック社会教義の理念に立脚した持ち家住宅であった。

もっとも、CDUだけが質的な対応をおこなっていたというわけではなかった。SPDも行動綱領で持ち家の価値そのものは認めていた。しかし、第二次住宅建設法案での扱いは、需要に応じて建設を促進するというもので、西ドイツの理念を体現する住宅としての位置付けではなかった。SPDの住宅政策は低所得層への住宅供給を最優先するもので、その枠組みのなかで、家賃水準と住宅の大きさの規定を通じ、低所得層の住環境を改善するというものであった。州についても、独自の住宅建設プログラムによる対応がみられたが、農業労働者や農村の手工業者用の持ち家建設など、対象や地域が限定されたものであった(三章三節)。このように、それぞれの質的な側面への対応は限定的なものであり、長期的なタイムスパンで西ドイツの理念を体現する住宅を提示するという、上述の意味での質的な課題へと住宅政策を転換したのは、CDUの住宅政策であった。

その一方で、第二次住宅建設法に向けた議論のなかで、CDUの持ち家政策は、量的課題への対応に限界があることが重要な論点となった。まず、SPDおよびSPDと結びついた団体の批判は、持ち家政策が都市と低所得層に対し量的に対応できないという点に向けられていた。さらに、住宅政策の実務を担う州も、地域の状況に応じて量的課題に対応する必要があり、第二次住宅建設法案の審議に際して、州の裁量の余地を確保することに尽力した。実際に、同法案が連邦議会を通過したあとに、連邦参議院で州の要求を実現する方向で修正が加えられていた。連邦議会ではＣＤＵの主張する理念が法案に反映されたが、実務を担う州に対してもその理念が貫徹されたわけではなく、政策の理念と実務の現場のあいだの関係は必ずしも整合的といえるものではなかった。

ここでＣＤＵの持ち家政策の結果について、住宅建設全体に占める持ち家建設の割合を概観すると、一九五〇年の二四％から六〇年の約三二％へと増加し、さらにその後、約四〇％まで達し、ほぼその水準で推移することになる。全体として、第二次住宅建設法の成果を確認できるものの、リュッケが主張していた「社会的住宅建設の規範」となったとはいえない水準であり、量的な拡大には限界があった。さらに、地域に即してみていくとこの限界はより明らかで、大都市においては賃貸住宅が過半数を占め続け、持ち家が一般的になることはなかった。[1]

こうした量的な対応の限界や理念と実態との整合性の問題は、カトリシズム内の動きにもみることができた。農業州であるバイエルンには、他の州を大きく上回る大量の被追放民が流入し、被追放民に最低限度の住居を供給するという量的課題の解決に困難をかかえることになった。こうしたなかで、バイエルンの司教区の事業では、集合住宅の建設による量的対応をおこなわざるを得ない状況がみられた。さらに、理念と実態の整合性をめぐっては、ＣＤＵの住宅政策を主導したグループのなかでも態度に差異がみられた。そこで特徴的であったのは、代表的なカトリック知識人のネル＝ブロイニンクが実態にも配慮したのに対し、カトリック・ミリューにおける実践の現場に近いエーレンがより原理的に理念の貫徹を追求していたことである。

それでは量的課題への対応に限界があるにもかかわらず、ＣＤＵの住宅政策を主導したカトリックのグループが持ち家建設の優先を主張したことにはどのような意味があったのだろうか。まず、小所有層を形成することで社会の安定を生み出すことが試みられたということができる。さらに、そうした社会の安定を生み出す試みのなかでも、とくにカトリックの倫理や道徳に基礎づけられた家族とそこで育てられる子どもを、社会の安定の基盤にすることが考えられていたと指摘することができよう。この点を理解するうえで重要なのが、カトリックの世界観に即してみれば、住宅と家族のあり方は一体のものとして総体的にとらえられていたということである。まず、理想とする持ち家住宅が「家族住宅」という概念で提示されたことに端的にあらわれているように、住宅のあり方にはカトリックの家父長主義的な家族像が反映された。さらに、そうした住宅に住む家族の生活について、エーレンの言説のなかで「健全な家族」の姿、すなわち教会の影響下にある家庭とそのなかで育てられる子どもの姿が繰り返し提示されており、こうした家族のあり方が社会全体を支え落ち着かせるものとして位置付けられていたことを読み取ることができる。また、こうした家族のあり方を可能にするものとして、カトリック・ミリューでの実践のなかでは、自助をおこなう入植者共同体を、住宅と集落の建設の完成後も持続する、教会を中心とした教区共同体へと移行させることが考えられていたこともあらためて指摘したい。

第二に、一九五〇年代のCDUの住宅政策を支え、住宅のあり方にその理念が反映されたカトリシズムの歴史的位置付けについてさらに考えてみたい。すでに述べたように、カトリック社会教義は十九世紀末の工業化の進展により発生した「社会問題」と対峙し、伝統的なカトリックの原理に加えて、この問題の解決のために活動していた社会カトリシズムの運動が獲得した新たな知見を取り入れることで形成されたものであった。その原則的内容は、教皇レオ十三世による一八九一年の回勅「レルム・ノヴァルム」を中心に体系化され、自由主義とも社会主義とも一線を画して、近代の諸問題を独自に解決することが模索された。この回勅は、社会問題へのカトリシズムの対応の方向性を示す規範的な回勅となり、その独自の社会改革を模索する方向性は、その後の教皇ピウス十一世による一九三一年の回勅「クアドラジェシモ・アンノ」や、さらに、この二つの回勅の内容をわかりやすく広めることに意を用いていた教皇ピウス十二世のメッセージで確認された。

本書の考察は、回勅「レルム・ノヴァルム」の理念が、その五〇周年を記念する一九四一年の聖霊降臨祭のメッセージを通じて継承されていたことを具体的に示した。その際に特徴的であったのが、CDUの住宅政策を主導したリュッケのメモや、アルテンベルク集会でのヴュルツブルク司教デフナーの講演、さらにカトリック入植協会の記念刊行物において、このメッセージの同じ文言が繰り返し参照されていたことである。こうしたことから、回勅「レルム・ノヴァルム」とその理念を伝えるメッセージが規範的なテクストとして機能していたということができる。これは、換言すれば、そうした規範的なテクストを共有するカトリックのミリューが機能していたということでもある。実際にも、カトリック・ミリューにおける実践の場では、理想とされる住宅は回勅の理念を具現化するものとして理解されていた。このように、CDUの住宅政策は、カトリック社会教義に基づく独自の社会改革の構想を現実化したものであり、CDUの社会問題への取り組みを支える理念は、回勅「レルム・ノヴァルム」以来の世紀転換期からの連続性のなかではじめて理解することができるものであった。

このことの歴史的意義をあらためて整理すると、カトリシズムに立脚した独自の社会改革としてCDUの社会政策の一つが構想されていたということは、近代化とともに宗教の社会的影響力は失われていくとする単純な世俗化論ではすくいきれない、あるいは、世俗化がある程度進んだあともなお残る、社会に根を張ったカトリックの社会的ネットワークと思想の影響を示すものであると指摘することができる。さらに、この点については、本書がCDU対SPDという政党間の政治対立だけで考察を進めるのではなく、CDU内のカトリシズムに注目したことではじめて、単純な世俗化論ではとらえられない点を明らかにすることができたということができる。

もっとも、カトリックのみならずプロテスタントをも包摂しようとするCDUのなかで、プロテスタントが実際に一定の役割をはたしていたことも指摘しなければならない。とくにゲルステンマイヤーに率いられたドイツ福音教会救援機関は被追放民の定住を支援し、傘下に公益的入植会社を設立して小規模住宅を中心とする住宅建設を実践するとともに、住宅政策の方向性として庭付きの持ち家住宅の建設促進を主張していた。しかし、ゲルステンマイヤーが住宅政策の議論の場から離れたあとは、CDUの住宅政策の立案に際してプロテスタントの存在感はそれ以前に比べ小さなものとなっていた。さらに全体としても、リュッケと彼の周囲に集まったカトリックの知識人と実践家のグループのはたした役割はプロテスタントに比べはるかに大きなものであり、CDUの住宅政策の立案とその要求の実現を主導したのはカトリシズムということができる。

こうしたプロテスタントのはたした役割を確認したうえで、あらためて、カトリシズムに立脚した独自の社会改革という本書の結論の意味を考えると、プロテスタントという宗派を紐帯としたミリューが形成されなかったのに対し、カトリック・ミリューの存在の重要性が浮き彫りになるといえよう。ミリューの存在によって、社会問題の解決に取り組むカトリシズムの伝統が支えられるとともに、実際にミリューの結び付きのなかで社会問題を解決する構想が議論され実践されたのである。

本書の冒頭で、旧西ドイツの建国後すぐに政権を担ったCDUが進めた社会政策は、旧西ドイツの社会政策の制度的な基盤を形成したと述べた。第三に、本書の考察からえられた知見と、この旧西ドイツの社会政策の制度的特徴との関係について考えたい。旧西ドイツの社会政策については、エスピン＝アンデルセンの比較福祉国家論で、家族と社会団体が中心となり、それに国家が補完的に関わっていくかたちが制度的な特徴とされ、とくに家族について、公的介入による家族のコストの社会化がしりぞけられ伝統的な家族が維持されたことが指摘されている。[2] CDUの社会問題への取り組みを支える理念を考察することでえられた、家父長主義的家族を中心にすえた社会像、団体の形成と自助を重視した社会問題を解決する実践のあり方、そして、国家干渉に対する家父長主義的家族の優位といった本書の知見は、この制度的特徴と合致するものということができよう。比較福祉国家論は、労使関係や社会保険制度の分析に基づいて論じられることが多く、そのなかで看過されがちな私的な領域、住宅への注目からも、こうした知見をえることができたことを本書の考察の意義として指摘したい。本書はエスピン＝アンデルセンが提示したモデルの検証を直接の目的とするものではないが、ＣＤＵが理想としていた人間像や社会像を踏まえることで、旧西ドイツの社会政策の理解を深め、その性格を明確化することにも寄与することができると思われる。

さらに、旧西ドイツの社会政策の特徴の歴史的変化を考察する際にも本書の知見を活かすことができる。本書が考察した時期のあとには、大連立政権をへて、一九六〇年代後半から七〇年代にかけＳＰＤを中心とする政権へと政権の担い手の交代がおきた。この政権の交代にともない、旧西ドイツの社会政策の特徴に変化があったことが指摘されている[3]。こうした指摘を踏まえて旧西ドイツの社会政策の歴史的変化を考察する際にも、ＣＤＵがめざした人間像と社会像に関する本書の知見と、ＳＰＤに主導された社会政策にみられる特徴とを比較することで、ＳＰＤがめざしたものを明確にすることができよう。こうすることで、ただ制度の変更をあとづけるだけでなく、その背景にある理念まで掘り下げて検討し、旧西ドイツの社会政策の連続と変化をより正確にとらえることに寄与することができる。

他方で、本書で十分論じることができなかった問題もある。ここで、その論点を展望しておきたい。

本書では、国際比較とナチズムとの関係という二つの問題については十分に取り上げることができなかった。ここでは、後者のナチズムとの関係について残された問題を確認したい。第五章の終わりで、ナチ体制下でも小規模住宅の建設がおこなわれたこと、しかしリュッケに主導されたＣＤＵの住宅政策はカトリシズムに立脚しており、背景にある理念が異なることを指摘した。その一方で、ＣＤＵの住宅政策と結び付いた土と住宅を結び付けようとする住宅改革の潮流には、ナチ体制と近いものもあり、それぞれの事例に即して検討する必要がある。

また、直接的なナチ体制への協力ではないものの、カトリック・ミリューにおける入植と住宅建設で指導的役割をはたした人物に、ドイツ東部との関わりのある人物が少なくないことを指摘することができる。戦後、カトリック入植協会の再建を決定した入植問題担当司教カラーは、もともと東プロイセンのエルムラント司教であり、戦間期には東部地域への植民の推進者であった。さらに、リュッケを支えたカトリックのグループのなかでも、カトリック入植協会の理事長ヴォスニツァは、シュレジエンのカトヴィッツ司教区の指導部のひとりであった。こうした事実を踏まえ、カトリック教会が東部地域においてはたした役割について考察する必要があるように思われる。[4]

他方で、エーレンの言説について、土、共同体、故郷などナチズムにも用いられ歴史的に負荷のかかった概念が多く用いられていることを指摘したが、これらの概念については、カトリシズムの言説や実践のなかでキリスト教の論理に即して用いられることで、ナチ期に与えられた含意が上書きされ、その負荷が軽減ないし払拭され再び使用可能になったという指摘もされている。[5] 戦前との連続と断絶に関する考察を深めるために、キリスト教やカトリシズムがはたしたこうした役割についても注目する必要があるといえよう。

第二に、本書は一九五〇年代においてカトリシズムがはたした役割を明らかにし、さらに、これは世紀転換期からの連続性を踏まえることで理解できると指摘した。他方で、この連続性はどこまで続いたのかという問題は論じなかった。六〇年代を社会変動の時期ととらえ七〇年代から近代の新たな局面が始まるという見方も提示されており、この時期におけるカトリック・ミリューのあり方、社会カトリシズムの理念や思想の内容、そして、CDU内でのカトリシズムの位置付けといった点について、それぞれの連続と変化を検討することが必要になる。[6] 序章で、カトリシズムには直面した歴史的な社会状況に応じて変化する関係的で動的な性格があることを指摘した。実際にも、カトリック社会教義は、十九世紀後半から世紀転換期にかけて、工業化の進展によって発生した「社会問題」と対峙するなかで形成されたものであった。これに対し、六〇年代から七〇年代にかけて、それまで対峙していた工業社会から、ポスト工業社会と消費社会へと、近代のなかでの局面が移行することになる。さらにこの時期には、「六八年」に象徴されるように、「より多くの民主主義」が要求されるようにもなる。こうした新しい社会状況に直面して、それまでの思想内容がどのように変化したのか、その一方で、どのような点が維持されたのか、この両面について、カトリシズムの自己変革の試みを検討することが必要になろう。

第三に、本書は第三章でCDUの住宅政策を同時代の他の住宅改革構想との関係のなかに位置付けて考察を進めたが、本書が取り上げなかった構想もある。そのなかでも重要なのが、戦後西ドイツの基本的な社会経済秩序としてCDUが提示し、現在まで継承されている「社会的市場経済」概念を準備したオルド自由主義との関係である。[7] というのも、指導的なオルド自由主義の知識人リュストウは、農村的環境での菜園付き持ち家住宅建設を重視し、本書が考察したリュッケの構想と類似の構想を提示していたからである。[8] さらに重要なことに、社会問題に関心を寄せるオルド自由主義知識人は、ルター派の出自をもちながら、カトリックの社会論を参照して社会政策に関する独自の構想を構築していた。[9] しかし、両者のあいだに、住宅に関する政策立案やその要求の実現における協力を示す史料は管見の限り存在しない。さらに、ネル＝ブロイニンクは、住宅に即してではないもののオルド自由主義に対する一般的な評価として、オルド自由主義が十九世紀の古い自由主義から決別したことを歓迎しながら、自由主義を唱える限りその根底にある個人主義的人間像に対する警戒も示していた。[10] この両者のあいだの、接近しつつも差異が残るという関係を踏まえ、CDUの社会的取り組みと西ドイツ社会国家の建設を支える思想としてのオルド自由主義の位置付けを、カトリシズムとの関係に注目しつつ考察する必要があると考える。[11]

最後に、本書は住宅政策とその理念に立案者の視点から迫ったが、一九五〇年代から六〇年代にかけて建設された持ち家住宅について、住民の視点からその実態をみることは残された問題となった。これに関連して重要なのが、五〇年代の構想と六〇年代に実際に建設された住宅はどこまで合致するのかということである。六〇年代には大衆モータリゼーションが進展し自動車で往来可能な地域が拡大したことをうけて、都市郊外に住宅地が開発され、この郊外化の流れのなかで戸建て持ち家住宅の建設が進んだ。[12] この六〇年代の郊外の持ち家住宅は、自家用車で郊外の住まいから都市の職場へと通勤するライフスタイルと結びつき、同時代において、新しい消費社会的状況の到来の象徴として受け止められたことが指摘されている。[13] 本書が分析した住宅政策のヴィジョンとその実態ないし結果との関係について、すでに指摘した住宅建設全体に占める持ち家の割合に限界があったという量的側面に加えて、持ち家住宅に対してなされた意義付けという質的な側面についても、経済成長による豊かな社会の実現や消費社会的状況の到来といった大きな社会状況の変化を踏まえながら考察することが必要になろう。

あとがき

本書は、二〇一五年に東京大学に提出した博士論文をもとに、加筆修正をほどこしたものである。本書の刊行にあたり、論文を審査し有益なコメントをくださった、姫岡とし子先生、北村昌史先生、勝田俊輔先生、池田嘉郎先生、武川正吾先生にお礼を申し上げたい。

博士論文を提出し、さらに本書を完成させるまで、大学院に進学してからゆうに十年を越える歳月が過ぎてしまったが、この間に四人の先生に指導教授としてご指導を賜った。

まず、大学院修士課程に進学して最初の指導教授としてご指導いただいたのが木村靖二先生である。木村先生には、ドイツ史研究の基本、そして、対象を多角的に考察することの重要性を教えていただいた。先生のお言葉をきちんと消化することができたのか心許ないが、未熟ながらも私なりに先生のご指導を受けとめ、貴重な財産とさせていただいた。また、博士論文を書きあらため、本書を完成させるうえで、大変貴重なご意見をいただいた。私の力不足で、ご指摘を十分にいかして完成できたとは言い難いが、この場を借りて感謝申し上げたい。もちろん、本書の誤りや足りないところは、全て筆者の責任である。

木村先生の退官後、指導教授を引き受けてくださったのが、すでに学部時代にもお世話になっていたイギリス史の近藤和彦先生である。近藤先生は、細部を大切にすることと、大きな文脈で歴史をみることの双方の重要性を強調されていた。そのなかで、イギリス史ではなくドイツ史を専攻する私のことも、常に関心を持って見守ってくださった。些細なことで簡単に気落ちする私を、いつも前向きな言葉で励ましてくださったことに、あらためて感謝申し上げたい。

その後のドイツ留学の際には、ボン大学のギュンター・シュルツ先生(Prof.Dr. Günther Schulz)に、指導教授になっていただいた。シュルツ先生には、多くの研究文献をご教示いただき、さらに、文書館での史料調査でもお世話になった。学部長に就任され多忙を極めるなか、時間を割いて研究を支えてくださったことにお礼を申し上げる。また、留学の機会を与えてくれたドイツ学術交流会（DAAD）にも謝意を表したい。

そして、ドイツから帰国したあと、それまでの研究を整理し博士論文としてまとめる段階で指導教授として指導してくださったのが、姫岡とし子先生である。収集した文献や史料を抱えて帰国したものの、それを通じて何を明らかにしたいのか曖昧なままであった私に、先生は、さまざまな機会を通じて問題を提起し疑問を投げかけ、それが少しでも明確なものになるよう導いてくださった。先生の問いかけに対し答えにつまり、文字通り固まってしまったこともあったが、どうにか捻り出したまとまりのない話にも辛抱強く耳を傾けてくださった。さらに、博士論文の草稿にも目を通してくださり、多くのご指摘をくださった。これまでのご指導に深く感謝申し上げる。

指導教授としてご指導いただいた諸先生のほかにも、多くの方に助けていただいた。博論審査の副査をしていただいた北村昌史先生には、その後、研究会や学会で研究報告をおこなった際にも、自分の研究の意義と問題点を考えるためのヒントをいただいた。また、木村ゼミの諸先輩には、長年、読書会や研究会で多くのことを学ばせていただいた。ボンで出会った人びとにもお世話になった。なかでも、ヴェレーナ・メッケル（Dr. Verena Meckel）に心から感謝の意を示したい。

あまりに多くの方にお世話になったため、全ての方のお名前をあげることはできないが、これまで研究を支えてくださった方々にこの場を借りてお礼を申し上げる。

最後になってしまったが、単著の刊行という貴重な機会を与えてくれた山川出版社にも心からお礼を申し上げたい。

二〇一六年十月

芦部　彰

芦 部　彰　あしべ　あきら
1977年生まれ
2015年，東京大学大学院人文社会系研究科博士課程修了。博士（文学）
現在，東京大学大学院人文社会系研究科助教
主要論文
「オルド自由主義と社会国家」（『歴史学研究』828号，2007年）
「一九五〇年代ドイツ連邦共和国におけるキリスト教民主同盟（CDU）の住宅政策とカトリシズム」（『史学雑誌』123編４号，2014年）
Eigenheimpolitik in den 1950er Jahren und Katholizismus in: *Veröffentlichungen des Japanisch-Deutschen Zentrums Berlin*, Bd. 60, 2010

山川歴史モノグラフ33　**カトリシズムと戦後西《せんごにし》ドイツの社会政策《しゃかいせいさく》**
1950年代《ねんだい》におけるキリスト教民主同盟《きょうみんしゅどうめい》の住宅政策《じゅうたくせいさく》

2016年11月1日　第１版第１刷印刷　　2016年11月10日　第１版第１刷発行

著　者　芦部《あしべ》　彰《あきら》
発行者　野澤伸平
発行所　株式会社 山川出版社
〒101-0047 東京都千代田区内神田1-13-13
電話　03(3293)8131(営業)　03(3293)8134(編集)
https://www.yamakawa.co.jp/　　振替　00120-9-43993
印刷所　株式会社 太平印刷社
製本所　株式会社 ブロケード
装　幀　菊地信義

　ISBN978-4-634-67391-5

索　　引

人名索引

● マ・ヤ

● ラ

地名・事項索引

● ア

● カ

● サ

● タ

● ナ

● ハ

● マ

政党の略称

キリスト教民主同盟　Christlich-Demokratische Union: CDU
キリスト教社会同盟　Christlich-Soziale Union: CSU
ドイツ社会民主党　Sozialdemokratische Partei Deutschlands: SPD
自由民主党　Freie Demokratische Partei: FDP
全ドイツブロック/故郷被追放民・権利被剥奪者同盟　Gesamtdeutscher Block/Bund der Heimatvertriebenen und Entrechteten: GB/BHE

史料・参考文献

史　料

1　文書館史料

1. Bundesarchiv, Koblenz［BArch］
   1-1. Bundesministerium für Wohnungsbau［B134］
   1-2. Bundesministerium für Familienfragen［B153］
2. Parlamentsarchiv des Deutschen Bundestages, Berlin［BT PA］
   2-1. Ausschuss für Wiederaufbau und Wohnungswesen［BT-AfWiederaufbau］, 2. Wahlperiode, 2 WoBauG［II 272, A1–A6；B1–B5］
3. Archiv für Christlich-Demokratische Politik, Sankt Augustin［ACDP］
   3-1. Nachlass Paul Lücke［I-077］
4. Archiv des Erzbistums Köln, Köln［AEK］
   4-1. Cabinett Registratur II［CR II］
5. Landesarchiv Nordrhein-Westfalen, Abteilung Rheinland, Düsseldorf［LA-NRW］
   5-1. Deutsches Volksheimstättenwerk［RW 296］
   5-2. Nachlass Nikolaus Ehlen［RWN 215］
   5-3. Nachlass Heinrich Heribert Gehle［RWN 258］
   5-4. Bundesvereinigung deutscher Heimstätten［RW 96］
6. Archiv der sozialen Demokratie, Bonn［AdsD］
   6-1. Nachlass Werner Jacobi
   6-2. DGB-Archiv
7. Landesarchiv Berlin, Berlin［LA-Berlin］
   7-1. Deutscher Städtetag［B Rep. 142-09］
8. Bayerisches Hauptstaatsarchiv, München［Bayer. HstA］
   8-1. Staatskanzlei［Stk］

2　刊行史料

（1）議会史料

Gemeinsamer Ausschuss des Deutschen Bundestages und des Bundesrates nach Artikel 77 des Grundgesetzes, Protokoll der Sitzung des Vermittlungsausschusses des Deutschen Bundestages und des Bundesrates, Mikrofisch-Ausgabe, München 1983.

Verhandlungen des Bundesrates, Stenografische Berichte, 1950ff.（=*Sten. Ber. Bundesrat*）

Verhandlungen des Deutschen Bundestages, Anlage zu den Stenographischen Berichten（*Drucksachen*）, 1950ff.（= *BT-Drucksache*）

Verhandlungen des Deutschen Bundestages, Stenographische Berichte, 1950ff.（= *Sten. Ber.*）

（2）閣議録

Bundesarchiv (Hrsg.) 1989. *Die Kabinettsprotokolle der Bundesregierung, Bd. 6: 1953*, München.
(3) 連邦省庁
Statistisches Bundesamt (Hrsg.) 1952. *Die Bevölkerung der Bundesrepublik Deutschland nach der Zählung vom 13.9.1950, Heft2: Die Bevölkerung nach der Religionszugehörigkeit* (*Statistik der Bundesrepublik Deutschland, Bd. 35*), Stuttgart.
Bundesministerium des Innern (Hrsg.) 1956. *Die freie Wohlfahrtspflege* (*Beiträge und Studien zu einem Sozialatlas 2*), Köln.
(4) 政党
CDU-Bundesgeschäftsstelle (Hrsg.) 1953. *Deutschland, sozialer Rechtsstaat im geeinten Europa, 4. Bundesparteitag 18-22. April 1953*, Hamburg.
Vorstand der SPD (Hrsg.) 1954. *Aktionsprogramm der Sozialdemokratischen Partei Deutschlands, Beschlossen auf dem Dortmunder Parteitag am 18.11.1952, erweitert auf dem Berliner Parteitag am 24.7.1954*, Bonn.
(5) 教会
Acta Apostolicae Sedis: commentarium officiale, 1909ff., Roma.
Bundesverband der Katholischen Arbeitnehmer-Bewegung Deutschlands (Hrsg.) 1985. *Texte zur katholischen Soziallehre. Die sozialen Rundschreiben der Päpste und andere kirchliche Dokumente, mit einer Einführung von Oswald von Nell-Breuning S. J.*, Kevelaer.
Erzbischöfliches Seelsorgeamt Köln (Hrsg.) 1946. *Die Enzyklika Leos XIII. Rerum novarum und Die Enzyklika Pius XI. Quadragesimo anno - amtlicher deutscher Text*, Düsseldorf.
Jussen, Wilhelm (Hrsg.) 1946. *Gerechtigkeit schafft Frieden. Reden und Enzykliken des Heiligen Vaters Pius XII.*, Hamburg.
Katholische Arbeitnehmer-Bewegung Deutschlands e. V. (Hrsg.) 2007. *Texte zur katholischen Soziallehre. Die sozialen Rundschreiben der Päpste und andere kirchliche Dokumente*, 9. erw. Aufl., Köln.
(6) 法令・コメンタール
Reichsgesetzblatt (=*RGBl.*)
Amtsblatt des Kontrollrats in Deutschland
Verordnungsblatt für die Britische Zone
Gesetzblatt der Verwaltung des Vereinigten Wirtschaftsgebietes
Bundesgesetzblatt (=*BGBl.*)
Fischer-Dieskau, Joachim / Pergande, Hans-Günter / Schwender, H. W., o. J. *Das Zweite Wohnungsbaugesetz (Wohnungsbau- und Familiengesetzbau), Kommentar*, o. O..
3 雑誌
Die großdeutsche Jugend
Lotsenrufe

Der Städtetag, Zeitschrift für Kommunale Praxis und Wissenschaft, hrsg. vom Deutschen Städtetag
Die Volksheimstätte, Monatszeitschrift des deutschen Volksheimstättenwerks

4 同時代文献

Abteilung Wohnungsbeschaffung der Hauptverwaltung der Industriegewerkschaft Bergbau (Hrsg.) 1955. *10 Jahre Bergarbeiter-Wohnungsbau*, Bochum.
Adenauer, Konrad 1951. Familienpolitik einer christlichen Regierung, in: Kreis „Ehe und Familie" (Hrsg.), *„Breitesten Schichten Eigentum an Wohnungen zu schaffen"*, Frankfurt a. M., S. 89–96.
Baars, Reinhard 1959. „Bauspaarkasse", in: *HdSWS*, S. 230–234.
Blum, Heinrich 1959. „Siedlungsgesellschaften", in: *HdSWS*, S. 1335–1337.
Boarman, Patric / Kunze, Berthold / Müller-Armack, Alfred / Erhard, Ludwig / Benseler, Frank (Hrsg.) 1955. *Der Christ und die soziale Marktwirtschaft*, Stuttgart.
Bökelmann, Horst 1959. „Wohnungseigentum", in: *HdSWS*, S. 1711–1715.
Brecht, Julius 1959. „Wohnungsgemeinnützigkeit", in: *HdSWS*, S. 1732–1743.
Bundesvereinigung Deutscher Heimstätte (Hrsg.) 1960. *Die deutschen Heimstätten. Ein Bildband der staatlichen Treuhandstellen für Wohnungs- und Kleinsiedlungswesen, 1949–1959*, Duisburg.
Damaschke, Adolf 1922. *Die Bodenreform. Grundsätzliches und Geschichtliches zur Erkenntnis und Überwindung der sozialen Not*, 19. Aufl., Jena.
Deutscher Gewerkschaftsbund (Hrsg.) 1956. *Geschäftsbericht des Bundesvorstandes des Deutschen Gewerkschaftsbundes, 1954–1955*, Düsseldorf.
Deutsches Volksheimstättenwerk (Hrsg.) 1951. *Die Funktion des Eigenheims in der Sozialordnung unserer Zeit. Vorträge und Referate des Dritten Deutschen Volksheimstättentags Hannover 1951*, Bielefeld.
——(Hrsg.) 1955. *Grundeigentum und bauliche Ordnung*, Bonn.
Döpfner, Julius 1951. Die Kirche als Hüterin der Familie, in: Kreis „Ehe und Familie" (Hrsg.), *„Breitesten Schichten Eigentum an Wohnungen zu schaffen"*, Frankfurt a. M., S. 82–88.
Ehlen, Nikolaus 1915/1916. Grundsätze und Ziele, in: *Großdeutsche Jugend* 1, S. 3–5.
——1932. Frohes Volk, in: *Lotsenrufe* 18/3, S. 18–24.
——1935. Adolf Damaschke, in: *Lotsenrufe* 20/12, S. 91–92.
——1937. Heilige Hingabe, in: Höck (Hrsg.), *Denn Dein ist das Reich*, München, S. 91–120.
——1946a. Die Selbsthilfe-Siedlung, in: *Neues Abendland* 1/4, S. 20–22.
——1946b. Der Boden als Gemeineigentum, in: *Neues Abendland* 1/9, S. 24–28.
——1949a. Das Heim der Familie, in: Generalsekretariat (Hrsg.), *Gerechtigkeit schafft Frieden*, Paderborn, S. 283–285.
——1949b. Das Stundenlohnopfer in Bochum!, in: *Lotsenrufe* 26/5, S. 4–8.

——1950. *Das familiengerechte Heim - Ideen und Verwirklichung*, Recklinghausen.

——1955a. Waldkappel, in: *Lotsenrufe* 32/5, S. 7–8.

——1955b. Wer von Euch, in: *Lotsenrufe* 32/6, S. 6–8.

——1956a. Beispiele müssen geschaffen werden. Von Bochum bis Köln je ein Katholikentagsdorf, in: Katholischer Siedlungsdienst (Hrsg.), *Heim und Familie*, Köln, S. 39–40.

——1956b. Familiensiedlung, in: Scherer / Scherer / Dorneich (Hrsg.), *Ehe und Familie*, Freiburg, S. 275–277.

——1960. Ernst Thrasolt, in: *Lotsenrufe* 37/2, S. 1–3.

——1963. Was hat die Jugendbewegung erreicht?, in: *Lotsenrufe* 40/6, S. 4–7.

Ehrenforth, Werner 1959. „Siedlungsgesetzgebung, ländliche", in: *HdSWS*, S. 1337–1346.

Familienbund der Deutschen Katholiken Bundesgeschäftsführung (Hrsg.) 1961. *Acht Jahre Familienpolitik. Acht Jahre zentraler Familienrat*, o. O..

Fischer-Barnicol, Hans, 1958. *Handlanger Gottes. Ein Bericht über den Bauorden*, Frankfurt a. M..

Gehle, Heinrich Heribert, 1963. Zur „Hohen Meißner" - Erinnerung!, in: *Vaterland* 13/11, S. 121–122.

Generalsekretariat des Zentralkomitees der Deutschen Katholikentage (Hrsg.) 1949. *Gerechtigkeit schafft Frieden. Der 73. Deutsche Katholikentag vom 31. August bis 4. September 1949 in Bochum*, Paderborn.

Gesellschaft zur Förderung der inneren Kolonisation (Hrsg.) 1962. *Gesellschaft zur Förderung der inneren Kolonisation (GFK) e. V. 1912–1962, hrsg. anlässlich ihres 50jährigen Bestehens*, Berlin.

Giebner, Werner 1959. „Bergarbeiterwohnungsbau", in: *HdSWS*, S. 313– 318.

Grünberg, Carl 1891. Der Entwurf eines Heimstättengesetzes, in: *Archiv für Soziale Gesetzgebung und Statistik* 4, S. 369–389.

Heuer, Jürgen H. B. (Hrsg.) 1975. *Eigentum - Miete*, Bochum.

Höck, Michael (Hrsg.) 1937. *Denn Dein ist das Reich. Sieben Rufe in die Zeit*, München.

Hunold, Arnold (Hrsg.), 1953. *Wirtschaft ohne Wunder*, Zürich.

Jakobi, Werner 1955. Grundzüge des Entwurfs eines Bundesbaugesetzes[Referat auf dem 4. Deutschen Volksheimstättentag, Köln 1955], in: Deutsches Volksheimstättenwerk (Hrsg.), *Grundeigentum und bauliche Ordnung*, Bonn, S. 21–34.

Jaschiski, Heinrich 1959. „Deutsche Bau- und Bodenbank", in: *HdSWS*, S. 457–460.

Jaspert, Reinhard (Hrsg.) 1957. *Handbuch der modernen Architektur*, Berlin.

Katholischer Siedlungsdienst Köln und Verband Katholischer Siedler Münster (Hrsg.) 1956. *Heim und Familie. 10 Jahre katholische Siedlungsarbeit*, Köln.

Kreis „Ehe und Familie" des deutschen Katholikentages (Hrsg.) 1951. *„Breitesten Schichten Eigentum an Wohnungen zu schaffen, das ist heute die Aufgabe." Referate*

und Reden des Altenberger Treffens und der öffentlichen Kundgebung in Plenarsaal des Bundeshauses am 22. September 1951, Frankfurt a. M..
zu Löwenstein, Karl 1951. Altenberger Programm, in: Kreis „Ehe und Familie“ (Hrsg.), *„Breitesten Schichten Eigentum an Wohnungen zu schaffen“*, Frankfurt a. M., S. 73-81.
Lübke, Heinrich 1949. Die Bedeutung der Siedlung, in: Generalsekretariat (Hrsg.), *Gerechtigkeit schafft Frieden*, Paderborn, S. 257-260.
Lücke, Paul 1951. Was geschieht heute im Wohnungsbau?, in: Kreis „Ehe und Familie“ (Hrsg.), *„Breitesten Schichten Eigentum an Wohnungen zu schaffen“*, Frankfurt a. M., S. 19-29.
May, Ernst 1957. Wohnungsbau, in: Jaspert (Hrsg.), *Handbuch der modernen Architektur*, Berlin, S. 117-307.
Müller-Armack, Alfred 1947. *Wirtschaftslenkung und Marktwirtschaft*, Hamburg.
von Nell-Breuning, Oswald 1951. Liberalismus, in: Sacher / von Nell-Breuning (Hrsg.), *Wörterbuch der Politik* 5, Freiburg, Sp. 197-220.
——1953. Die familiengerechte Wohnung, in: *Bundesbaublatt* 2/4, S. 144-147.
——1956. Leitsätze über „familiengerechte“ Wohnungen, in: von Nell-Breuning, *Wirtschaft und Gesellschaft heute, Bd. 1*, Freiburg, S. 367-370[*Michael, Katholische Wochenzeitung*, 7.12.1952].
——1956-1960. *Wirtschaft und Gesellschaft heute*, 3 Bde. (*Bd. 1: Grundfrage / Bd. 2: Zeitfragen / Bd. 3: Zeitfragen 1955-1959*), Freiburg.
——1959. „Bodenreform“, in: *HdSWS*, S. 405-411.
——1960. Familiengerechte Wohnung – Eigentum und/oder Miete?, in: *Wirtschaft und Gesellschaft heute, Bd. 3*, Freiburg, S. 383-396.
——2007. Einführung, in: Katholische Arbeitnehmer-Bewegung Deutschlands e. V. (Hrsg.), *Texte zur katholischen Soziallehre*, Köln, S. VII-XLVIII.
Neundörfer, Ludwig 1949. Die Dritte Daseinsform, in: Generalsekretariat (Hrsg.), *Gerechtigkeit schafft Frieden*, Paderborn, S. 260-264.
——/ Achinger, Hans / Höffner, Joseph / Muthesius, Hans 1955. *Neuordnung der sozialen Leistungen. Denkschrift auf Anregung des Bundeskanzlers*, Köln.
Plett, Heinrich 1959. „Kreditinstitute für die Wohnungswirtschaft“, in: *HdSWS*, S. 964-968.
Poerschke, Stephan 1952. Wie die Kleinsiedlung entstand, in: Seraphim (Hrsg.), *Heimstättenarbeit in Westfalen*, Münster, S. 59-62.
Preusker, Viktor Emanuel 1956. Zum Problem der Eigentumsbildung im Wohnungsbau, in: *Die Volksheimstätte* 8/1, S. 3.
Rall, Hellmut 1954. *Die Eigentumsmaßnahmen des werksgeförderten Wohnungsbaues. Unter besonderer Berücksichtigung des Eigenheimes und der Kleinsiedlung*, o. O..
Rheinische Heimstätte (Hrsg.) 1968. *Rheinische Heimstätte. 1918-1968. Ein halbes Jahrhundert im Dienste des Staates, der Gemeinden und des Bürgers*, Düsseldorf.

Roser, Helmut 1959. „Landarbeiterwohnungsbau“, in: *HdSWS*, S. 989-996.

Röpke, Wilhelm 1944. *Civitas Humana. Grundfragen der Gesellschafts- und Wirtschaftsreform*, Zürich.

——1947. „Quadragesimo anno“ und die Forderung des Tages, in: *Wort und Wahrheit, Monatsschrift für Religion und Kultur* 1/6, S. 321-329.

Rundnick, Luis 1959. „Betreuung“, in: *HdSWS*, S. 334.

Rüstow, Alexander 1953. Soziale Marktwirtschaft als Gegenprogramm gegen Kommunismus und Bolschewismus? in: Hunold (Hrsg.), *Wirtschaft ohne Wunder*, Zürich, S. 97-108.

——1955. Wirtschaftsethische Probleme der Sozialen Marktwirtschaft, in: Boarman / Kunze / Müller-Armack / Erhard / Benseler (Hrsg.), *Der Christ und die soziale Marktwirtschaft*, Stuttgart, S. 59-73.

——1956. Vom Sinn des Eigenheims, Soziologische Gedanken zu Hellmut Rall „Die Eigentumsmaßnahmen des werksgeförderten Wohnungsbaues“, in: *Der Arbeitgeber* 8/11, S. 399-402.

——1950-1957. *Ortsbestimmung der Gegenwart, eine universalgeschichtliche Kulturkritik*, 3 Bde. (*Bd. 1: Ursprung der Herrschaft / Bd. 2: Weg der Freiheit / Bd. 3: Herrschaft oder Freiheit*), Erlenbach-Zürich.

——(Hrsg.) 1959a. *Überwirtschaftliche Bedeutung und wirtschaftliche Aussichten des Bauerntums*, Köln-Marienburg.

——1959b. Die weltgeschichtliche Bedeutung des Bauerntums in Vergangenheit, Gegenwart und Zukunft, in: Rüstow (Hrsg.), *Überwirtschaftliche Bedeutung*, Köln-Marienburg, S. 7-34.

——1963a. *Reden und Antwort, 21 Reden und viele Diskussionsbeiträge aus den Jahren 1932 bis 1962 als Zeugnisse eines ungewöhnlichen Gelehrtenlebens und einer universellen Persönlichkeit mit einem Gedenkwort von Wilhelm Röpke, hrsg. von Walter Hoch*, Ludwigsburg.

——1963b. Garten und Familie [Vortrag gehalten am 28. April 1960 vor der Deutschen Gartenbau-Gesellschaft auf Schloss Mainau in Bodensee in Gegenwart des Herrn Bundespräsident], in: Rüstow, *Reden und Antwort*, Ludwigsburg, S. 275-295.

——1963c. Die staatspolitische Voraussetzungen des wirtschaftspolitischen Liberalismus [Diskussionsrede auf der Tagung des Vereins für Socialpolitik über Deutschland und die Weltkrise in Dresden am 28. September 1932], in: Rüstow, *Reden und Antwort*, Ludwigsburg, S. 249-258.

Sacher, Hermann / von Nell-Breuning, Oswald (Hrsg.) 1951. *Wörterbuch der Politik, Heft 5: Gesellschaftliche Ordnungssysteme*, Freiburg.

Schenke, Wilhelm 1959. „Heimstätten“, in: *HdSWS*, S. 827-830.

Scherer, Robert / Scherer, Alice / Dorneich, Julius (Hrsg.) 1959. *Ehe und Familie - Die Familie im Recht, Familienpädagogik, Die Familie in der Gemeinschaft, Bd. 7,*

Freiburg.
Schubart, Hans-Georg 1959. „Familienheim“, in: *HdSWS*, S. 591–596.
Schwede, Thomas Claus 1959. „Landarbeitersiedlung“, in: *HdSWS*, S. 985–989.
Schwender, Heinz Werner 1959. „Eigenheim“, in: *HdSWS*, S. 491–506.
Seraphim, Hans-Jürgen (Hrsg.) 1952. *Heimstättenarbeit in Westfalen im Lichte 50jähriger staatlicher Wohnungspolitik*, Münster.
Siedlungswerk der Erzdiözese Köln und Diözesangeschäftsführung des Verbandes Katholischer Siedler (Hrsg.) 1954. *Schafft Heimat der Familie - Ein Aufruf zum Glück rechten Wohnens*, Bonn.
Simon, Heinz 1959. „Reichsheimstättenrecht“, in: *HdSWS*, S. 1244–1250.
——1975. Die Eigentumsbildung im Wohnungs- und Städtebau der Bundesrepublik Deutschland, Illusion und Wirklichkeit, in: Heuer (Hrsg.), *Eigentum - Miete*, Bochum, S. 83–116.
Vormbrock, Heinrich (Hrsg.) 1928. *Heimstättenarbeit in Westfalen 1918–1928*, Düsseldorf.
——/ Oschmann, Martin 1959. „Kleinsiedlung“, in: *HdSWS*, S. 912–923.
Wandersleb, Hermann (Hrsg.) 1959. *Handwörterbuch des Städtebaues-, Wohnungs- und Siedlungswesens*, 3 Bde., Stuttgart. (=*HdSWS*)
Wosnitza, Franz 1956a. Gestalt und Leistung katholischer Siedlungsarbeit, in: Katholischer Siedlungsdienst (Hrsg.), *Heim und Familie*, Köln, S. 10–11.
——1956b. Gestalt und Leistung Katholischer Siedlungsarbeit, in: *Die Volksheimstätte* 8/9, S. 1–4.
Wöste, Wilhelm 1956. Die Bedeutung der Siedlungsarbeit für Familie, Kirche, Volk und Staat, in: Katholischer Siedlungsdienst (Hrsg.), *Heim und Familie*, Köln, S. 5–6.
Zinkahn, Willy 1959. „Baulandbeschaffungsgesetz“, in: *HdSWS*, S. 203–208.

文　献

Aretz Jürgen / Morsey, Rudolf / Rauscher, Anton (Hrsg.) 1973–2007. *Zeitgeschichte in Lebensbildern - Aus dem deutschen Katholizismus des 19. und 20. Jahrhunderts*, 12 Bde, Münster/Mainz.
Aretz, Jürgen 2001. Franz-Josef Wuermeling (1900–1986), in: Aretz / Morsey / Rauscher (Hrsg.), *Zeitgeschichte in Lebensbildern, Bd. 10*, Münster, S. 245–260.
——2004. Paul Lücke (1914–1976), in: Aretz / Morsey / Rauscher (Hrsg.), *Zeitgeschichte in Lebensbildern, Bd. 11*, Mainz, S. 195–212.
Becker, Helmut Paul 1965. *Die soziale Frage im Neoliberalismus*, Heidelberg.
Becker, Winfried 1987. *CDU und CSU 1945–1950. Vorläufer, Gründung und regionale Entwicklung der CDU-Bundespartei*, Mainz.
——/ Morsey, Rudolf / Buchstab, Günther / Doering-Manteuffel, Anselm (Hrsg.) 2002. *Lexikon der Christlichen Demokratie in Deutschland*, Paderborn.

——2008a. Der politische und soziale Katholizismus, in: Rauscher (Hrsg.), *Handbuch der katholischen Soziallehre*, Berlin, S. 175–192.

——2008b. Religionsgemeinschaften und der Staat, in: Schwarz (Hrsg.), *Die Bundesrepublik Deutschland*, Köln, S. 531–552.

Bendel, Rainer 2009. *Vertriebene - Katholische Kirche - Gesellschaft in Bayern 1945 bis 1975*, München.

Bendikowski, Tillmann 2002. *„Lebensraum für Volk und Kirche“ Kirchliche Ostsiedlung in der Weimarer Republik und im „Dritten Reich“* (*Konfession und Gesellschaft 24*), Köln.

von Beyme, Klaus 1988. *Der Wiederaufbau. Architektur und Städtebaupolitik in beiden deutschen Staaten*, München.

——/ Durth, Werner / Gutschow, Niels / Nerdinger, Winfried / Topfstedt, Thomas (Hrsg.) 1992. *Neue Städte aus Ruinen. Deutscher Städtebau der Nachkriegszeit*, München.

——1992. Leitbilder des Wiederaufbaus in Deutschland, in: von Beyme / Durth / Gutschow / Nerdinger / Topfstedt (Hrsg.), *Neue Städte aus Ruinen*, München, S. 9–30.

——1999. Wohnen und Politik, in: Flagge (Hrsg.), *Geschichte des Wohnens, Bd. 5*, Stuttgart, S. 81–152.

Blaschke, Olaf (Hrsg.) 2002. *Konfessionen im Konflikt. Deutschland zwischen 1800 und 1970: ein zweites konfessionelles Zeitalter*, Göttingen.

Bösch, Frank 2001. *Die Adenauer CDU. Gründung, Aufstieg und Krise einer Erfolgspartei 1949–1963*, Stuttgart.

Born, Wilhelm 1965. *Weg in die Verantwortung. Paul Lücke*, Recklinghausen.

vom Bruch, Rüdiger (Hrsg.) 1985. *Weder Kommunismus noch Kapitalismus. Bürgerliche Sozialreform in Deutschland vom Vormärz bis zur Ära Adenauer*, München.

Brüne, Rolf 2002. *Das familiengerechte Heim - Nikolaus Ehlen (1886–1965), Person, Kreis, Hintergrund*, Frankfurt a. M..

Buchstab, Günther 2002. Historische Überblicke, 1945–1949, in: Becker / Morsey / Buchstab / Doering-Manteuffel (Hrsg.), *Lexikon der Christlichen Demokratie in Deutschland*, Paderborn, S. 53–64.

Bundesministerium für Familie und Senioren (Hrsg.) 1993. *40 Jahre Familienpolitik in der Bundesrepublik Deutschland. Rückblick/Ausblick*, Neuwied.

Damberg, Wilhelm / Hummel, Karl-Joseph (Hrsg.) 2015. *Katholizismus in Deutschland. Zeitgeschichte und Gegenwart* (*Veröffentlichungen der Kommission für Zeitgeschichte, Reihe B, Bd. 130*), Paderborn.

Deutscher Städtetag (Hrsg.) 2005. *100 Jahre Deutscher Städtetag*, Baden-Baden.

Deutsches Volksheimstättenwerk (Hrsg.) 1996. *50 Jahre vhw. Das vhw und sein Beitrag zum Wohnen im Eigentum*, Bonn.

Doering-Manteuffel, Anselm / Raphael, Lutz 2010. *Nach dem Boom. Perspektiven auf*

die Zeitgeschichte seit 1970, 2. Aufl., Göttingen.
Durth, Werner 1986. *Deutsche Architekten. Biographische Verflechtungen 1900–1970*, Braunschweig.
Egner, Björn / Georgakis, Nikolaos / Heinert, Hubert / Bartolomäi, Reinhart C. 2006. *Wohnungspolitik in Deutschland - Position. Akteure. Instrumente*, Darmstadt.
Feuchter-Schawelka, Anne 1998. Siedlungs- und Landkommunenbewegung, in: Kerbs / Reulecke (Hrsg.), *Handbuch der deutschen Reformbewegungen*, Wuppertal, S. 227–244.
Flagge, Ingeborg (Hrsg.) 1999. *Geschichte des Wohnens, Bd. 5: 1945 bis heute, Aufbau, Neubau, Umbau*, Stuttgart.
Frank, Hartmut / Schubert, Dirk (Hrsg.) 1983. *Lesebuch zur Wohnungsfrage*, Köln.
Fuhrmann, Bernd (Hrsg.) 2008. *Geschichte des Wohnens. Vom Mittelalter bis heute*, Darmstadt.
Führer, Karl Christian 1995. *Mieter, Hausbesitzer, Staat und Wohnungsmarkt - Wohnungsmangel und Wohnungszwangswirtschaft 1914–1960*, Stuttgart.
Funk, Kerstin (Hrsg.) 2010. *Aspekte des Wohneigentums*, Berlin.
Gabriel, Karl 1998. Die Katholiken in den 50er Jahren - Restauration, Modernisierung und beginnende Auflösung eines konfessionellen Milieus, in: Schildt / Sywottek (Hrsg.), *Modernisierung im Wiederaufbau*, Bonn, S. 418–430.
——2000. Zwischen Aufbruch und Absturz in die Moderne. Die Katholische Kirche in den 60er Jahren, in: Schildt / Siegfried / Lammers (Hrsg.), *Dynamische Zeiten*, Hamburg, S. 528–543.
——(Hrsg.) 2006. *Josepf Höffner (1906–1987). Soziallehre und Sozialpolitik*, Paderborn.
Gatz, Erwin 2009. *Die katholische Kirche in Deutschland im 20. Jahrhundert*, Freiburg.
Geschichtsverein Waldkappel e.V. (Hrsg.) 2001. *Geschichte der Wehrfeldsiedlung*, Waldkappel.
Goldschmidt, Nils / Nothelle-Wildfeuer, Ursula (Hrsg.) 2010. *Freiburger Schule und Christliche Gesellschaftslehre*, Tübingen.
Gödde, Hermann / Harlander, Tilman / Hater, Katrin (Hrsg.) 1992. *Siedeln tut not. Wohnungsbau und Selbsthilfe im Wiederaufbau*, Aachen.
——1992. Kleinsiedlungsförderung in Nordrhein-Westfalen 1946–1956, in: Gödde / Harlander / Hater (Hrsg.), *Siedeln tut not*, Aachen, S. 59–156.
Grebing, Helga (Hrsg.) 2005. *Geschichte der sozialen Ideen in Deutschland. Sozialismus - Katholische Soziallehre - Protestantische Sozialethik*, 2. Aufl. Wiesbaden.
Hammerschmidt, Peter 2005. *Wohlfahrtverbände in der Nachkriegszeit. Reorganisation und Finanzierung der Spitzenverbände der freien Wohlfahrtpflege 1945 bis 1961*, München.
Hanauske, Dieter 1995. *„Bauen, bauen, bauen ...!“ Die Wohnungspolitik in Berlin (West) 1945–1961*, Berlin.

Harlander, Tilman / Wahlen, Heinrich (Hrsg.) 1989. *Gerüste brauchten wir nicht. Genossenschaftlicher Wohnungsbau im Aachen der Nachkriegsjahre*, Aachen.
——1992. Kleinsiedlung und Selbsthilfe im Wiederaufbau, in: Gödde / Harlander / Hater (Hrsg.), *Siedeln tut not*, Aachen, S. 19-38.
——1993. Kleinsiedlungspolitik zwischen 1930-1950. Eine deutsche Geschichte, in: Schulz (Hrsg.), *Wohnungspolitik im Sozialstaat*, Düsseldorf, S. 123-140.
——1999. Wohnen und Stadtentwicklung in der Bundesrepublik, in: Flagge (Hrsg.), *Geschichte des Wohnens, Bd. 5*, Stuttgart, S. 233-417.
Hasiweder, Wolfgang 1992. *Die Historische Entwicklung der staatlichen Wohnbauförderung in Bayern von ihren Anfängen bis zum Ende der 80er Jahre*, Salzburg.
Hastenteufel, Paul 1989. *Katholische Jugend in ihrer Zeit, Bd. 2: 1919-1932*, Bamberg.
Helbach, Ulrich 1998. Die Gründungs- und Frühphase des Verbandes Ring Deutscher Siedler, in: *RDS-Journal. Zeitschrift des Rings Deutscher Siedler* 2/1, S. 10-18.
Hegner, Jan 2000. *Alexander Rüstow. Ordnungspolitische Konzeption und Einfluss auf das wirtschaftspolitische Leitbild der Nachkriegszeit in der Bundesrepublik Deutschland*, Stuttgart.
Heil, Peter 1995. „Ein Häuschen mit Garten". Die Soziale Utopie des rheinland-pfälzischen Ministerialrats Dr. Richard Giesen (1900-1972), in: *Jahrbuch für westdeutsche Landesgeschichte* 21, S. 567-586.
Heitzer, Horstwaltzer 1988. *Die CDU in der britischen Zone 1945-1949. Gründung, Organisation, Programm und Politik*, Düsseldorf.
Hengsbach, Friedhelm 2010. Kapitalismuskritik bei Joseph Höffner und Oswald von Nell-Breuning, in: Goldschmidt / Nothelle-Wildfeuer (Hrsg.), *Freiburger Schule und Christliche Gesellschaftslehre*, Tübingen, S. 281-309.
Henrich, Franz 1968. *Die Bünde der katholischen Jugendbewegung*, München.
Herlyn, Ingrid / Herlyn, Ulfert 1983. *Wohnverhältnisse in der Bundesrepublik*, 2. Aufl., Frankfurt a. M..
Herlyn, Ulfert / von Saldern, Adelheid / Tessin, Wulf (Hrsg.) 1987. *Neubausiedlungen der 20er und 60er Jahre. Ein historisch-soziologischer Vergleich*, Frankfurt a. M..
Historische Kommission bei der Bayerischen Akademie der Wissenschaften (Hrsg.) 1953ff. *Neue Deutsche Biographie*, Berlin.
Hockerts, Hans Günther (Hrsg.) 1998. *Drei Wege deutscher Sozialstaatlichkeit: NS-Diktatur, Bundesrepublik und DDR im Vergleich*. München.
Huber, Wolfgang (Hrsg.) 1990. *Protestanten in der Demokratie. Positionen und Profile im Nachkriegsdeutschland*, München.
Hürten, Heinz 1996. Deutscher Katholizismus unter Pius XII., in: Kaufmann / Zingerle (Hrsg.), *Vatikanum II und Modernisierung*, Paderborn, S. 53-66.
Kaesler, Dirk, 1999. „Neundörfer, Ludwig", in: *Neue Deutsche Biographie, Bd. 19*, S. 176-177.
Kaiser, Jochen-Christoph 1990. Eugen Gerstenmaier in Kirche und Gesellschaft nach

1945, in: Huber (Hrsg.), *Protestanten in der Demokratie*, München, S. 69-92.

Kaufmann, Frantz-Xaver / Zingerle, Arnold (Hrsg.) 1996. *Vatikanum II und Modernisierung. Historische, theologische und soziologische Perspektiven*, Paderborn.

Kaufmann, Frantz-Xaver 2003. *Sozialpolitisches Denken - die deutsche Tradition*, Frankfurt a. M..

Kerbs, Diethard / Reulecke, Jürgen (Hrsg.) 1998. *Handbuch der deutschen Reformbewegungen 1880-1930*, Wuppertal.

van Kersbergen, Kees 1995. *Social Capitalism: A Study of Christian Democracy and the Welfare State*, London.

Kleinman, Mark 1996. *Housing, Welfare and the State in Europe: A Comparative Analysis of Britain, France and Germany*, Cheltenham.

Kleinmann, Hans-Otto 1993. *Geschichte der CDU. 1945-1982*, Stuttgart.

——2002. Historische Überblicke, 1949-1969, in: Becker / Morsey / Buchstab / Doering-Manteuffel (Hrsg.), *Lexikon der Christlichen Demokratie in Deutschland*, Paderborn, S. 65-77.

Kleßmann, Christoph 1985. Ein stolzes Schiff und krächzende Möwen. Die Geschichte der Bundesrepublik und ihre Kritiker, in: *Geschichte und Gesellschaft* 11, S. 476-494.

von Kösters, Christoph / Liedhegner, Antonius / Tischner, Wolfgang 2007. Religion, Politik und Demokratie. Deutscher Katholizismus und Bürgergesellschaft in der zweiten Hälfte des 20. Jahrhunderts, in: *Historisches Jahrbuch* 127, S. 352-392.

Kramper, Peter 2008. *Neue Heimat. Unternehmenspolitik und Unternehmensentwicklung im gewerkschaftlichen Wohnungs- und Städtebau 1950-1982*, Stuttgart.

Kuller, Christiane 2004. *Familienpolitik im föderativen Sozialstaat - Die Formierung eines Politikfeldes in der Bundesrepublik 1949-1975*, München.

Lane, Barbara Miller 1985. *Architecture and Politics in Germany, 1918-1945*, Harvard University Press.

Langner, Albrecht (Hrsg.) 1980. *Katholizismus, Wirtschaftsordnung und Sozialpolitik, 1945-1963*, Paderborn.

——1980. Wirtschaftliche Ordnungsvorstellungen im deutschen Katholizismus 1945-1963 in: Langner (Hrsg.), *Katholizismus, Wirtschaftsordnung und Sozialpolitik*, Paderborn, S. 27-108.

Leisering, Lutz 2008. Der deutsche Nachkriegssozialstaat - Entfaltung und Kriese eines Zentristischen Sozialmodells, in: Schwarz (Hrsg.), *Die Bundesrepublik Deutschland*, Köln.

Lenel, Hans-Otto 1986. Alexander Rüstows wirtschafts- und sozialpolitische Konzeption, in: *ORDO: Jahrbuch für die Ordnung von Wirtschaft und Gesellschaft* 37, S. 45-58.

Lepsius, M. Rainer 1973. Parteiensystem und Sozialstruktur. Zum Problem der Demokratisierung der Deutschen Gesellschaft, in: Ritter (Hrsg.), *Deutsche*

Parteien vor 1918, Köln, S. 56-80.

Leutner, Bernd (Hrsg.) 1990. *Wohnungspolitik nach dem 2. Weltkrieg (Schriftenreihe „Forschung" des Bundesministers für Raumordnung, Bauwesen und Städtebau, Heft 482)*, Bonn.

Löffler, Bernhard 2007. Religiöse Weltbild und Wirtschaftsordnung. Zum Einfluss christlicher Werte auf die Soziale Marktwirtschaft, in: Zehetmair (Hrsg.), *Politik aus christlicher Verantwortung*, Wiesbaden, S. 110-124.

Loth, Wilfried 1996, Politischer Katholizismus in Deutschland, in: Kaufmann / Zingerle (Hrsg.), *Vatikanum II und Modernisierung*, Paderborn, S. 35-52.

Lüning, Holger 2005. *Das Eigenheim-Land. Der öffentlich geförderte Soziale Wohnungsbau in Niedersachsen während der 1950er Jahre*, Hannover.

Meier-Rust, Kathrin 1993. *Alexander Rüstow. Geschichtsdeutung und liberales Engagement*, Stuttgart.

Meyer-Renschhausen, Elisabeth / Berger, Hartwig 1998. Bodenreform, in: Kerbs / Reulecke (Hrsg.), *Handbuch der deutschen Reformbewegungen*, Wuppertal, S. 265-276.

Mintzel, Alf 1977. *Geschichte der CSU. Ein Überblick*, Opladen.

Morsey, Rudolf 2002. Lübke, Heinrich, in: Becker / Morsey / Buchstab / Doering-Manteuffel (Hrsg.), *Lexikon der Christlichen Demokratie in Deutschland*, Paderborn, S. 315-318.

Niethammer, Lutz / Brüggemeier, Franz 1976. Wie wohnten Arbeiter im Kaiserreich? in: *Archiv für Sozialgeschichte* 16, S. 61-134.

——(Hrsg.) 1979. *Wohnen im Wandel. Beiträge zur Geschichte des Alltages in der bürgerlichen Gesellschaft*, Wuppertal.

Petsch, Joachim 1989. *Eigenheim und gute Stube. Zur Geschichte des bürgerlichen Wohnens. Städtebau-Architektur-Einrichtungsstile*, Köln.

Pohl, Hans (Hrsg.) 1992. *Adenauers Verhältnis zu Wirtschaft und Gesellschaft*, Bonn.

Püschel, Erich 1972. *Die Hilfe der deutschen Caritas für Vertriebene und Flüchtlinge nach dem zweiten Weltkrieg (1945-1966)*, Freiburg.

Quiring, Claudia / Voigt, Wolfgang / Schmal, Peter Cachola / Herrel, Eckhard (Hrsg.) 2011. *Ernst May 1886-1970*, München.

Rauscher, Anton 1984. Freiheit und Eigentum, in: *Kirche und Gesellschaft* 108, S. 3-16.

——1994. Oswald von Nell-Breuning SJ (1890-1991), in: Aretz / Morsey / Rauscher (Hrsg.), *Zeitgeschichte in Lebensbildern, Bd.7*, Mainz, S. 277-308.

——(Hrsg.) 2008a. *Handbuch der katholischen Soziallehre*, Berlin 2008.

——2008b. Der Christliche Menschenbild, in: Rauscher (Hrsg.), *Handbuch der Katholischen Soziallehre*, Berlin, S. 3-23.

——2008c. Katholische Soziallehre und Soziale Marktwirtschaft, in: Rauscher (Hrsg.), *Handbuch der Katholischen Soziallehre*, Berlin, S. 539-548.

——2010. Die Entwicklung des Sozialkatholizismus nach 1945, in: Goldschmidt / No-

thelle-Wildfeuer (Hrsg.), *Freiburger Schule und Christliche Gesellschaftslehre*, Tübingen, S. 119-133.

Ritter, Gerhard A. (Hrsg.) 1973. *Deutsche Parteien vor 1918*, Köln.

Rölli-Alkemper, Lukas 2000. *Familie im Wiederaufbau. Katholizismus und bürgerliches Familienideal in der Bundesrepublik Deutschland 1945-1965*, Paderborn.

Sachße, Christoph / Tennstedt, Florian, 2012. *Geschichte der Armenfürsorge in Deutschland, Bd. 4: Fürsorge und Wohlfahrtspflege in der Nachkriegszeit 1945-1953*, Stuttgart.

von Saldern, Adelheid, 1979. Kommunalpolitik und Arbeiterwohnungsbau im Deutschen Kaiserreich, in: Niethammer (Hrsg.), *Wohnen im Wandel*, S. 344-363.

——1993. *Neues Wohnen, Wohnungspolitik und Wohnkultur in Hannover der Zwanziger Jahre*, Hannover.

——1995a. *Häuserleben. Zur Geschichte städtischen Arbeiterwohnen von Kaiserreich bis heute*, Bonn.

——1995b. Von der „guten Stube“ zur „guten Wohnung“: Zur Geschichte des Wohnens in der Bundesrepublik, in: *Archiv für Sozilageschichte* 35, S. 227-254.

——(Hrsg.) 1999. *Bauen und Wohnen in Niedersachsen während der fünfziger Jahre*, Hannover.

Schildt, Axel / Sywottek, Arnold, (Hrsg.) 1988. *Massenwohnung und Eigenheim. Wohnungsbau und Wohnen in der Großstadt seit dem Ersten Weltkrieg*, Frankfurt a. M..

——1998. Wohnungspolitik, in: Hockerts (Hrsg.), *Drei Wege deutscher Sozialstaatlichkeit*, München, S. 151-189.

——/ Sywottek, Arnold (Hrsg.) 1998. *Modernisierung im Wiederaufbau. Die westdeutsche Gesellschaft der 50er Jahre*, Bonn.

——/ Siegfried, Detlef / Lammers, Karl Christian (Hrsg.) 2000. *Dynamische Zeiten. Die 60er Jahre in den beiden deutschen Gesellschaften*, Hamburg.

——2007. *Die Grindelhochhäuser. Eine Sozialgeschichte der ersten deutschen Wohnhochhausanlage Hamburg-Grindelberg 1945-1956*, München.

——/ Siegfried, Detlef 2009. *Deutsche Kulturgeschichte. Die Bundesrepublik 1945 bis zur Gegenwart*, München.

Schmerbauch, Maik 2010. *Prälat Franz Wosnitza (1902-1979). Ehemaliger Generalvikar von Kattowitz*, Münster.

Schmidt, Manfred G. / Zohlnhöfer, Reimut (Hrsg.) 2006. *Regieren in der Bundesrepublik Deutschland - Innen- und Außenpolitik seit 1949*, Wiesbaden.

——2006. Wenn zwei Sozialstaatsparteien konkurrieren - Sozialpolitik in Deutschland, in: Schmidt / Zohlnhöfer (Hrsg.), *Regieren in der Bundesrepublik Deutschland*, Wiesbaden, S. 137-158.

Schmitz, Gerold 1997. *Die katholische Jugendbewegung. Von den Anfängen bis zu den Neuaufbrüchen*, Stein am Rhein.

Schöller, Oliver 2006. Zur Politik des westdeutschen Großsiedlungsbaus. Das Beispiel Ratingen-West, in: *Die Alte Stadt: Zeitschrift für Stadtgeschichte, Stadtsoziologie und Denkmalpflege* 33/2, S. 139–155.

Schubert, Dirk 1981. *Stadtplanung als Ideologie, eine theoriegeschichtliche, ideologiekritische Untersuchung der Stadt, des Städtebaus und Wohnungsbaus in Deutschland von ca. 1850 bis heute*, Berlin.

——(Hrsg.) 2004. *Die Gartenstadtidee zwischen reaktionärer Ideologie und pragmatischer Umsetzung. Theodor Fritschs völkische Version der Gartenstadt*, Dortmund.

Schulz, Günther 1988. Eigenheimpolitik und Eigenheimförderung im ersten Jahrzehnt nach dem zweiten Krieg, in: Schildt / Sywottek (Hrsg.), *Massenwohnung und Eigenheim*, Frankfurt a. M., S. 409–439.

——1992. Konrad Adenauers gesellschaftspolitische Vorstellungen, in: Pohl, Hans (Hrsg.), *Adenauers Verhältnis zu Wirtschaft und Gesellschaft*, Bonn, S. 154–181.

——(Hrsg.) 1993. *Wohnungspolitik im Sozialstaat. Deutsche und europäische Lösung 1918–1960*, Düsseldorf.

——1994. *Wiederaufbau in Deutschland. Die Wohnungsbaupolitik in den Westzone und der Bundesrepublik von 1945–1957*, Düsseldorf.

——2002. Lücke, Paul, in: Becker / Morsey / Buchstab / Doering-Manteuffel (Hrsg.), *Lexikon der Christlichen Demokratie in Deutschland*, Paderborn, S. 318–319.

——(Hrsg.), 2005. *Bundesrepublik 1949–1957. Bewältigung der Kriegsfolgen, Rückkehr zur sozialpolitischen Normalität* (*Geschichte der Sozialpolitik in Deutschland seit 1945, Bd. 3*), Baden-Baden.

Schwarz, Hans-Peter (Hrsg.) 2008. *Die Bundesrepublik Deutschland. Eine Bilanz nach 60 Jahre*, Köln.

Seidl, Florian 2008. *Ernst May. Städtebau und Architektur in den Jahren 1954–1970*, Dissertation, TU München.

Simon, Robert Ernst 1995. *Wohnungsbau ist heute in Wahrheit Dombau. Katholische Kirche und Wohnungsbau in Bayern 1945–1955*, Neustadt.

Spieker, Manfred 1994. Katholische Soziallehre und Soziale Marktwirtschaft, in: *ORDO: Jahrbuch für die Ordnung von Wirtschaft und Gesellschaft* 45, S. 169–194.

——2010. Eigentum – Begründung, Funktionen und politische Konsequenzen, in: Goldschmidt / Nothelle-Wildfeuer (Hrsg.), *Freiburger Schule und Christliche Gesellschaftslehre*, Tübingen, S. 107–116.

Stegmann, Franz Josef / Langhorst, Peter 2005. Geschichte der sozialen Ideen im deutschen Katholizismus, in: Grebing (Hrsg.), *Geschichte der sozialen Ideen*, Wiesbaden, S. 597–862.

Stickler, Matthias 2002. Gerstenmaier, Eugen, in: Becker / Morsey / Buchstab / Doering-Manteuffel (Hrsg.), *Lexikon der Christlichen Demokratie in Deutschland*, Paderborn, S. 247–249.

van Suntum, Ulrich / Mester, Hendrik 2010. Die Ordnung des Wohnungswesens als

sozialethische Forderung? in: Goldschmidt / Nothelle-Wildfeuer (Hrsg.), *Freiburger Schule und Christliche Gesellschaftslehre*, Tübingen, S. 245–252.

Teuteberg, Hans Jürgen / Wischermann, Clemens, 1985. *Wohnalltag in Deutschland 1850–1914*, Münster.

——(Hrsg.) 1985a. *Homo habitans. Zur Sozialgeschichte des ländlichen und städtischen Wohnens in der Neuzeit. Studien zur Geschichte des Alltags*, Münster.

——1985b. Betrachtungen zu einer Geschichte des Wohnens, in: Teuteberg (Hrsg.), *Homo habitans*, Münster, S. 1–23.

Trippen Norbert 2009. *Joseph Kardinal Höffner (1906–1987), Bd. 1: Lebensweg und Wirken als christlicher Sozialwissenschaftler bis 1962*, Paderborn.

Vogel, Bernhard 2010. Impulse der katholischen Soziallehre für die Politik, in: Goldschmidt / Nothelle-Wildfeuer (Hrsg.), *Freiburger Schule und Christliche Gesellschaftslehre*, Tübingen, S. 361–372.

Voßkamp, Sabine 2007. *Katholische Kirche und Vertriebene in Westdeutschland. Integration, Identität und ostpolitischer Diskurs 1945–1972* (*Konfession und Gesellschaft 40*), Köln.

Wagner, Georg 1995. *Sozialstaat gegen Wohnungsnot. Wohnraumbewirtschaftung und Sozialer Wohnungsbau im Bund und in Nordrhein-Westfalen 1950–1970*, Paderborn.

Wagner-Kyora, Georg 2005. Wohnungspolitik, in: Schulz (Hrsg.), *Bundesrepublik 1949–1957*, Baden-Baden, S. 839–883.

Wenzel, Rolf 1983. *Konrad Adenauer und die Gestaltung der Wirtschafts- und Sozialordnung im Nachkriegsdeutschland. Ordnungsvorstellungen und politische Praxis*, Flensburg.

Wischnath, Johannes Michael 1986. *Kirche in Aktion. Das Evangelische Hilfswerk 1945–1957 und sein Verhältnis zu Kirche und Innerer Mission* (*Arbeiten zur kirchlichen Zeitgeschichte, Reihe B, Bd. 14*), Göttingen.

Wolandt, Barbara / Wolandt, Gerd 1986. *Nikolaus Ehlen – ein Leben für den Nächsten*, Velbert.

Wolf, Christof 2000. Religionszugehörigkeit im frühen Bundesgebiet 1939 bis 1987, in: *Wirtschaft und Statistik* 52/3, S. 201–207.

Wolf, Konstanze 1982. *CSU und Bayernpartei. Ein besonderes Konkurrenzverhältnis 1948–1960*, Köln.

Zehetmair, Hans (Hrsg.) 2007. *Politik aus christlicher Verantwortung*, Wiesbaden.

Ziemann, Benjamin 2000. Der deutsche Katholizismus im späten 19. und im 20. Jahrhundert. Forschungstendenzen auf dem Weg zu sozialgeschichtlicher Fundierung und Erweiterung, in: *Archiv für Sozialgeschichte* 40, S. 402–422.

芦部彰　2007.「オルド自由主義と社会国家——新たなドイツ現代史像に向けて」『歴史学研究』828，37–45頁

――2014.「1950年代ドイツ連邦共和国におけるキリスト教民主同盟(CDU)の住宅政策とカトリシズム」『史学雑誌』123/4, 569-593頁
イエスタ・エスピン＝アンデルセン　2001. 岡沢憲芙・宮本太郎監訳『福祉資本主義の三つの世界――比較福祉国家の理論と動態』ミネルヴァ書房(原著：1990年)
板橋拓己　2014.『アデナウアー――現代ドイツを創った政治家』中央公論新社
井上茂子　1998.「ナチ体制下のカトリック教徒――ナチズムに対する相対的に高い「免疫性」についての一考察」『キリスト教史学』51, 26-46頁
大野英二　1979.「プロイセン・ドイツの近代化と地方自治(2)――領地区域とその解体」『經濟論叢』123/6, 329-349頁
大場茂明　1999.「ドイツの住宅政策」小玉徹・大場茂明・檜谷美恵子・平山洋介編著『欧米の住宅政策――イギリス・ドイツ・フランス・アメリカ』ミネルヴァ書房, 81-154頁
――2005.「ドイツにおける社会住宅制度と家賃規制――アフォーダブル住宅の行方」『海外社会保障研究』152, 72-80頁
小野清美　2001.「オールドー自由主義思想の形成――自由主義の破局からその刷新・再生へ」『土地制度史學』171, 28-37頁
――2016.「ナチズムと専門家――フライブルク学派の対ナチ関係」『ゲシヒテ』9, 67-91頁
小野寺拓也　2012.「ナチズム研究の現在――経験史の視点から」『ゲシヒテ』5, 33-51頁
河合信晴　2015.『政治がつむぎだす日常――東ドイツの余暇と「ふつうの人びと」』現代書館
川喜田敦子　1999.「ドイツ連邦共和国における「被追放民」統合政策――有機的「統合」構想と文化保護政策に見る「報復主義」との連関」『年報地域文化研究』3, 63-81頁
――2001.「東西ドイツにおける被追放民の統合」『現代史研究』47, 1-16頁
川越修・辻英史編　2008.『社会国家を生きる――20世紀ドイツにおける国家・共同性・個人』法政大学出版局
河島幸夫　1995.「キリスト教民主・社会同盟――戦後ドイツの宗教政党」『西南学院大学法学論集』27/4, 65-118頁
――2011.『ドイツ現代史とキリスト教――ナチズムから冷戦体制へ』新教出版社
北村昌史　2007.『ドイツ住宅改革運動――19世紀の都市化と市民社会』京都大学学術出版会
――2014.「近現代ヨーロッパにおける都市と住宅をめぐって」『西洋史学』253, 50-62頁
――2015.「ブルーノ・タウトのジードルングの社会史――「森のジードルング」を手がかりとして」中野隆生編『二十世紀の都市と住宅――ヨーロッパと日本』山川出版社, 221-246頁
クリスティアーネ・クラー　2016. 辻英史・北村陽子訳「ドイツ連邦共和国における家族と社会国家――二十世紀から二十一世紀へ」辻英史・川越修編『歴史のなか

の社会国家――20世紀ドイツの経験』山川出版社，281-311頁
W. E. フォン・ケテラー　2006. 桜井健吾訳・解説『自由主義，社会主義，キリスト教』晃洋書房
小谷眞男　1992.「教皇回勅 „Rerum novarum“ とその成立過程――〈カトリック家族論〉研究の基礎作業」『社會科學研究』44/3，151-185頁
後藤俊明　1999.『ドイツ住宅問題の政治社会史――ヴァイマル社会国家と中間層』未來社
近藤正基　2009.『現代ドイツ福祉国家の政治経済学』ミネルヴァ書房
――2013.『ドイツ・キリスト教民主同盟の軌跡――国民政党と戦後政治　1945～2009』ミネルヴァ書房
近藤潤三　2014.「ドイツ第三帝国の崩壊と避難民・被追放民問題」『南山大学ヨーロッパ研究センター報』20，109-141頁
桜井健吾　2009a.「近代ドイツのカトリック社会思想，社会改革，社会政策(1800-1914年)(1)」『南山経済研究』23/3，157-183頁
――2009b.「近代ドイツのカトリック社会思想，社会改革，社会政策(1800-1914年)(2)」『南山経済研究』24/1，1-62頁
佐々木淳希　2014.「書評　近藤正基著『ドイツ・キリスト教民主同盟の軌跡――国民政党と戦後政治　1945～2009』」『ゲシヒテ』7，81-84頁
W・シヴェルブシュ　2015. 小野清美・原田一美訳『三つの新体制――ファシズム，ナチズム，ニューディール』名古屋大学出版会(原著：2006年)
島本美智男　2002.「所有倫理の新しい展開」『社会と倫理』13，145-156頁
白川耕一　2015.「もっと空間を，もっと緑を――1930～50年代のドイツ都市構想の連続性」中野隆生編『二十世紀の都市と住宅――ヨーロッパと日本』山川出版社，431-448頁
――2016.「子どもに注がれる視線――1960～70年代の西ドイツにおける子育て」辻英史・川越修編『歴史のなかの社会国家――20世紀ドイツの経験』山川出版社，223-248頁
アクセル・シルト　2004. 熊野直樹訳「20世紀ドイツにおける近代の諸問題」『歴史評論』645，2-21頁
相馬保夫　2006.『ドイツの労働者住宅』(世界史リブレット 75)山川出版社
高倉博樹　1998.「ドイツにおける住宅政策の展開――歴史的検討と展望」『六甲台論集　経済学編』45/1，51-68頁
――2003.「ドイツにおける社会的住宅建設の成果と限界――第二次大戦後から1980年代末まで」『静岡大学経済研究』7/3-4，395-413頁
高橋秀寿　2012.「表象される境界域――冷戦の境界ベルリンの空間形成」田中きく代・中井義明・朝治啓三・高橋秀寿編『境界域からみる西洋世界――文化的ボーダーランドとマージナリティ』ミネルヴァ書房，223-243頁
田口晃・土倉莞爾編　2008.『キリスト教民主主義と西ヨーロッパ政治』木鐸社
竹中亨　2004.『帰依する世紀末――ドイツ近代の原理主義者群像』ミネルヴァ書房
田中晶子　2002.「戦後西ドイツ史研究における一九五〇年代論――「近代化」をめぐ

る近年の研究動向を中心に」『待兼山論叢　史学篇』36，51-74頁
田中きく代・中井義明・朝治啓三・高橋秀寿編　2012.『境界域からみる西洋世界——文化的ボーダーランドとマージナリティ』ミネルヴァ書房
辻英史　2008.「社会改革のための合意形成——アドルフ・ダマシュケとドイツ土地改革者同盟の挑戦」川越修・辻英史編『社会国家を生きる——20世紀ドイツにおける国家・共同性・個人』法政大学出版局，37-72頁
——・川越修編　2016.『歴史のなかの社会国家——20世紀ドイツの経験』山川出版社
對馬達雄　2015.『ヒトラーに抵抗した人々——反ナチ市民の勇気とは何か』中央公論新社
椿建也　2013.『イギリス住宅政策史研究1914-45年——公営住宅の到来と郊外化の進展』勁草書房
中野隆生　1999.『プラーク街の住民たち——フランス近代の住宅・民衆・国家』山川出版社
——2009.「シュレーヌ田園都市の居住空間と住民にかんする一考察——1926～46年のパリ郊外」『年報都市史研究』16，121-141頁
——編　2015a.『二十世紀の都市と住宅——ヨーロッパと日本』山川出版社
——2015b.「パリ郊外の形成とシュレーヌ田園都市」中野隆生編『二十世紀の都市と住宅——ヨーロッパと日本』山川出版社，123-156頁
中野智世　2012.「西欧福祉国家と宗教——歴史研究における新たな分析視角をめぐって」『ゲシヒテ』５，53-66頁
——・前田更子・尾崎修治・渡邊千秋　2013.「ヨーロッパ近代のなかのカトリシズム——宗教を通して見るもうひとつの「近代」」『西洋史学』252，59-70頁
——2016.「社会国家と民間福祉——占領期・戦後西ドイツを例として」辻英史・川越修編『歴史のなかの社会国家——20世紀ドイツの経験』山川出版社，139-161頁
永山のどか　2012.『ドイツ住宅問題の社会経済史的研究——福祉国家と非営利住宅建設』日本経済評論社
——2015.「第二次世界大戦後西ドイツの住宅事情と住宅供給——ゾーリンゲン市の事例」中野隆生編『二十世紀の都市と住宅——ヨーロッパと日本』山川出版社，279-309頁
トーマス・ニッパーダイ　2008a.坂井榮八郎訳『ドイツ史を考える』山川出版社（原著：1986年）
——2008b.「キリスト教諸政党」ニッパーダイ『ドイツ史を考える』山川出版社，98-124頁。
オズヴァルド・フォン・ネル＝ブロイニンク　1987.本田純子・田淵文男共訳，山田経三監修『カトリック教会の社会教説——教導職諸文書の解説』女子パウロ会（原著：1977年）
野尻武敏　2011.『経済社会思想史の地平』晃洋書房
野田昌吾　1998.『ドイツ戦後政治経済秩序の形成』有斐閣

——2008.「ドイツ・キリスト教民主同盟(CDU)」田口晃・土倉莞爾編『キリスト教民主主義と西ヨーロッパ政治』木鐸社，79-102頁
——2011.「ドイツ福祉国家の変容をどう理解するか——近藤正基著『現代ドイツ福祉国家の政治経済学』に寄せて」『ゲシヒテ』4，35-44頁
ユルゲン・ハーバーマス / ヨーゼフ・ラッツィンガー　2007. フロリアン・シュラー編，三島憲一訳『ポスト世俗化時代の哲学と宗教』岩波書店(原著：2005年)
ティルマン・ハーランダー　2015. 北村昌史・長尾唯・前田充洋訳「20世紀後半ドイツ連邦共和国における住宅と都市の発展」中野隆生編『二十世紀の都市と住宅——ヨーロッパと日本』山川出版社，247-278頁
平島健司　1994.『ドイツ現代政治』東京大学出版会
藤巻梓　2008.「区分所有者とその団体の法的関係に関する一考察(1)　ドイツ住居所有権法における最近の議論の展開を中心に」『早稲田法学』83/4，141-184頁
穂鷹和美　2004.『都市と緑——近代ドイツの緑化文化』(山川歴史モノグラフ 6)山川出版社
マーク・マゾワー　2015. 中田瑞穂・網谷龍介訳『暗黒の大陸——ヨーロッパの20世紀』未來社(原著：1998年)
三島憲一　2007.「〈訳者解説〉変貌するカトリック教会とディスクルス倫理」ユルゲン・ハーバーマス / ヨーゼフ・ラッツィンガー『ポスト世俗化時代の哲学と宗教』岩波書店，53-125頁
水島治郎　2008.「キリスト教民主主義とは何か——西欧キリスト教民主主義概論」田口晃・土倉莞爾編『キリスト教民主主義と西ヨーロッパ政治』木鐸社，19-44頁
村上信一郎　1989.『権威と服従——カトリック政党とファシズム』名古屋大学出版会
森下嘉之　2013.『近代チェコ住宅社会史——新国家の形成と社会構想』北海道大学出版会
アントン・ラウシャー　2000a. 桜井健吾訳「キリスト教社会論」『社会と倫理』8，1-15頁
——2000b. 高橋広次訳「19世紀のカトリック哲学」『社会と倫理』8，16-28頁
——2000c. 桜井健吾訳「社会回勅の百年」『社会と倫理』9，102-114頁
ウォルター・ラカー　1985. 西村稔訳『ドイツ青年運動——ワンダーフォーゲルからナチズムへ』人文書院(原著：1962年)
若尾祐司　2009.「多産多死から子ども二人家族の時代へ」姫岡とし子・川越修編『ドイツ近現代ジェンダー史入門』青木書店，167-189頁

註

序章　キリスト教民主同盟の社会問題への取り組み

1　[Buchstab 2002]S. 53f.

2　[Becker 2008a]S. 187-189. また，エスピン＝アンデルセンによる福祉国家の類型論で，旧西ドイツは，キリスト教民主主義やカトリシズム勢力が政治的に優勢な大陸ヨーロッパ諸国の保守主義型とされ，これを受けて，キリスト教民主主義や社会カトリシズムが，福祉国家形成にはたした役割も研究されてきた[エスピン＝アンデルセン 2001]。また，これに関連して，エスピン＝アンデルセンの研究をふまえたうえで，福祉国家の形成および発展と宗教との関係を考察した諸研究の動向を整理したものとして，[中野智世 2012]。

3　[Gabriel 1998]S. 418-430；[Becker 2008b]S. 531-536.

4　例えば，19世紀については，[北村 2007]。戦間期については，[後藤 1999]；[永山 2012]。

5　[大場 1999]。そのほかに，第二次世界大戦後の住宅政策を概観したものとして，[高倉 1998；2003]。

6　[中野隆生編 2015a]。

7　[ハーランダー 2015]。そのほかにも，[永山 2015]が，ゾーリンゲン市を事例として，1950年代と60年代の住宅供給を考察している。ただし，ここでの考察対象は賃貸住宅に限定される。また，[白川 2015]が，建築家の都市構想に注目し，1930年代から50年代への連続性を考察している。

8　例えば代表的な概説として，[平島 1994]。

9　[近藤正基 2013]。

10　[近藤正基 2013]227頁。

11　[Heitzer 1988]；[Becker 1987]. また，日本語文献として，[野田 1998]。

12　こうした方向の代表的な研究として，[Bösch 2001]。また，この研究動向をふまえた日本語文献として，[野田 2008]。

13　住宅に関する歴史研究の動向について，[後藤 1999]の序論における整理が参考になる。ただし，同書の関心の中心はヴァイマル期であるため，同書をふまえつつ，本書の問題設定に関わる研究を加え研究史を整理する。

14　[Niethammer/Brüggemeier 1976].

15　[Niethammer (Hrsg.) 1979].

16　[Teuteberg/Wischermann 1985].

17　[Teuteberg (Hrsg.) 1985a]. トイテベルクの提言については，[Teuteberg 1985b] S. 1.

18　ザルデルンは，すでにニートハマーの論文集で第二帝政期の労働者住宅問題を扱っていた。Vgl.[von Saldern 1979]. その後も，1920年代と60年代の住宅団地の比較研究と，20年代のハノーファーにおける住宅政策と住宅文化の研究を著している。それぞれ，[Herlyn/von Saldern/Tessin (Hrsg.) 1987]；[von Saldern 1993].

19 [von Saldern 1995a].
20 [Schulz (Hrsg.) 1993].
21 [Schulz 1994].
22 ノルトライン・ヴェストファーレン州とビーレフェルト市については，[Wagner 1995]，ベルリンについては[Hanauske 1995]，バイエルンについては[Hasiweder 1992]，ニーダーザクセンについては[Lüning 2005].
23 [von Saldern (Hrsg.) 1999]. 同書の評価については，同じニーダーザクセンを扱ったリューニンクの研究を参照。[Lüning 2005]S. 21f.
24 [Schildt 2007].
25 1990年代以降の研究動向については，[Wagner-Kyora 2005]。ここではとくに841f.
26 第二次世界大戦後の都市建設についての概説として[von Beyme 1988]，戦後の住宅についての概説として[Flagge (Hrsg.) 1999]，50年代の住宅政策を扱ったものとして[von Beyme 1999]S. 90-128.
27 [von Saldern 1995a]S. 256-282.
28 [Schildt 1998]S. 167-174.
29 [Petsch 1989]；[Fuhrmann (Hrsg.) 2008].
30 日本においても，住宅の歴史研究は，80年代の労働者の社会史研究を契機として都市が舞台となった。さらに，90年代以降，市民層へと対象が拡大し研究の手法も多様化するが，そのなかでも都市に持続的な関心がはらわれてきた。その一方で，近年では，都市問題と住宅問題の解決が求められた場として「郊外」に注目する研究があらわれている。そうした研究として，イギリスについて[椿 2013]，ドイツについて[永山 2012]，フランスについては，パリ郊外のシュレーヌ田園都市についての中野隆生の一連の研究がある。例えば，[中野隆生 2009；2015b]。また，その端緒となった研究として，[中野隆生 1999]。そのほかにも，20世紀前半のチェコについて，社会形成の理念を郊外での住宅団地建設に即して考察した，[森下 2013]がある。さらに，これらの研究動向をドイツを軸にまとめたものとして，[北村 2014]。
31 [Schulz 1988].
32 [Schulz 1994]S. 256f., 259-261；[Schulz 1988]S. 419f.
33 [Schulz 1994]S. 252f., 310.
34 [Schulz 1994]S. 324.
35 [Schulz 1994]S. 318, 321. 似た視点として，[近藤正基 2009]が「党派交叉連合」に注目している。これに対し，CDU と SPD の間の「イデオロギー的な対立軸」の分析を求める指摘がある。[野田 2011]36-37頁。また，[佐々木 2014]も参照。
36 [Schulz 1994]S. 312.
37 例えば，バイエルンにおける被追放民と教会の住宅建設事業について，[Simon, R. E. 1995]。ただし，主題の方向性に違いはあるものの，こうした研究のなかで明らかにされた事実や個別の事例の分析には，本書の考察に寄与するものもある。そうしたものとして，例えば，アーヘンにおける住宅建設の実践を扱った，

[Gödde/Harlander/Hater (Hrsg.) 1992]がある。こうした研究は，本論部分における個々の論点の考察の際に参照する。このほかに，住宅政策や住宅建設に関わるカトリックの政治家，知識人，実践家についての伝記的研究もある。これらも，本論部分においてその人物を扱う際に参照する。

38 [中野・前田・尾崎・渡邊 2013]67頁。また，同様の指摘として，[Stegmann/Langhorst 2005]S. 606.

39 第二帝政期に，保守主義，自由主義，社会主義，カトリックの4つのミリューが形成され，それ以後ドイツ社会はこのミリューによって分断された。カトリック・ミリューはそのうちの1つである。カトリック・ミリューは他の3つのミリューと異なり，宗派を紐帯として階級縦断的にミリューが形成されたことが特徴である。また，カトリックとは対照的に，プロテスタントという宗派を紐帯としたミリューは形成されなかった。ドイツ近代史研究に分析カテゴリーとしてのミリュー概念を導入した研究として，[Lepsius 1973]。

40 連邦共和国の法令については *Bundesgesetzblatt*(以下 *BGBl.* と略記)を，それ以前の関連する法令については *Reichsgesetzblatt*(以下 *RGBl.* と略記)を用いる。また，議会に関する史料集として，連邦議会本会議については議事録 *Verhandlungen des Deutschen Bundestages, Stenographische Berichte*(以下 *Sten. Ber.* と略記)を，法案や動議，委員会から本会議への報告書などの印刷物については，*Verhandlungen des Deutschen Bundestages, Anlage zu den Stenographischen Berichten* (*Drucksachen*)(以下 *BT-Drucksache* と略記)を用い，連邦参議院本会議については議事録 *Verhandlungen des Bundesrates, Stenografische Berichte*(以下 *Sten. Ber. Bundesrat* と略記)を参照する。

41 未刊行の文書館史料について，文書館をあらわす略号および史料番号については参考文献の冒頭に記載した[　　]内の略号を参照。

42 エーレンが発行した *Lotsenrufe* 誌は，戦間期の青年運動のなかで発行されていた雑誌を前身とし，1927年からほぼ隔月で発行された。毎号6頁から8頁ほどの短いものだが，基本的にすべての記事をエーレンが執筆しており，この小雑誌の記事を通じて，その実践の背景にある思想にせまることができる。

43 [Wandersleb (Hrsg.) 1959].

44 Vgl.[Schildt 1998]S. 157-166.

45 [小野寺 2012]35頁。

46 キリスト教民主主義を主題とし，西ヨーロッパ各国の個別事情を明らかにしたものとして，[田口・土倉 2008]。また，そのなかで研究動向を概観したものとして，[水島 2008]。他方で，ここまであげた文献にみられるように，住宅を主題とする歴史研究の側では国際比較が存在する。しかし，そこでは，住宅供給のあり方を解明する社会経済史的な関心と，住民の視点から居住の実態に迫る社会史的な関心が強い。住宅政策については制度史的な整理が中心となり，政策を推進する政治勢力やその理念までは検討されていない。

47 この訳語は，[後藤 1999]および[永山 2012]にしたがった。

48 [Vormbrock/Oschmann 1959]S. 913.

49 [Schwender 1959]S. 493.
50 [Ehrenforth 1959]S. 1337.
51 [Ehrenforth 1959]S. 1337.
52 「開拓農地」という意味で用いられる際に，農民の家族経営体を指す Vollerwerbssiedlung と，副業として農業的な収入を得る副業入植 Nebenerwerbssiedlung が区別される。これに関連して，自給の可能性を与える小規模住宅は，機能の点で後者との類似性が指摘されている。[Vormbrock/Oschmann 1959]S. 913.

第1章 1950年代の住宅政策の枠組み

1 [Schulz 1994]S. 39.
2 [Schulz 1994]S. 50, 113f.; 連合国管理理事会法第18号については，Gesetz Nr. 18 vom 8. März 1946 bezüglich des Wohnungsgesetzes, in: *Amtsblatt des Kontrollrats in Deutschland*, Nr. 5 vom 31. März 1946, S. 117-121.
3 [Lüning 2005]S. 68f.
4 [ハーランダー 2015]249頁。
5 Erstes Wohnungsbaugesetz vom 24.4.1950, in: *BGBl.*, Jg. 1950, S. 83-88.
6 [Schulz 1994]S. 336.
7 [Schulz 1994]S. 229.
8 § 2 des Ersten Wohnungsbaugesetzes, in: *BGBl.*, Jg. 1950, S. 83.
9 [大場 1999]115頁。
10 社会的住宅建設については，§§ 13-22 des Ersten Wohnungsbaugesetzes, in: *BGBl.*, Jg. 1950, S. 85-87，税優遇措置だけを受ける住宅建設，および，非助成住宅建設については，§§ 23-27 des Ersten Wohnungsbaugesetzes, in: *BGBl.*, Jg.. 1950, S. 87f.
11 § 17, 1 des Ersten Wohnungsbaugesetzes, in: *BGBl.*, Jg. 1950, S. 85.
12 § 17, 2 des Ersten Wohnungsbaugesetzes, in: *BGBl.*, Jg. 1950, S. 85f.
13 § 22, 1 des Ersten Wohnungsbaugesetzes, in: *BGBl.*, Jg. 1950, S. 86.
14 [Lüning 2005]S. 74.
15 § 1 des Ersten Wohnungsbaugesetzes, in: *BGBl.*, Jg. 1950, S. 83.
16 § 7, 2 des Ersten Wohnungsbaugesetzes, in: *BGBl.*, Jg. 1950, S. 84.
17 § 27, 1 des Ersten Wohnungsbaugesetzes, in: *BGBl.*, Jg. 1950, S. 87.
18 § 27, 2 des Ersten Wohnungsbaugesetzes, in: *BGBl.*, Jg. 1950, S. 88.
19 [Lüning 2005]S. 75.
20 § 21 des Ersten Wohnungsbaugesetzes, in: *BGBl.*, Jg. 1950, S. 86.
21 § 16 des Ersten Wohnungsbaugesetzes, in: *BGBl.*, Jg. 1950, S. 85.
22 [Schulz 1994]S. 244; [大場 1999]115頁。
23 [Baars 1959]S. 230, 232; [Plett 1959]S. 965f.; [Kleinman 1996]p. 98.
24 Gesetz über die Gewährung von Prämien für Wohnbausparer (Wohnungsbau-Prämiengesetz) vom 17.3.1952, in: *BGBl.*, Jg. 1952, S. 139-140. この奨励金は，

同一世帯に子どもが1人か2人の場合は27%，子どもが3人から5人の場合は30%，子どもが5人を超える場合は35%に増額された。

25 [Jaschiski 1959]S. 459.

26 [Schulz 1994]S. 324.

27 [大場 1999]84, 113-114頁。

28 第二次世界大戦後の住宅建設における公益セクターの活動は，細分化していた関連法令をまとめた1940年の住宅公益性法(*RGBl.*, Jg. 1940, S. 438-442)が法的根拠となった。公益的住宅企業は，最大4%の配当制限と利潤の住宅建設への再投資を条件とし，公益性の認定を受けた企業には税制上の特別な優遇措置が適用された。その活動の領域は，住宅の建設，管理から，他の施工主の指導にまでおよんだ。ひとまとめに公益的住宅企業といっても，その組織の形態は，協同組合，株式会社や有限責任会社のような会社組織，協会，公法団体などの多様な形態をとった。[Brecht 1959]S. 1732-1743; [Wagner 1995]S. 456.

29 [Schulz 1994]S. 241; [Lüning 2005]S. 71.

30 [Schulz 1994]S. 247ff.

31 Gesetz zur Sicherung von Forderungen für den Lastenausgleich vom 2.9.1948, in: *Verordnungsblatt für die Britische Zone*, Nr. 42 vom 17.9.1948, S. 277ff.

32 Verordnung zur Durchführung des Gesetzes zur Sicherung von Forderungen für den Lastenausgleich vom 7.9.1948, in: *Verordnungsblatt für die Britische Zone*, Nr. 42 vom 17.9.1948, S. 278.

33 [Lüning 2005]S. 69; [Schulz 1994]S. 149.

34 Gesetz zur Milderung dringender sozialer Notstände vom 8.8.1949, in: *Gesetzblatt der Verwaltung des Vereinigten Wirstschaftsgebietes*, Nr. 28 vom 18.8.1949, S. 205ff.

35 [Lüning 2005]S. 69f.

36 Gesetz über den Lastenausgleich (Lastenausgleichsgesetz) vom 14.8.1952, in: *BGBl.*, Jg. 1952, S. 446-533.

37 建設貸付金については，§254 des Lastenausgleichsgesetzes, in: *BGBl.*, Jg. 1952, S. 506; 住居支援については，§§298-300 des Lastenausgleichsgesetzes, in: *BGBl.*, Jg. 1952, S. 515.

38 §299 des Lastenausgleichsgesetzes, in: *BGBl.*, Jg. 1952, S. 515.

39 [Lüning 2005]S. 80.

40 [川喜田 1999]65頁。

41 ここで被追放民の語の指示する内容を確認しておくと，このすぐあとで言及する1953年の連邦被追放民法では，被追放民とは，ドイツ旧東部領または1937年12月31日時点でのライヒ領外に居住していたが第二次世界大戦に関連して追放ないし逃亡した結果その居住地を失ったドイツ国籍者もしくはドイツ民族に帰属する者とされる。なお，被追放民に関わる問題を扱う際には，この呼称や概念に強制移住という「被害」の側面を強調しようとする政治的利害が結びついていることがあることに注意する必要がある。そのために，「追放」の過程において彼らが経験した苦難とともに，移住を望まない住民に対して暴力的な強制移住を始めたの

はナチスであり，それがドイツ人の身に戻ってきたという歴史的連関をおさえる必要がある。[川喜田 2001]12-13頁，註1；[近藤潤三 2014]118頁。

42 ドイツ・カリタス連盟の第二次世界大戦後における活動の再開，および，ドイツ福音教会救援機関の設立については，それぞれ，[Sachße/Tennstedt 2012]S. 99-101とS. 101-104を参照。

43 [中野智世 2016]145-147頁。

44 こうした事業やそれを統括する組織については，本書の第4章第5節であらためてふれる。

45 [Voßkamp 2007]S. 38-42.

46 Gesetz zur Umsiedlung von Heimatvertriebenen aus den Ländern Bayern, Niedersachsen und Schleswig-Holstein vom 22.5.1951, in: *BGBl.*, Jg. 1951, S. 350-351.

47 [川喜田 1999]67頁。

48 Gesetz über die Angelegenheiten der Vertriebenen und Flüchtlinge (Bundesvertriebenengesetz) vom 19.5.1953, in: *BGBl.*, Jg. 1953, S. 201-221；以下の概観については，[Lüning 2005]S. 78f.

49 §§ 35-68 des Bundesvertriebenengesetzes, in: *BGBl.*, Jg. 1953, S. 207-213.

50 § 35, 38-40 des Bundesvertriebenengesetzes, in: *BGBl.*, Jg. 1953, S. 207f.

51 §§ 40ff., 66 des Bundesvertriebenengesetzes, in: *BGBl.*, Jg. 1953, S. 208f., 213；ライヒ入植法については，Reichssiedlungsgesetz vom 11.8.1919, in: *RGBl.*, Jg. 1919, S. 1429-1436. 同法は，新たな入植地の建設を目的として公益的入植会社の設立を定め，荒蕪地の開墾の担い手として想定していた。Vgl. §§ 1-3 des Reichssiedlungsgesetzes, in: *RGBl.*, Jg. 1919, S. 1429f.

52 § 80 des Bundesvertriebenengesetzes, in: *BGBl.*, Jg. 1953, S. 216.

53 [Schulz 1994]S. 125, 129, 132.

54 [von Beyme 1988]S. 132-137.

55 Baulandbeschaffungsgesetz vom 3.8.1953, in: *BGBl.*, Jg. 1953, S. 720-730.

56 § 5 des Baulandbeschaffungsgesetzes, in: *BGBl.*, Jg. 1953, S. 720.

57 §§ 1-3, 8 des Baulandbeschaffungsgesetzes, in: *BGBl.*, Jg. 1953, S. 720f.

58 §§ 9ff. des Baulandbeschaffungsgesetzes, in: *BGBl.*, Jg. 1953, S. 721ff.；[Zinkahn 1959]S. 206f.；クラインガルテン制度については，[穂鷹 2004]。

59 §§ 32ff. des Baulandbeschaffungsgesetzes, in: *BGBl.*, Jg. 1953, S. 726ff.

60 § 7 des Baulandbeschaffungsgesetzes, in: *BGBl.*, Jg. 1953, S. 721.

61 [Schulz 1994]S. 249f.；連邦建築法については，Bundesbaugesetz vom 23.6.1960, in: *BGBl.*, Jg. 1960, S. 341-388.

62 [Schulz 1994]S. 250.

63 Entwurf eines Gesetzes zur Änderung und Ergänzung des Ersten Wohnungsbaugesetzes, *BT-Drucksache* 3946.

64 [Schulz 1994]S. 280.

65 Gesetz zur Änderung und Ergänzung des Ersten Wohnungsbaugesetzes vom 25.8.1953, in: *BGBl.*, Jg. 1953, S. 1037-1046.

66 §§ 29f. des Ersten Wohnungsbaugesetzes in der Fassung vom 25.8.1953, in: *BGBl.*, Jg. 1953, S. 1054f.

67 [Schulz 1994]S. 278.

68 § 18 des Ersten Wohnungsbaugesetzes in der Fassung vom 25.8.1953, in: *BGBl.*, Jg. 1953, S. 1051f.

69 § 14 des Ersten Wohnungsbaugesetzes in der Fassung vom 25.8.1953, in: *BGBl.*, Jg. 1953, S. 1050.

70 [Schulz 1994]S. 279.

71 戦前は1930年の約39% が最大であったのに対し，1950年から57年までの期間には，社会住宅の約52% を施工主として，さらに約12% を他の施工主からの委託をうけて建設した。[Lüning 2005]S. 74; [Schulz 1994]S. 276f.

72 具体的な数字は，次章で第二次住宅建設法案の審議を検討する際にふれる。ところで，大戦終了直後には自給自足を可能にすることから菜園や家畜小屋が備わった小規模住宅に対する関心は大きかった。しかし，第一次住宅建設法によって社会的住宅建設が開始され，より速くより多く住宅を供給することに関心が集まったことで後景に退くことになった。[Schulz 1994]S. 45; [Harlander 1992]S. 32f.

73 [Schulz 1994]S. 336. 別のかたちで，この住宅建設の成果の大きさをあらわすならば，この期間には，毎年40万戸から60万戸の住宅が建設されており，この値は戦前期でもっとも多かった年の 2 倍以上であった。[ハーランダー 2015]252頁。

74 Entwurf eines Gesetzes zur Schaffung von Familienheimen (Zweites Wohnungsbaugesetz), *BT-Drucksache* 3868.

75 245. Sitzung am 21.1.1953, *Sten. Ber.* 14, S. 11683.

76 245. Sitzung am 21.1.1953, *Sten. Ber.* 14, S. 11684f.

77 § 19 des Ersten Wohnungbaugesetzes in der Fassung vom 25.8.1953, in: *BGBl.*, Jg. 1953, S. 1051.

第 2 章　第二次住宅建設法と CDU の持ち家政策

1 リュッケの人物像は，CDU の住宅政策の理念を考察する第 4 章でとりあげる。

2 Bonner-Konferenz 12/13. 9.1952, ACDP I-077-038.

3 Entwurf für gesetzliche Formulierung, 20.9.1952, ACDP I-077- 038.

4 Sitzung des Arbeitskreises am 26.9.1952, ACDP I-077-038. フィードラーは，連邦被追放民省の住宅建設と入植の担当部局長であると同時に，カトリック入植協会の理事でもあった。[Simon, R. E. 1995]S. 274, Anm. 12. カトリック入植協会については第 4 章第 5 節でとりあげる。

5 Aktenvermerk über die Besprechung mit Vertretern der katholischen Kirche am 10. 1.1953, ACDP I-077-38; Aktenvermerk über die Besprechung mit Vertretern der evangelischen Kirche am 16.1.1953, ACDP I-077-038.

6 [Schulz 1994]S. 289.

7 [Schulz 1994]S. 280.

8 Entwurf eines Gesetzes zur Schaffung von Familienheimen (Zweites Wohnungs-

baugesetz), *BT-Drucksache* 5.

9 BT-AfWiederaufbau, Sitzung am 1.4.1954, Protokoll Nr. 5, BT PA II 272, A2, Nr. 34; 家族住宅創出法案の改訂版法案は, Gesamtänderungsantrag, BT PA II 272, A2, Nr. 34, Anlage.

10 §1, *BT-Drucksache* 5.

11 §2, *BT-Drucksache* 5; 全体修正動議では, 住宅と建物は半分まで営業のために利用してもよいと補足が加えられた。§2 des Gesamtänderungsantrags, BT PA II 272, A2, Nr. 34; 家族住宅概念の導入については, [Schubart 1959] S. 591.

12 §§3-4, *BT-Drucksache* 5.

13 §5, *BT-Drucksache* 5.

14 §7, *BT-Drucksache* 5; §7 des Gesamtänderungsantrags, BT PA II 272, A2, Nr. 34.

15 §8, *BT-Drucksache* 5.

16 [Rundnick 1959] S. 334.

17 §9, *BT-Drucksache* 5.

18 §§12, 14, *BT-Drucksache* 5.

19 §13, *BT-Drucksache* 5.

20 §14, *BT-Drucksache* 5; §17 des Gesamtänderungsantrags, BT PA II 272, A2, Nr. 34; この償還奨励金の制度設計は, 1952年の住宅建設奨励金法の制度に準拠したものである。本書24頁を参照。

21 §12, *BT-Drucksache* 5.

22 §18, *BT-Drucksache* 5.

23 9. Sitzung am 14.1.1954, *Sten. Ber.* 18, S. 246.

24 9. Sitzung am 14.1.1954, *Sten. Ber.* 18, S. 246.

25 9. Sitzung am 14.1.1954, *Sten. Ber.* 18, S. 246.

26 9. Sitzung am 14.1.1954, *Sten. Ber.* 18, S. 246.

27 9. Sitzung am 14.1.1954, *Sten. Ber.* 18, S. 247.

28 9. Sitzung am 14.1.1954, *Sten. Ber.* 18, S. 247.

29 3. Sitzung am 20.10.1953, *Sten. Ber.* 18, S. 14.

30 9. Sitzung am 14.1.1954, *Sten. Ber.* 18, S. 249.

31 9. Sitzung am 14.1.1954, *Sten. Ber.* 18, S. 249f.; 3. Sitzung am 20.10.1953, *Sten. Ber.* 18, S. 14.

32 9. Sitzung am 14.1.1954, *Sten. Ber.* 18, S. 252f.

33 9. Sitzung am 14.1.1954, *Sten. Ber.* 18, S. 253.

34 9. Sitzung am 14.1.1954, *Sten. Ber.* 18, S. 254.

35 9. Sitzung am 14.1.1954, *Sten. Ber.* 18, S. 248.

36 9. Sitzung am 14.1.1954, *Sten. Ber.* 18, S. 259.

37 9. Sitzung am 14.1.1954, *Sten. Ber.* 18, S. 255.

38 9. Sitzung am 14.1.1954, *Sten. Ber.* 18, S. 261.

39 Entwurf eines Zweiten Gesetzes zur Änderung und Ergänzung des Ersten

Wohnungsbaugesetzes（Wohnungsbau- und Familienheimgesetz）, *BT-Drucksache* 601.

40 5. Sitzung am 29.10.1953, *Sten. Ber.* 18, S. 80.

41 Vermerk von Preusker, 7.12.1953, BArch B 134/6253；Übersicht über den Inhalt einer zweiten Novelle zum WoBauG, S. 3, BArch B 134/6253.

42 § 14, *BT-Drucksache* 601.

43 § 11a-b, *BT-Drucksache* 601.

44 §§ 36, 40a, *BT-Drucksache* 601.

45 ［大場 2005］73頁；［Wagner 1995］S. 457.

46 10. Kabinettssitzung am 1.12.1953, in:［Bundesarchiv（Hrsg.）1989］S. 538.

47 これらの規定の背景には，プロイスカーの方針とともに，現実の連邦財政の負担拡大もあった。1951年から53年まで，１戸当りの公的貸付金の額は平均4500マルクから6400マルクへと大きく増加した。これは，住宅の質の上昇と面積の拡大の結果であったが，連邦住宅建設省内には，連邦財政は負担増加の方向にしか向かわないのではないかという懸念が生じていた。Vgl. Begründung, *BT-Drucksache* 601, S. 20f.

48 10. Kabinettssitzung am 1.12.1953, in:［Bundesarchiv（Hrsg.）1989］S. 538f.

49 § 30 a, b, d, e, *BT-Drucksache* 601.

50 § 30c, *BT-Drucksache* 601.

51 Entwurf eines Zweiten Wohnungsbaugesetzes, *BT-Drucksache* 722.

52 § 2, 2, *BT-Drucksache* 722.

53 以上の所得によるグループ分けと住宅建設のカテゴリー，そして目標戸数を含む住宅建設計画については，§§ 2–4, *BT-Drucksache* 722.

54 § 11, *BT-Drucksache* 722.

55 §§ 12–14, *BT-Drucksache* 722.

56 § 17, *BT-Drucksache* 722.

57 以上の狭義の社会的住宅建設については，§§ 16–19, *BT-Drucksache* 722.

58 以上の部分的に助成された住宅建設については，§§ 25–28, *BT-Drucksache* 722.

59 以上の助成資金の額や種類については，§§ 41f., *BT-Drucksache* 722.

60 4. Sitzung am 28.10.1953, *Sten. Ber.* 18, S. 43f.

61 ［Vorstand der SPD（Hrsg.）1954］S. 40.

62 ［Vorstand der SPD（Hrsg.）1954］S. 41.

63 ［Vorstand der SPD（Hrsg.）1954］S. 41f.

64 ［Schulz 1994］S. 296f.

65 このうち，提供義務については次章の第２節でとりあげる。

66 ［Schulz 1994］S. 297.

67 143. Sitzung am 4.5.1956, *Sten. Ber.* 29, S. 7579f.

68 159. Sitzung am 18.5.1956, *Sten. Ber. Bundesrat* 5, S. 182f.

69 ［Schulz, 1994］S. 298；両院協議委員会での修正については，Mündlicher Bericht des Ausschusses nach Artikel 77 des Grundgesetzes（Vermittlungsausschuss）

zu dem Zweiten Wohnungsbaugesetz (Wohnungsbau- und Familienheimgesetz), *BT-Drucksache* 2445.

70 149. Sitzung am 8.6.1956, *Sten. Ber.* 30, S. 7898.

71 160. Sitzung am 16.6.1956, *Sten. Ber. Bundesrat* 5, S. 192；CDU と統一会派を形成する CSU が優勢なバイエルンが反対した背景については，本章の第 4 節で考察する。

72 Zweites Wohnungsbaugesetz (Wohnungsbau- und Familienheimgesetz), in: *BGBl.*, Jg. 1956, S. 523-558.

73 § 3, 2 des Zweiten Wohnungsbaugesetzes, in: *BGBl.*, Jg.1956, S. 526.

74 § 25 des Zweiten Wohnungsbaugesetzes, in: *BGBl.*, Jg.1956, S. 530f.

75 § 1 des Zweiten Wohnungsbaugesetzes, in: *BGBl.*, Jg.1956, S. 525.

76 § 27 des Zweiten Wohnungsbaugesetzes, in: *BGBl.*, Jg.1956, S. 531；ここで低所得層は，世帯の年収を合計して，独身の場合を2400マルクとし，世帯構成員が 1 人増えるごとに1200マルクが増加される額を超過しない所得層と定義された。

77 §§ 72-73 des Zweiten Wohnungsbaugesetzes, in: *BGBl.*, Jg.1956, S. 542f.

78 § 18 des Zweiten Wohnungsbaugesetzes, in: *BGBl.*, Jg.1956, S. 528.

79 § 88 des Zweiten Wohnungsbaugesetzes, in: *BGBl.*, Jg.1956, S. 546.

80 § 1 des Zweiten Wohnungsbaugesetzes, in: *BGBl.*, Jg.1956, S. 525.

81 § 8 des Zweiten Wohnungsbaugesetzes, in: *BGBl.*, Jg.1956, S. 527.

82 BT-AfWiederaufbau, Sitzung am 14.9.1955, Protokoll Nr. 37, S. 3ff., BT PA II 272, A4, Nr. 54.

83 142. Sitzung am 3.5.1956, *Sten. Ber.* 29, S. 7389；SPD-Änderungsantrag zu § 1, Anlage 4 zu 142. Sitzung am 3.5.1956, *Sten. Ber.* 29, S. 7461.

84 142. Sitzung am 3.5.1956, *Sten. Ber.* 29, S. 7390.

85 § 7 des Zweiten Wohnungsbaugesetzes, in: *BGBl.*, Jg.1956, S. 527.

86 § 9 des Zweiten Wohnungsbaugesetzes, in: *BGBl.*, Jg.1956, S. 527.

87 § 10,1 des Zweiten Wohnungsbaugesetzes, in: *BGBl.*, Jg.1956, S. 527.

88 §§ 10,2, 10,3 des Zweiten Wohnungsbaugesetzes, in: *BGBl.*, Jg.1956, S. 527.

89 § 26 des Zweiten Wohnungsbaugesetzes, in: *BGBl.*, Jg.1956, S. 531.

90 § 30 des Zweiten Wohnungsbaugesetzes, in: *BGBl.*, Jg.1956, S. 532.

91 Vermerk Fischer-Dieskaus am 2.1.1956, betr. Rechtsanspruch, BArch B134/6279, Bl. 33f.

92 Abschrift: Lücke-Interview am 4.7.1954 (Echo der Zeit, Seite 2), BArch B134/6250, Bl. 364f.

93 Vermerk von Unterabteilung IA, betr. Tagung des Beirats beim BMFa am 17.12.1954, BArch B134/1476.

94 連邦家族省は1953年に設置され，CDU のカトリックの政治家で教会と密接な関係にあったヴュルメリンクが大臣に就任した。また，その顧問には，ノインデルファーのほかにも，のちにケルン大司教と枢機卿を務めるヘフナーも名を連ねていた。[Kuller 2004]S. 85ff., 97ff.；[Rölli-Alkemper 2000]S. 473ff.

95 Kurzprotokoll der 3. Sitzung des Beirats beim BMFa am 3/4.2.1955, BArch B134/1476.

96 Kurzprotokoll der 4. Sitzung des Beirats beim BMFa am 25/26.6.1955, BArch B134/1476. 連邦家族大臣による同会議についての報道発表も，第二次住宅建設法案が家族住宅の優先的な助成を試みていることを顧問会議が歓迎していることに言及している。Mitteilung an die Presse, 28.6.1955, BArch B153/692, Bl. 533；さらに，この報道発表の草稿には，1956年の年頭から家族住宅建設の優先的助成が実現することを希望するという，さらに踏み込んだ文言もあった。Entwurf: Mitteilung an die Presse, BArch B153/692, Bl. 535.

97 BT-AfWiederaufbau, Sitzung am 14.10.1955, Protokoll Nr. 44, BT PA II 272, A4, Nr. 61.

98 BT-AfWiederaufbau, Sitzung am 13.1.1955, Protokoll Nr. 22, BT PA II 272, A2, Nr. 49, S. 13.

99 BT-AfWiederaufbau, Sitzung am 14.10.1955, Protokoll Nr. 44, BT PA II 272, A4, Nr. 61.

100 Änderungsvorschläge des Bundesrates, *BT-Drucksache* 601, S. 38.

101 ［Schulz 1994］S. 300.

102 Schriftlicher Bericht des Ausschusses für Wiederaufbau und Wohnungswesen, *BT-Drucksache* zu 2770, S. 9.

103 §§ 31, 33, *BT-Drucksache* 2770.

104 § 19, *BT-Drucksache* 2770.

105 159. Sitzung am 18.5.1956, *Sten. Ber. Bundesrat* 5, S. 182f.

106 §§ 19, 30 des Zweiten Wohnungsbaugesetzes, in: *BGBl.*, Jg. 1956, S. 532；Vgl. Mündlicher Bericht des Vermittlungsausschusses, *BT-Drucksache* 2445, S. 2f.

107 § 35, 2 des Zweiten Wohnungsbaugesetzes, in: *BGBl.*, Jg. 1956, S. 533.

108 §§ 34, 3, 45 des Zweiten Wohnungsbaugesetzes, in: *BGBl.*, Jg. 1956, S. 533, 536f.

109 「自助」の自己負担への算入と，指導企業についての規定については，§§ 36-38 des Zweiten Wohnungsbaugesetzes, in: *BGBl.*, Jg. 1956, S. 534.

110 § 54 des Zweiten Wohnungsbaugesetzes, in: *BGBl.*, Jg. 1956, S. 538.

111 § 58 des Zweiten Wohnungsbaugesetzes, in: *BGBl.*, Jg. 1956, S. 539f.

112 § 39 des Zweiten Wohnungsbaugesetzes, in: *BGBl.*, Jg. 1956, S. 535f；この子ども部屋の規定は，連邦家族省顧問が提言していたものでもある。Kurzprotokoll der 4. Sitzung des Beirats beim BMFa am 25/26.6.1955, BArch B134/1476.

113 Mündlicher Bericht des Vermittlungsausschusses, *BT-Drucksache* 2445, S. 4.

114 § 69 des Zweiten Wohnungsbaugesetzes, in: *BGBl.*, Jg. 1956, S. 541.

115 以下の概観は，［Mintzel 1977］S. 321-339；［Wolf, K. 1982］S. 155-204, 244-251による。

116 Schreiben von Staatsminister Ankermüller vom 28.7.1948, betr. Errichtung des Bayerischen Aufbaurats, Bayer. HstA, Stk 13769.

117 Geschäftsordnung des Bayerischen Aufbaurates vom 30.11.1949, Bayer. HstA,

Stk 13769.

118 Niederschrift über die 5. Vollsammlung vom 10. 11.1952, Beyer. HstA, Stk 13767.

119 Niederschrift über die 6. Vollsammlung vom 19.7.1954, Beyer. HstA, Stk 13768. 同じ時期に，SPD のヤコビ宛てに送付された，政府法案に対する諮問委員会の意見書のなかでは，持ち家建設の優先は住宅を探している者のうち負担能力の高い者を優遇することになると懸念されていた。このことに関連して，とくに，連邦議会における CDU・CSU 会派の「非現実的な極端さ」と「視野の狭さ」に批判が向けられた。Vermerk vom Bayer. Aufbaurat, betr. Entwurf eines Zweiten Gesetzes zur Änderung und Ergänzung des Ersten Wohnungsbaugesetzes, 24.5.1954, AdsD, Nachlass Werner Jacobi, Box 194, Mappe 436.

120 Niederschrift über die 5. Vollsammlung vom 10. 11.1952, Beyer. HstA, Stk 13767.

121 Niederschrift über die 6. Vollsammlung vom 19.7.1954, Beyer. HstA, Stk 13768.

122 Niederschrift über die 5. Vollsammlung vom 10. 11.1952, Beyer. HstA, Stk 13767.

123 Niederschrift über die 6. Vollsammlung vom 19.7.1954, Beyer. HstA, Stk 13768；被追放民用の宿泊施設や一時的な収容施設が最終的に解体されたのは1970年代のことであった。また，被追放民のなかでも高年齢層ほど統合が遅れた。［川喜田 1999］69頁。

第3章　CDU の住宅政策をめぐる対抗関係

1 以下の概観は，連邦議会に意見書，法案の修正提案，請願などを提出していた団体を中心にまとめた。団体から連邦議会に提出された文書については，BT PA II 272, B4および B5；また，［Schulz 1994］S. 206-209；［Egner/Georgakis/Heinert/Bartolomäi 2006］S. 157-180もあわせて参照した。本文で検討はしないが重要であるものについては，註で説明を加える。

2 Eingaben des gemeinsamen Ausschusses für Wohnungs- und Siedlungswesen, BT PA II 272, B4, Nr. 3-6.

3 ドイツ郡会議は持ち家建設に賛成し，後述するドイツ都市会議と正反対の見解を示した。Entschliessung des Präsidiums des deutschen Landkreistages vom 30. Januar 1956 zum Entwurf des Wohnungsbau- und Failienheimgesetzes (2. Wohnungsbaugesetz), BT PA II 272, B5, Nr. 46.

4 ドイツ土地家屋所有者中央連盟は，新築住宅の建設と同じ程度に旧築住宅の復旧と再建を重視するよう求めていた。Rettet die Altwohnungen, Vorschläge zur Förderung der Instandsetzung und Modernisierung, Februar 1956, BT PA II 272, B4, Nr. 35.

5 家族団体の作業共同体は，公的助成の投入に際して所得水準だけでなく家族の大きさを考慮するよう要求する決議文を提出していた。この作業共同体はドイツ家族連盟，ドイツ・カトリック家族連盟，プロテスタント家族問題作業共同体により構成される。Entschliessung zur Frage der Erstellung von Familienheimen der Arbeitsgemeinschaft deutscher Familienorganisationen am 5. Januar 1955, BT PA II 272, B4, Nr. 21.

6 [Schulz 1994]S. 326f.

7 同協会が持ち家政策の推進に尽力したことに言及する研究はあるが，協会の系譜，運動の理念，協会内部の議論を包括的に検討した研究はない。協会の活動を概観したものとして，設立50周年の記念刊行物をあげることができる。[Deutsches Volksheimstättenwerk (Hrsg.) 1996].

8 この時点で，現在プロテスタント福祉団体の統括組織として知られるディアコニーは成立しておらず，国内伝道中央委員会とドイツ福音教会救援機関の2つの組織が存在していた。1975年にこの両組織が合併し，ドイツ・ディアコニー福音主義全国連盟となった。

9 [Deutsches Volksheimstättenwerk (Hrsg.) 1996]S. 2f.

10 Land und Heimstätten, Erster Deutscher Volksheimstättentag in Wiesbaden am 7.10.1947 (Tagungsniederschrift), LA-NRW, RW296, Nr. 111.

11 ダマシュケについては，[辻 2008]。

12 Satzung des Deutschen Volksheimstättenwerks e. V., 23.9.1949, LA-NRW, RW296, Nr.92.

13 Tätigkeits- und Kassenbericht Geschäftsjahr 1956, 17.12.1956, LA-NRW, RW296, Nr. 86.

14 Protokoll der Hauptversammlung des Deutschen Volksheimstättenwerks am 21.5.1947, LA-NRW, RW296, Nr.92；被追放民団体としては，のちに被追放民連盟に改組される被追放ドイツ人中央連盟があった。

15 協会の設立から連邦建築法制定にいたるまでの，土地法と建築法に関する協会の活動の概観として，[Deutsches Volksheimstättenwerk (Hrsg.) 1996]S. 22-29, 36-40；また，例えば，協会の理事でありSPDの連邦議会議員でもあるヤコビは第二次住宅建設法審議中の1955年に連邦建築法制定の必要性を訴える講演をおこなっていた。協会から刊行された講演は[Jakobi 1955]。さらに，ヤコビは，この講演の後に連邦建築法案についてのメモをまとめている。Zum Entwurf eines einheitlichen Bundesbaugesetzes, 4.11.1955, AdsD, Nachlass Werner Jacobi, Box 196, Mappe 441.

16 本書の第2章を参照。また，ジモン本人の回顧として，[Simon, H. 1975]S. 94.

17 [Deutsches Volksheimstättenwerk (Hrsg.) 1996]S. 18f.

18 Niederschrift über die Vorstandssitzung des Deutschen Volksheimstättenwerks am 21.7.1952, LA-NRW, RW296, Nr.93；フォルムブロックは同年4月にドイツ国民家産住宅協会の理事に迎えられた。Schreiben vom Sekretariat an die Heimstätten vom 16.4.1952, betr. Deutsches Volksheimstättenwerk, LA-NRW, RW96, Nr. 193.

19 [Deutsches Volksheimstättenwerk (Hrsg.) 1951]S. 5.

20 [Deutsches Volksheimstättenwerk (Hrsg.) 1951]S. 41.

21 [Deutsches Volksheimstättenwerk (Hrsg.) 1951]S. 66.

22 Niederschrift über die ordentliche Mitgliederversammlung des Deutschen Volksheimstättenwerks am 10.8.1951 in Hannover, LA-NRW, RW296, Nr.93.

23 [Deutsches Volksheimstättenwerk (Hrsg.) 1996]S. 21f., 221.

24 ゲルステンマイヤーの伝記的背景と人物像については，[Kaiser 1990].

25 [Wischnath 1986]S. 313.

26 [Stickler 2002]S. 248.

27 [Wischnath 1986]S. XIII, Anm. 2, S. 146f.

28 Niederschrüt über die Vorstandssitzung des Deutschen Volksheimstättenwerks am 18.2.1950, LA-NRW, RW296, Nr. 92.

29 Niederschrift über die Vorstandssitzung des Deutschen Volksheimstättenwerks am 19.9.1952, LA-NRW, RW296, Nr. 93.

30 Niederschrift über die Sitzung des Gesamtvorstandes am 25.7.1955, LA-NRW, RW296, Nr. 86.

31 Niederschrift über die Vorstandssitzung des Deutschen Volksheimstättenwerks am 21.7.1952, LA-NRW, RW296, Nr. 93.

32 [Deutsches Volksheimstättenwerk (Hrsg.) 1951]S. 19, 25, 29.

33 Niederschrift über die Vorstandssitzung des Deutschen Volksheimstättenwerks am 26.5.1951, LA-NRW, RW296, Nr. 93.

34 Niederschrift über die Vorstandssitzung des Deutschen Volksheimstättenwerks am 21.7.1952, LA-NRW, RW296, Nr. 93.

35 Schreiben von Gesamtverband der Gemeinnützigen Wohnungsunternehmen an Lücke, 1.9.1954, BArch B134/6258.

36 „Zur künftigen Wohnungsbau-Gesetzgebung“, in: *Der Städtetag*, 1/1955, S. 4.

37 § 89 des Zweiten Wohnungsbaugesetzes, in: *BGBl.*, Jg. 1956, S. 546f.

38 Niederschrift über die Sitzung des Gesamtvorstandes am 9.1.1956, LA-NRW, RW296, Nr. 86.

39 9. Sitzung am 14.1.1954, *Sten. Ber.* 18, S. 248.

40 詳細は本章第 3 節の後半で扱う。

41 Niederschrift über die Vorstandssitzung des Deutschen Volksheimstättenwerks am 28.2.1953, LA-NRW, RW296, Nr. 73.

42 Schreiben von Gesamtverband der Gemeinnützigen Wohnungsunternehmen an Lücke, 1.9.1954, BArch B134/6258.

43 „Zur künftigen Wohnungsbau-Gesetzgebung“, in: *Der Städtetag*, 1/1955, S. 4.

44 Schreiben von Lücke an Tarnow, 12.12.1954, LA-NRW, RW 296, Nr. 65.

45 Niederschrift über die Besprechung mit den kommunalen Spitzenverbänden, den Spitzenverbänden im Bau- u. Wohnungswesen, und den Spitzenverbänden u. Arbeitsgemeinschaften der Kapitalsammelstellen am 26.5.1954 im Bundesministerium für Wohnungsbau, BArch B134/6258, Bl. 76-94; Tätigkeits- und Kassenbericht des Hauptgeschäftsführers auf der Vorstandssitzung am 7.2.1955, LA-NRW, RW296, Nr. 86.

46 Niederschrift über die Vorstandssitzung des Deutschen Volksheimstättenwerks am 28.2.1953, LA-NRW, RW296, Nr. 73.

47 Niederschrift über die Vorstandssitzung des Deutschen Volksheimstättenwerks am 28.2.1953, LA-NRW, RW296, Nr. 73.

48 Abschrift: Lücke-Interview am 4.7.1954 (Echo der Zeit, Seite 2), BArch B134/6250, Bl. 364.

49 以下で紹介する公聴会で表明された意見については，Kurzprotokoll über die Sitzung des Unterausschusses „Anbietungspflicht“ am 7.12.1955, BT PA II 272, A 4, Nr. 72.

50 もともとゲルマン法では階層所有権というかたちで建物の一部に対する所有権が認められていたが，「地上物は土地に属す」という原則を掲げるローマ法の影響下で1900年に民法典が編纂され，建物の一部に対する所有権は否定された。その後，階層所有権の再導入が何度か求められたが実現にはいたらなかった。しかし，第二次世界大戦後の住宅不足のなか，「建物の一部に対する所有権」が再度検討され，1951年の住居所有権法によって「住居所有権」という概念で導入された。同法制定の出発点は，FDP の立案した法案であった。[Bökelmann 1959]S. 1711-1715；[藤巻 2008]147-153頁。

51 § 65 des Zweiten Wohnungsbaugesetzes, in: *BGBl.*, Jg. 1956, S. 541.

52 住居所有権住宅の助成の優先順位については，§ 26, 1(b) des Zweiten Wohnungsbaugesetzes, in: *BGBl.*, Jg. 1956, S. 531.

53 [Preusker 1956]S. 3.

54 Schreiben von Ehlen an Lücke, 20.10.1957, LA-NRW, RWN 215, Nr. 46, Bl. 153f.

55 Schreiben von Ehlen an Lücke, Pfingstdienstag 1958, LA-NRW, RWN 215, Nr. 46, Bl. 159f.

56 Schreiben von Lücke an Ehlen, 15.7.1958, LA-NRW, RWN 215, Nr. 46, Bl. 163f.

57 Niederschrift über die Sitzung des Gesamtvorstandes am 7.2.1955, LA-NRW, RW296, Nr. 86.

58 9. Sitzung am 14.1.1954, *Sten. Ber.* 18, S. 248.

59 鉱山労働者住宅建設法については，Gesetz zur Förderung des Bergarbeiterwohnungsbaues im Kohlenbergbau (Bergarbeiterwohnungsbaugesetz) vom 23.10.1951, in: *BGBl.*, Jg. 1951, S. 865-870.

60 §§ 1-2 des Bergarbeiterwohnungsbaugesetzes, in: *BGBl.*, Jg. 1951, S. 865.

61 [Giebner 1959]S. 315, 317.

62 [Harlander 1992]S. 29.

63 § 3 des Bergarbeiterwohnungsbaugesetzes, in: *BGBl.*, Jg. 1951, S. 865.

64 [Abteilung Wohnungbeschaffung der Hauptverwaltung der Industriegewerkschaft Bergbau (Hrsg.) 1955]S. 13f.

65 [Giebner 1959]S. 318.

66 Bericht über die Sitzung des „Wohnungspolitischen Ausschusses“ am 9.2.1954, AdsD, DGB-Archiv, 24-5123.

67 [Deutscher Gewerkschaftsbund (Hrsg.) 1956]S. 413.

68 [Kramper 2008]S. 94-184.

69 [Lane 1985]pp. 41ff; [後藤 1999]463頁。
70 マイの経歴については，[後藤 1999]第 6 章，および，[Kramper 2008]S.167ff.
71 [Seidl 2008]S. 24-26; [Lane 1985]p. 94.
72 [後藤 1999]486頁。
73 [May 1957]S. 124.
74 [Seidl 2008]S. 26. 引用部分は1955年11月22日の *Welt* 紙での発言。
75 Schreiben von Ehlen an Lücke, Pfingstdienstag 1958, LA-NRW, RWN215, Nr. 46, Bl. 160.
76 [Deutsches Volksheimstättenwerk (Hrsg.) 1996]S. 18f.
77 [Simon, H. 1959]S. 1244.
78 引用部分は，1890年の社会政策学会大会でのギールケの発言。[Grünberg 1891] S. 370f.; [大野 1979]330-331頁も参照。
79 [Simon, H. 1959]S. 1245.
80 [Damaschke 1922]S. 451; ダマシュケにおける社会改革とナショナリズムの結び付きについては，[辻 2008]67-69頁。
81 Reichsheimstättengesetz vom 10.5.1920, in: *RGBl.*, Jg. 1920, S. 962-970.
82 § 155 der Verfassung des Deutschen Reichs vom 11.8.1919, in: *RGBl.*, Jg. 1919, S. 1413.
83 [Simon, H. 1959]S. 1245f.
84 [Simon, H. 1975]S. 87.
85 [von Nell-Breuning 1959]S. 411.
86 Reform des Reichsheimstättengesetzes, Rechtsgutachten dem Bundesministerium für Wohnungsbau in dessen Auftrag vorgelegt vom deutschen Volksheimstättenwerk, Februar 1951, LA-NRW, RW 296, Nr. 33.
87 例えば，Eigentum und Verantwortung, in: *Die Volksheimstätte*, 2/1953, S. 3.
88 Niederschrift über die Vorstandssitzung des Deutschen Volksheimstättenwerks am 21.7.1952, LA-NRW, RW296, Nr. 93; 本書84頁を参照。
89 Vermerk vom 30.1.1954, betr. Besprechung mit Herrn Bundestagsabgeordneten Lücke am 26.1.1954, LA-NRW, RW96, Nr. 231.
90 [Schenke 1959]S. 827.
91 [Schenke 1959]S. 827.
92 [Rheinische Heimstätte (Hrsg.) 1968]S. 5.
93 [Rheinische Heimstätte (Hrsg.) 1968]S. 6.
94 [Rheinische Heimstätte (Hrsg.) 1968]S. 7.
95 [Poerschke 1952]S. 59f.
96 IV. Teil, Kapitel II der Dritten Verordnung des Reichspräsidenten zur Sicherung von Wirtschaft und Finanzen und zur Bekämpfung politischer Ausschreitungen vom 6.10.1931, in: *RGBl.*, Jg. 1931, S. 551ff.
97 [Poerschke 1952]S. 60.
98 [Roser 1959]S. 989.

99 [Schenke 1959]S. 828f.; [Schwede 1959], S. 986; [Roser 1959]S. 990.

100 [Blum 1959]S. 1335-1337.

101 Resolution der Arbeitsgemeinschaft der Heimstätten über die Aufgabengestaltung vom 24. Oktober 1948, in: [Seraphim (Hrsg.) 1952]S. 212f.

102 [Bundesvereinigung Deutscher Heimstätte (Hrsg.) 1960]S. 2.

103 Ausschuss-Vorlage, betr. Stellungnahme der Heimstätten zum Entwurf eines Gesetzes zur Schaffung von Familienheimen, 24.1.1954, LA-NRW, RW96, Nr. 231.

104 [Schenke 1959]S. 829.

105 [Rheinische Heimstätte (Hrsg.) 1968]S. 1.

106 [Roser 1959]S. 995.

107 [Gesellschaft zur Förderung der inneren Kolonisation (Hrsg.) 1962]S. 106ff.

108 [Gesellschaft zur Förderung der inneren Kolonisation (Hrsg.) 1962]S. 116.

109 Bahnbrecher des Sozialen Wohnungsbaus. Heinrich Vormbrock, in: *Die Volksheimstätte,* 7/1952, S. 7; Heinrich Vormbrock 80 Jahre, in: *Die Volksheimstätte,* 6/1961, S. 22.

110 原語はStadtlandschaftであり，都市と対立する概念としての農村の要素を都市に取り入れることで，都市概念の転換をはかることを意味する。[ハーランダー 2015]の訳語に準拠した。

111 [高橋 2012]233-239頁。「都市農村世界」概念は，ノイエ・ハイマートでのマイの建築でも参照されていた。[Seidl 2008]S. 14, 26.

112 Sprechen wir also von Le Corbusier, in: *Die Volksheimstätte*, 4/1958, S. 5.

第4章 CDUの住宅政策の理念とカトリシズム

1 [Rauscher 1994]S. 278-280.

2 [Rauscher 1994]S. 281-283.

3 [von Nell-Breuning 1956-1960].

4 [Rauscher 1994]S. 284.

5 [Neundörfer/Achinger/Höffner/Muthesius 1955].

6 [Kaesler 1999]S. 176f.

7 [Schmerbauch 2010]S. 61ff.

8 [Schmerbauch 2010]S. 74ff.

9 [Schmerbauch 2010]S. 94ff.

10 以上のエーレンの略歴については，[Brüne 2002]S. 12-14; [Wolandt, B./Wolandt, G. 1986]S. 5-8.

11 [Aretz 2004]S. 195. リュッケの伝記としては，1965年に刊行された，ややジャーナリスティックな伝記もある。いまだ現役の政治家であったリュッケ本人や存命中の人物に対するインタビューを交えて構成され同時代文献的な性格もある。基本的にリュッケに肯定的で，取り扱いに注意が必要であるが，多くの情報を得ることができる。[Born 1965].

12 ナチ党の権力掌握前，ベルク地方でナチ党の勢力が拡大し始めた頃には，カトリ

ック青年組織による対抗運動に参加していた。[Born 1965]S. 119-121.
13 [Aretz 2004]S. 196; [Born 1965]S. 121.
14 [Aretz 2004]S. 199; [Born 1965]S. 43; [Schulz 1994]S. 258.
15 [Aretz 2004]S. 197f.; [Born 1965]S. 31.
16 [Aretz 2004]S. 197f.; [Born 1965]S. 32-33.
17 [Born 1965]S. 36, 143.
18 [Born 1965]S. 189-192; アメリカ視察旅行とそれに関連した，家事における男女の役割分担についてのリュッケの発言は，同書の著者によるインタビューに答えたものである。引用部分は，[Born 1965]S. 191.
19 Redeskizze „Heimschaffung und Familienleben", 1950, S. 3, ACDP I-077-50/2.
20 [Aretz 2004]S. 199; [Schulz 1994]S. 259.
21 [ラウシャー 2000a] 1，3頁。
22 [ラウシャー 2000b]22，25頁。ケテラーの1848年の説教と1871年の講演は，[ケテラー 2006]の第3章と第6章におさめられている。
23 [村上 1989]47頁; [小谷 1992]154-155頁。
24 [ラウシャー 2000c]102頁。
25 [村上 1989]28-29頁; [小谷 1992]151頁。
26 [ラウシャー 2000a] 3頁; [村上 1989]49-50頁。
27 [小谷 1992]161頁。
28 [野尻 2011]183-184頁。
29 [ラウシャー 2000a] 7頁。また，別の表現では，カトリック社会教義の基礎にある人格概念は，個別性と社会性という2つの原理が統合された存在としてとらえられる。[Stegmann/Langhorst 2005]S. 607.
30 [野尻 2011]187頁。
31 [Erzbischöfliches Seelsorgeamt Köln (Hrsg.) 1946]を参照。
32 [島本 2002]148-149頁。引用文は島本訳による。
33 [小谷 1992]165-166頁。
34 [小谷 1992]164-165頁。
35 [小谷 1992]161, 167頁。
36 [桜井 2009b] 7, 23頁。
37 [ラウシャー 2000a] 3頁; [村上 1989]49頁。
38 [Rauscher 2008b]S. 20.
39 [島本 2002]148-150頁。
40 [小谷 1992]164-166頁。
41 [桜井 2009b] 7, 23頁。
42 これは中世スコラ学そのものではなく，19世紀後半に再興されたネオトミズムの思想であり，レオ13世の1879年の回勅「エテルニ・パトリス」により，なかば教会公認の思想となっていた。[野尻 2011]14頁; [村上 1989]32-33頁。
43 Eigenheim für die Familie. Grund und Boden für die Familie (Pius XII, Ansprache zur 50-Jahrfeier von „Rerum novarum"), o. D., ADCP I-077-171/1. メモ

に日付は記されていないが，前後の史料から1952年夏以前に作成したものと推測される。他の２点のメモも同様である。

44 Eigentum für den arbeitenden Menschen (Pius XII, Weihnachtsansprache 1942), o. D., ACDP I-077-171/1.

45 Persönlichkeit, Familie, Staat (Pius XII, Weihnachtsansprache 1942), o. D., ACDP I-077-171/1.

46 Vgl. [Bundesverband der Katholischen Arbeitnehmer-Bewegung Deutschlands (Hrsg.) 1985] S. 153-165.

47 Vgl. [Jussen (Hrsg.) 1946] S. 201-216.

48 [Rauscher 2008b] S. 3.

49 [フォン・ネル＝ブロイニンク 1987] 80頁。

50 [von Nell-Breuning 2007] S. XIV; [フォン・ネル＝ブロイニンク 1987] 80-81頁。

51 Eigentum für den arbeitenden Menschen (Pius XII, Weihnachtsansprache 1942), o. D., ACDP I-077-171/1.

52 Eigenheim für die Familie. Grund und Boden für die Familie (Pius XII, Ansprache zur 50-Jahrfeier von „Rerum novarum"), o. D., ADCP I-077-171/1.

53 Persönlichkeit, Familie, Staat (Pius XII, Weihnachtsansprache 1942), o. D., ACDP I-077-171/1.

54 Persönlichkeit, Familie, Staat (Pius XII, Weihnachtsansprache 1942), o. D., ACDP I-077-171/1.

55 Eigenheim für die Familie. Grund und Boden für die Familie (Pius XII, Ansprache zur 50-Jahrfeier von „Rerum novarum"), o. D., ADCP I-077-171/1; 引用文のなかで「生活圏」と訳した単語は，ドイツ語訳原文ではLebensraumであり(*Acta Apostolicae Sedis*, XXXIII, p. 246)，ナチ体制が用いた「生存圏」を示す語と同じである。教皇ピウス12世がこのメッセージを発した1941年６月１日は，同年６月22日の独ソ戦開始の直前の時期にあたる。この頃には，イギリスの海上封鎖により，ドイツの資源，食糧事情の悪化もみられた。こうした当時の状況を勘案すると，拡張主義よりも，まず人びとの身近な生活状況が重視されるべきではないかという，疑問を投げかける意図が含まれていたと解釈することもできる。第二次世界大戦後の1952年頃に教皇の言葉を抜粋して作成したリュッケのメモでは，「生存圏」構想のもつ拡張主義とは反対に，東西冷戦という時代状況と東側の集団主義の脅威への対抗という文脈のなかで，人びとの生活を重視する「生活圏」という意味で理解されている。

56 Der Weg zu einer familiengerechten Wohnungspolitik, 1953, S. 7, ACDP I-077-047.

57 Der Weg zu einer familiengerechten Wohnungspolitik, 1953, S. 7, ACDP I-077-047.

58 Der Weg zu einer familiengerechten Wohnungspolitik, 1953, S. 7, ACDP I-077-047. ここで，原文にあるVermassungという語に「個性の抹消」という訳をあてた。Vermassungは字句通りには「マス化」あるいは「大衆化」と訳すことが

できるが，「大衆」という概念は多様な議論の文脈のなかで用いられており，さまざまな側面や意味がある。ここでは，前後の文脈から「集団的に均質になること」または「集団化によって個性が失われること」といった意味で，「人格」と対置されて用いられている。リュッケの立論を明確にするため，ここでは上記の訳語を用いる。次の引用文の訳語も同様である。

59 Der Weg zu einer familiengerechten Wohnungspolitik, 1953, S. 8, ACDP I-077-047.

60 Der Weg zu einer familiengerechten Wohnungspolitik, 1953, S. 10, ACDP I-077-047.

61 Der Weg zu einer familiengerechten Wohnungspolitik, 1953, S. 11, ACDP I-077-047.

62 Der Weg zu einer familiengerechten Wohnungspolitik, 1953, S. 11, ACDP I-077-047.

63 Der Weg zu einer familiengerechten Wohnungspolitik, 1953, S. 11, ACDP I-077-047.

64 Der Weg zu einer familiengerechten Wohnungspolitik, 1953, S. 11, ACDP I-077-047.

65 Sichert das Familienheimgesetz! Rede gehalten auf der Kundgebung der vereinigten Familienorganisationen in der Münsterland-Halle, 27.1.1956, S. 6, ACDP I-077-052/1.

66 9. Sitzung am 1.14.1954, *Sten. Ber.* 18, S. 248.

67 [Lücke 1951] S. 22.

68 [Döpfner 1951] S. 84, 86.

69 [Adenauer 1951] S. 92.

70 Das eigene Vaterhaus für Stadt und Land, Vorträge der Jahrestagung aller katholischen Siedlungswerke in Fulda 10.-13. März 1954, S. 5, LA-Berlin, B Rep 142-09, Nr. 1830.

71 [Rauscher 1984].

72 Nikolaus Ehlen, Ein Pfarrer baut, in: *Die Volksheimstätte,* 5/1950, Sonderdruck, LA-NRW, RWN 215, Nr. 41, Bl. 210. ここでも Vermassung を「個性の消失」と訳した。

73 [Neundörfer 1949] S. 261.

74 [Neundörfer 1949] S. 264.

75 Nachrichten des Katholischen Siedlungsdienstes, 4/1952, LA-NRW, RWN215, Nr. 31.

76 例えば，[Ehlen 1950] S. 8f., 17f.

77 [Deutsches Volksheimstättenwerk (Hrsg.) 1951] S. 41.

78 [von Nell-Breuning 1960] S. 383.

79 [Lübke 1949] S. 257-260.

80 [Familienbund der Deutschen Katholiken (Hrsg.) 1961] S. 1.

81 [Rölli-Alkemper 2000]S. 446, 472; [Kuller 2004]S. 128f.

82 連邦家族省については，本書64頁を参照。

83 Presseauszug aus der Rede des Bundesministers Dr. Wuermeling in Stuttgart, 15.6.1956, ACDP I-077-189/4.

84 [Familienbund der Deutschen Katholiken (Hrsg.) 1961]S. 5f.

85 [Trippen 2009]S. 279.

86 顧問会議でのリュッケの講演については，Beirat beim BMFa, Kurzprotokoll der 2. Sitzung, 14/15.12.1954, ACDP I-077-189/4，顧問会議の意見書のとりまとめについては，Vermerk von Unterabteilung IA, betr. Wohnungsbau für Familien, hier: Tagung des Beirats beim BMFa, 17.12.1954, BArch B134/1476.

87 [Katholischer Siedlungsdienst (Hrsg.) 1956]S. 7; [Schmerbauch 2010]S. 92f.

88 [Katholischer Siedlungsdienst (Hrsg.) 1956]S. 8.

89 [Simon, R. E. 1995]S. 58.

90 戦間期のカトリック教会による東部への入植事業については，[Bendikowski 2002].

91 [Voßkamp 2007]S. 39, 72f.

92 [Schmerbauch 2010]S. 94f.

93 Würzburger Bistumsblatt, Nr. 5 vom 30.1.1949, S. 38; [Simon R. E. 1995]S. 1より引用。

94 [Wosnitza 1956a]S. 10.

95 [Wosnitza 1956a]S. 11. 農業入植事業に関連して，被追放民のうちの土地を失った農民を農業へ復帰させることが試みられたのは，おもに50年代半ばまでであった。その一方で，徐々に都市の新住民としての統合が進むと，工業セクターへの就業が魅力的になっていった。[Simon, R. E. 1995]S. 265-267.

96 [Katholischer Siedlungsdienst (Hrsg.) 1956]S. 9. また，プロテスタント教会では，被追放民の定住支援に力を注いでいたドイツ福音教会救援機関により，同じ期間に約２万戸の住宅が建設され，そのうちの75～80% が持ち家住宅であった。[Bundesministerium des Innern (Hrsg.) 1956]S. 56f., 92.

97 [Ehlen 1949b]S. 4ff.

98 [Ehlen 1956a]S. 39.

99 [Ehlen 1956a]S. 40.

100 Das Siedlerdorf in Bochum-Harpen, in: *Die Volksheimstätte,* 5/1951, S. 12.

101 Das Siedlerdorf in Bochum-Harpen, in: *Die Volksheimstätte,* 5/1951, S. 13.

102 この行事の背景として，ボニファティウスは，754年にフリースラントへの伝道の途中で殉教し，その遺体はフルダ修道院に埋葬された。また，そのフルダ修道院は，744年にボニファティウスによって建立されたものであった。Franz Wosnitza, Tagung in der Bonifatiusstadt, in: Das eigene Vaterhaus für Stadt und Land, Vorträge der Jahrestagung aller katholischen Siedlungswerke in Fulda 10.-13. März 1954, S. 3, LA-Berlin, B Rep 142-09, Nr. 1830.

103 [Ehlen 1955a]S. 7f.

104 Schreiben von Wosnitza an das Lokalkomitee des Katholikentages, 3.12.1955, betr. Das Anliegen Wohnungsbau und Siedlung auf dem Katholikentag, AEK CRII 14.24. Nr. 37, Bl. 114f.

105 Liste der Bewerber für die Katholikentagssiedlung Gartenstadt Nord, AEK CR II 14.24. Nr. 37a. この史料は個人情報の保護のため閲覧が制限されていた。文書館員の協力のもと，宗派，出身，職業，子どもの数について各項目の概数を知ることができたが，上述の属性を組み合わせて，その数を調査することは許可されなかった。そのため入居希望者の実態に迫るには限界があるが，ここでは，これらの概数により全体の傾向を示す。

106 Schreiben von Diözesan-Siedlungs-Referent an Frings, 3.10.1958, AEK CRII 14.24. Nr. 37, Bl. 3-10.

107 [Siedlungswerk der Erzdiözese Köln (Hrsg.) 1954]S. 5f.

108 [Wöste 1956]S. 5.

第5章　カトリック・ミリューにおける住宅建設の実践

1 エーレンについては，すでにこれまでにも参照した，2つの伝記的研究がある。[Brüne 2002]; [Wolandt, B. / Wolandt, G. 1986]. それぞれ，教会史と郷土史の枠組みのなかで研究されたもので，エーレンの活動が詳細に叙述されているが，CDU の住宅政策との関わりを分析的にとらえるためには，他の史料や研究による補足が必要である。

2 [Born 1965]S. 36, 143.

3 [Lücke 1951]S. 23.

4 Schreiben von Lücke an Ehlen, 2.7.1949, ACDP I-077-189/1.

5 Schreiben von Ehlen an Lücke, 24.3.1950, ACDP I-077-189/1.

6 Schreiben von Ehlen an Lücke, 2.4.1950, ACDP I-077-189/1.

7 Schreiben von Lücke an Ehlen, 5.4.1950, ACDP I-077-189/1.

8 Schreiben von Lücke an Ehlen, 6.9.1951, LA-NRW, RWN215, Nr. 46, Bl. 45.

9 [Brüne 2002]S. 141.

10 [Brüne 2002]S. 140f.; [Wolandt, B. / Wolandt, G. 1986]S. 45f.

11 [Wolandt, B. / Wolandt, G. 1986]S. 46.

12 [Ehlen 1955b]S. 6f.

13 Schreiben von Lücke an Ehlen, 9.6.1951, LA-NRW, RWN215, Nr. 46, Bl. 46.

14 Forschungsauftrag: Selbsthilfesiedlung, April 1952, LA-NRW, RWN 215, Nr. 35, Bl. 24-38.

15 Broschüre „25 Jahre Langenhorst" (1959), S. 12; [Wolandt, B. /Wolandt, G. 1986]S. 46より引用。

16 [Gödde 1992]S. 103f.

17 Verbandssatzung, 20.3.1948, LA-NRW, RWN 215, Nr. 20, Bl. 36f.

18 例えば，[Ehlen 1946a]S. 20-22.

19 例えば，Mustersatzung für Siedlergemeinschaften, LA-NRW, RWN 215, Nr. 20,

Bl. 118.

20 [Helbach 1998]S.12.

21 [Helbach 1998]S.15.

22 [Ehlen 1946a]S. 22.

23 ドイツ入植者会の事務局長ゲーレのもとに，傘下の入植者共同体からの経験報告が集められていた。後述するドイツ入植者会の加盟団体の分布に対応してライン川とルール川流域の入植者共同体からの報告が多い。LA-NRW, RWN 258, Nr. 1.

24 Wie komme ich zum Eigenheim?, LA-NRW, RWN 215, Nr. 35, Bl. 79.

25 [Helbach 1998]S 12；[Brüne 2002]S. 142.

26 エーレンがとりあげたのは，ケルン郊外の3つの入植者共同体，ボン近郊のブリュールとジークブルク，ライン川流域のクレフェルト，ルール地方のハムの入植者共同体である。Forschungsauftrag: Selbsthilfesiedlung, April 1952, LA-NRW, RWN 215, Nr. 35, Bl. 24-38.

27 もっとも，バイエルン東部の農村地帯の小自治体ローディングに被追放民用入植地を建設するなど，個別の活動はおこなっていた。[Wolandt, B. / Wolandt, G. 1986]S. 46.

28 [Simon, R. E. 1995]S. 47.

29 [Simon, R. E. 1995]S. 47f. 一方で，エーレンは同概念を批判していた。Schreiben von Ehlen an Lücke, 13.2.1955, LA-NRW, RWN215, Nr. 46, Bl. 115.

30 モデルとなる定款や入植者規則，作業規則は，エーレンが設立に関与し顧問を務める，ドイツ国民家産住宅協会に助言を求めた入植者共同体にも提供された。Satzung, LA-NRW, RWN 215, Nr. 41, Bl. 160-162；Siedlerordnung, LA-NRW, RWN 215, Nr. 41, Bl. 163-166a；Arbeitsordnung, LA-NRW, RWN 215, Nr. 41, Bl. 167；Vertrag zwischen Betreuer und Siedlergemeinschaft, LA-NRW, RWN 215, Nr. 41, Bl. 168.

31 Satzung, LA-NRW, RWN 215, Nr. 41, Bl. 160-162.

32 Vertrag zwischen Betreuer und Siedlergemeinschaft, LA-NRW, RWN 215, Nr. 41, Bl. 168.

33 [Ehlen 1946a]S. 21. 家の設計や建築計画の立案は，入植者共同体に参加した建築家か指導した会社によっておこなわれた。そのうえで，グループ長が，入植者共同体の建築家ないし指導した会社から選任された建築監督の指示にのっとった作業がおこなわれるようグループを指揮した。Siedlerordnung, LA-NRW, RWN 215, Nr. 41, Bl. 163, 165；Arbeitsordnung, LA-NRW, RWN 215, Nr. 41, Bl. 167.

34 Siedlerordnung, LA-NRW, RWN 215, Nr. 41, Bl. 163. また，共同作業を合理的におこなうために，作業グループは，作業の技量に応じてさらに小さなグループに分けられ，建築監督の指示によって必要な作業に投入されることもあった。こうした自助の作業に必要な知識と技能については，講習もおこなわれた。Siedlerordnung, LA-NRW, RWN 215, Nr. 41, Bl. 164.

35 [Ehlen 1946a]S. 21.

36 [Ehlen 1946a]S. 21；Siedlerordnung, LA-NRW, RWN 215, Nr. 41, Bl. 165.

37 ブリュール造園協会の入植者共同体(Siedlergemeinschaft des Gartenbauvereins Brühl e. V.)の活動報告による。Wie komme ich zum Eigenheim?, LA-NRW, RWN 215, Nr. 35, Bl. 76.
38 Siedlerordnung, LA-NRW, RWN 215, Nr. 41, Bl. 165.
39 Schreiben von Voß an Ehlen, 8.10.1951, LA-NRW, RWN 215, Nr. 35, Bl. 40.
40 [Ehlen 1932]S. 20f.
41 [Ehlen 1946a]S. 22.
42 Arbeitsbericht der Siedlergemeinschaft Hamm-Süd e. V., LA-NRW, RWN 258, Nr. 1, Bl. 121.
43 [Siedlungswerk der Erzdiözese Köln (Hrsg.) 1954]S. 14f.
44 [桜井 2009a]161, 169頁; [村上 1989]48, 54-55頁。
45 Schreiben von Ehlen an Lücke, Pfingstdienstag 1958, LA-NRW, RWN215, Nr. 46, Bl. 159f.
46 Hirtenwort zur Kollekte für Siedlung und Wohnungsbau am 1.3.1953, AEK CRII 14.24. Nr. 32, Bl. 18f.
47 Schreiben von Ehlen an Frings, 1.4.1953, AEK CRII 14.24. Nr. 32, Bl. 122.
48 [Brüne 2002]S. 151.
49 [von Nell-Breuning 1953]S. 147.
50 [Ehlen 1949a]S. 283.
51 [Ehlen 1949a]S. 283.
52 [Ehlen 1949a]S. 284.
53 [Ehlen 1949a]S. 284.
54 [Ehlen 1949a]S. 284f.
55 例えば,[Ehlen 1946a]S. 20;[Ehlen 1956b]S. 275f. また,1950年の著書では,2つの子ども部屋は,男の子用と女の子用に分けられている[Ehlen 1950]S. 35.
56 Schreiben von Voß an Ehlen, 8.10.1951, LA-NRW, RWN 215, Nr. 35, Bl. 41.
57 [Ehlen 1946a]S. 20; [Ehlen 1956b]S. 276; [Ehlen 1950]S. 27.
58 [Ehlen 1956b]S. 276.
59 Schreiben von Voß an Ehlen, 8.10.1951, LA-NRW, RWN 215, Nr. 35, Bl. 42.
60 Schreiben von Ehlen an Frings, 28.1.1946, AEK CRII 14.24. Nr. 19, Bl. 102f.
61 [Ehlen 1937]S. 114f.
62 [Heil 1995]S. 573.
63 [Ehlen 1932]S. 18.
64 [Ehlen 1963]S. 4.
65 [Ehlen 1963]S. 5.
66 [Ehlen 1963]S. 6.
67 [Gehle 1963]S. 121.
68 [Gehle 1963]S. 121.
69 [竹中 2004]は,第二帝政期についての研究であるが,生改革運動と急進民族主義を一括して「原理主義」という概念で把握し,その活動家の群像を描写するな

かで，宗教性との関係も論じている。そこでは，近代化とともに宗教性全般が衰退するという素朴な世俗化論をしりぞけて，宗教的な規範の複数化，多元化に注意を喚起し，新宗教や「民衆的敬虔」をとりあげている。そのなかで，帝政期のカトリックの場合には，庶民の宗教心の高まりはおおむね教会とその教義にそったかたちで展開したこと，その背景として，教皇至上主義が，カリスマを待望する庶民の習俗的な宗教心と共鳴したことが指摘されている(295-297頁)。これに対し，本書が考察している時代は，もはや教皇至上主義を前面に押し出す時代ではない。そこで，宗教的な規範の複数化という方向性をもつ生改革的な運動と，宗教的規範を独占する教会との関係を，あらためて，エーレンの第二次世界大戦後の実践につながる戦間期の青年運動において検討しておきたい。

70 [Ehlen 1956b]S. 275.

71 [Ehlen 1946a]S. 22.

72 [Meyer-Renschhausen/Berger 1998]S. 265-276.

73 [Brüne 2002]S. 128.

74 [Feuchter-Schawelka 1998]S. 232, 241.

75 [Brüne 2002]S. 129.

76 [Ehlen 1960]S. 2.

77 [Henrich 1968]S. 23, 25f.; [Wolandt, B. / Wolandt, G. 1986]S. 14.

78 [Henrich 1968]S. 31f. この名称の選択は，エーレンが，ドイツ文化とカトリック的宗教生活の刷新を，オーストリアを含む大ドイツ主義的な伝統のなかでとらえていたことのあらわれであった。[Wolandt, B. / Wolandt, G. 1986]S. 52.

79 [Ehlen 1915/1916]S. 4.

80 [Ehlen 1915/1916]S. 5.

81 [Ehlen 1915/1916]S. 5.

82 [Henrich 1968]S. 49.

83 [Wolandt, B. /Wolandt, G. 1986]S. 16.

84 [Brüne 2002]S. 127.

85 エーレンは，第一次世界大戦後にダマシュケと個人的に知り合う機会をえて，影響を受けたことを強調していた[Brüne 2002]S. 139. さらに，ダマシュケの死去に際し，*Lotsenrufe* 誌で追悼文を捧げている[Ehlen 1935]S.91f. しかし，両者には考え方の違いもあった。ダマシュケは，国民経済や現実政治のなかで考察を進めたのに対し，エーレンは，道徳的問題に関心を向けた。エーレンの視点では，「非キリスト教的な自由主義的所有概念」によって土地所有から遠ざけられた人びとに対し，土地所有者は土地を自発的に譲渡すべきであり，これは自然法に基礎づけられた秩序に向けた倫理的な要請と考えられた[Ehlen 1946b]S. 26f.

86 [Henrich 1968]S. 44f, 243, 245.

87 [Helbach 1998]S. 13.

88 例えば，[Ehlen 1950]S. 10-20.

89 ナチ体制により，雇用創出政策の一環としておこなわれた小規模住宅建設については，[永山 2012]275-276頁。また，ナチ体制下の住宅政策における持ち家や小

規模住宅の建設については，［Harlander 1993］S. 125-135；［Petsch 1989］S. 98-104.

90 ［Harlander 1993］S. 126, 129.

91 例えば，［永山 2012］276頁。

92 土地改革運動とナチズムについては，［辻 2008］39頁，田園都市運動については，［Schubert (Hrsg.) 2004］.

93 ［小野寺 2012］35頁。

終章　カトリシズムによる社会改革

1 ［Schulz 1994］S. 343. この後，第二次住宅建設法は，2002年の社会的居住空間助成法の成立によって廃止されるまで，部分的に改正されつつ適用されることになる。本書が考察した時代よりあとの時期については，同法の改正点や住宅政策の方向性の変化をそれぞれの時代状況や社会状況に即してあらためて考察する必要がある。そうした考察の手がかりとして，［大場 1999, 120-151頁］；［大場 2005, 73-79頁］；［ハーランダー 2015］260-270頁。

2 ［エスピン＝アンデルセン 2001］v-vi，29-30頁。また，家族が社会福祉制度の中心に位置付けられているという近年の指摘として，［Leisering 2008］S. 424.

3 ［近藤正基 2009］は，SPD が政権参加する1966年から73年にかけて「社会民主主義モデル」化したという見方を提示している。

4 そうした試みとして，［Bendikowski 2002］.

5 Vgl.［Rölli-Alkemper 2000］S. 242f.

6 1960年代を変革期とし，70年代から新局面が始まるとする見方については，例えば，［Doering-Manteuffel / Raphael 2010］；［シルト 2004］。

7 「社会的市場経済」概念については［野田 1998］，オルド自由主義の歴史的な位置付けについては［小野 2001］。

8 リュストウの思想と伝記的背景については，［Lenel 1986］；［Meier-Rust 1993］；［Hegner 2000］. 住宅に関するリュストウの構想については，例えば，［Rüstow 1956］；［Rüstow 1959b］；［Rüstow 1963b］.

9 Vgl.［Spieker 1994］；［Löffler 2007］.

10 ［von Nell-Breuning 1951］Sp. 218.

11 筆者は，この問題について研究動向を整理しつつ論じたことがある［芦部 2007］。

12 ［ハーランダー 2015］261頁。

13 ［Schildt/Siegfried 2009］S. 191. さらに1960年代の郊外住宅地では，多くの平屋根式の戸建て住宅が建設された。平屋根式の住宅には，20年代の「新しい建築」とのつながりを見出すことができる［北村 2015］234-236頁。これに対し，50年代の CDU の住宅政策は「新しい建築」やモダニズム建築の潮流とは対立する方向性にあり，この不整合について検討することも今後の研究課題となろう。